Guttentagsche Sammlung
Nr. 110 Deutscher Reichsgesetze Nr. 110
Textausgaben mit Anmerkungen und Sachregister

Gesetz über einen einmaligen außerordentlichen Wehrbeitrag

nebst den Ausführungsbestimmungen des Bundesrats und den preußischen Ausführungsvorschriften

Textausgabe mit Anmerkungen und Sachregister

von

A. Fernow

Geheimer Oberfinanzrat und vortragender Rat
im Finanzministerium

Zweite, vermehrte und verbesserte Auflage

Berlin 1914.
J. Guttentag, Verlagsbuchhandlung,
G. m. b. H.

Roßberg'sche Buchdruckerei in Leipzig

Vorwort.

Von den soeben erlassenen, in Nr. 41 des Reichsgesetzblatts verkündeten Reichsgesetzen vom 3. Juli d. J., welche dazu bestimmt sind, die erforderliche Deckung für die einmaligen und laufenden Rüstungsausgaben des deutschen Volks zu beschaffen, werden das große Publikum in erster Linie das Gesetz über den einmaligen außerordentlichen Wehrbeitrag und das Besitzsteuergesetz interessieren. Beide Gesetze legen, da sie die untere Grenze der Steuerpflicht ziemlich tief gezogen haben, weiten Kreisen der Bevölkerung neue empfindliche Opfer auf. Beide Gesetze nehmen aber auch für die Veranlagung die Mitwirkung der Betroffenen in Anspruch, indem sie die Abgabe einer Vermögenserklärung bzw. einer Besitzsteuererklärung fordern. In doppelter Hinsicht wird daher der Wunsch rege werden, sich mit dem Inhalt der beiden Reichsgesetze vertraut zu machen; einmal um übersehen zu können, in welcher Höhe ungefähr sich die finanzielle Inanspruchnahme des einzelnen bewegen wird, zum andern aber, um die durchaus nicht überall einfachen und leicht verständlichen Vorschriften der Gesetze vom 3. Juli d. J. bis zu dem Zeitpunkte, wo die Pflicht zur Abgabe der Vermögens- bzw. Besitzsteuererklärung herantritt, nach Möglichkeit erfaßt zu haben. Das Besitzsteuergesetz wird seine Wirkung erst in weiterer Ferne äußern, da der nach ihm der Besteuerung zu unterwerfende Vermögenszuwachs erstmals zum 1. April 1917 für die Zeitperiode vom 1. Januar 1914 bis zum 31. Dezember 1916 festzustellen ist. Dagegen werden die Vermögenserklärungen für die Feststellung des Wehrbeitrags schon mit Beginn des Kalenderjahres 1914 gefordert werden und das erste Drittel des Wehrbeitrags wird mit der Zustellung des Veranlagungsbescheids fällig, die im Frühjahr 1914 zu erwarten ist. Es ist daher erklärlich, daß lebhaftes Verlangen nach einer handlichen Ausgabe des Wehrbeitragsgesetzes, die durch erläuternde Anmerkungen das Verständnis der einzelnen Vorschriften zu erleichtern versucht, schon jetzt vorhanden ist, und daß der Verlagsbuchhandlung von verschiedenen Seiten nahegelegt worden ist, eine solche Ausgabe baldmöglichst zu veranstalten. Dem Wunsche der Verlagsbuchhandlung, eine Textausgabe des Gesetzes mit Anmerkungen mit möglichster Beschleunigung zu bearbeiten, habe ich gern entsprochen, obschon ich mir nicht verhehle, daß es in mancher Hinsicht zweckmäßig gewesen wäre, zunächst die Veröffentlichung der voraussichtlich vom Bundesrat zu erlassenden Ausführungsvorschriften abzuwarten. Ich denke aber, daß diese Ausführungsvorschriften schließlich mehr für die beteiligte Beamtenschaft, welche sie ohnedies in die Hände bekommen wird, als für das Publikum, dem in erster Reihe zu dienen, die vorliegende Arbeit bestimmt ist, von Bedeutung sein werden. Den Beitragspflichtigen werden vorzugsweise die Fragen: „Was kostet mich der Wehrbeitrag?" und „Wie habe ich mein Vermögen in der Vermögenserklärung anzugeben?" bewegen. Beide Fragen sind materieller Natur und werden von den Ausführungsvorschriften, welche naturgemäß mehr die formelle Handhabung des Gesetzes betreffen werden, voraussichtlich weniger berührt werden. Zur Beantwortung der ersten Frage werden am besten Beispiele dienen, die in genügender Auswahl zu bieten ich mich bemüht habe. An der Hand dieser Beispiele und der Tarife in § 32 des Gesetzes wird jeder sich die Höhe des ihn voraussichtlich treffenden Wehrbeitrags unschwer berechnen können. Für die zweite Frage kommt in Betracht, daß sich die Vorschriften des Wehrbeitragsgesetzes über das, was als beitragspflichtiges Vermögen zu gelten hat, vielfach ganz eng an die Bestimmungen des preußischen Ergänzungssteuergesetzes anschließen, und daß man sich bei der Beratung des Wehrbeitragsgesetzes im Reichstage darüber einig war, daß die preußische Praxis und die Präjudize der preußischen Judikatur bezüglich des Ergänzungssteuergesetzes auch für die nachgebildeten Bestimmungen des Wehrbeitragsgesetzes Anwendung zu finden haben würden. Indem ich mich bei der Auslegung möglichst an diese preußischen Ergebnisse angeschlossen habe, hoffe ich, den Lesern auch in dieser Hinsicht brauchbare Anleitungen zur Beurteilung der einzelnen Fragen aus dem Bereiche des Wehrbeitragsgesetzes geboten zu haben.

Berlin, Ende Juli 1913.

Vorwort zur zweiten Auflage.

Nachdem nunmehr die Ausführungsbestimmungen des Bundesrats und auch die preußischen Ausführungsvorschriften zum Wehrbeitragsgesetz erschienen sind, hat die Verlagsbuchhandlung den Wunsch gehabt, eine neue Auflage zu veranstalten, um auch diese Bestimmungen dem Publikum in Verbindung mit den erläuterten Vorschriften des Gesetzes in handlicher Form zugänglich zu machen. Ich habe bei dieser Gelegenheit meine Anmerkungen nochmals nachgeprüft und sie, soweit erforderlich, mit den Ausführungsvorschriften abgestimmt. Wesentliche Änderungen der Anmerkungen haben sich dabei nicht als notwendig erwiesen; nur die zur Berechnung des Wehrbeitrags gegebenen Beispiele (S. 102 f.) mußten zum Teil abgeändert werden, da der Bundesrat in seinen Ausführungsbestimmungen die Anschauung vertreten hat, daß die Vorschrift im § 31 Abs. 1 des Gesetzes, wonach vom niedrigsten Einkommen der Steuerstufe auszugehen ist, nur auf § 31 zu beziehen, nicht aber auch auf § 12 Abs. 2 auszudehmen ist. Vgl. Art. 4 Abs. 2 der preuß. Ausführungsbestimmungen.

Berlin, Ende November 1913.

Der Verfasser.

Abkürzungen.

A. = Ausführungsbestimmungen des Bundesrats zum Gesetz über einen einmaligen außerordentlichen Wehrbeitrag. Bek. des Reichskanzlers vom 8. November 1913 Zentralblatt für das Deutsche Reich 1913 S. 1087.

A. z. pr. ErgstGes. = Ausführungsanweisung zum preußischen Ergänzungssteuergesetz.

ALR. = Preußisches Allgemeines Landrecht.

Art. = Artikel.

AusfGes. z. BGB. = Ausführungsgesetz z. Bürgerlich. Gesetzbuch.

BGB. = Bürgerliches Gesetzbuch (RGBl. 1896 S. 195).

AVO. = Allerhöchste Verordnung.

Begr. d. Ges.Entw. = Begründung des Gesetzentwurfs.

EinfGes. z. BGB. = Einführungsgesetz zum Bürgerlichen Gesetzbuch.

HGB. = Handelsgesetzbuch (RGBl. 1897 S. 219).

KommBer. = Bericht der Kommission für den Reichshaushaltsetat über den Entwurf eines Gesetzes über einen einmaligen außerordentlichen Wehrbeitrag. — Nr. 871 der Drucksachen. — Nr. 1083 der Drucks. 13. Legislaturper. I. Session 1912/13.

Mitt. H. . . = Mitteilungen aus der Verwaltung der direkten Steuern (Preußen) Heft . .

MA. = Anmerkung in der Ausführungsanweisung des pr. Finanzministers.

OVG. = Entscheidungen des preußischen Oberverwaltungsgerichts in Staatssteuersachen.

pr. A. = Preußische Ausführungsvorschriften vom 8. November 1913 zum Gesetz über einen einmaligen außerordentlichen Wehrbeitrag und zu den Ausführungsbestimmungen des Bundesrats.

PrVU. = Preußische Verfassungsurkunde.

RG. = Entscheidung des Reichsgerichts.

RGBl. = Reichsgesetzblatt.

RGZ. = Entscheidungen des Reichsgerichts in Zivilsachen.

RVU. = Reichsverfassungsurkunde.

Techn. Anl. = pr. Technische Anleitung vom 26. Dezember 1893 für die erstmalige Schätzung des Wertes der Grundstücke behufs Veranlagung der Ergänzungssteuer.

ZBl. = Zentralblatt für das Deutsche Reich.

ZPO. = Zivilprozeßordnung für das Deutsche Reich in der Fassung des Ges. v. 17. Mai 1898.

Gesetz über einen einmaligen außerordentlichen Wehrbeitrag.

Vom 3. Juli 1913.

(RGBl. Nr. 41 S. 505—521.)

Wir Wilhelm, von Gottes Gnaden Deutscher Kaiser, König von Preußen rc.,
verordnen im Namen des Reichs, nach erfolgter Zustimmung des Bundesrats und des Reichstags, was folgt:

§ 1. Zur Deckung der Kosten der Wehrvorlage[1]) wird nach den Vorschriften dieses Gesetzes ein einmaliger außerordentlicher Beitrag[2]) vom Vermögen[3]) und bei den im § 10 genannten Personen[4]) auch vom Einkommen[5]) erhoben.

1a) Die Begründung des Gesetzentwurfs äußert sich über die Deckung der Kosten der Wehrvorlage durch einen einmaligen außerordentlichen Beitrag wie folgt:

„Die Verstärkung der Wehrmacht des Deutschen Reichs erfordert neben der Erschließung neuer Einnahmequellen zur Bestreitung der fortlaufenden Ausgaben für Heer und Flotte die Bereitstellung außergewöhnlich hoher Summen zur Deckung der einmaligen Kosten der Wehrvorlagen. Diese Mittel im Wege des Kredits zu beschaffen, würde weder den anerkannten Grundsätzen unserer Finanzgebarung noch der nötigen Rücksicht auf die gegenwärtige Lage des Geldmarkts entsprochen haben.

Die Jahrhundertfeier der politischen Erhebung und Wiedergeburt Preußens und Deutschlands weckt die Erinnerung an die

Betätigung selbstloser Vaterlandsliebe und beispiellosen Opfersinns. Wenn in einem solchen Augenblicke bedeutsamer vaterländischer Erinnerungen die verbündeten Regierungen dem Vorschlag der Erhebung eines einmaligen außerordentlichen Wehrbeitrags von dem Vermögensbesitz einmütig ihre Zustimmung geben, so geschieht dies in der festen Überzeugung, daß auch heute noch der Aufruf an die Opferwilligkeit der Besitzenden im deutschen Volke einen lebhaften Widerhall findet. Eine starke Wehrmacht hat dem deutschen Volke eine jahrzehntelange Friedensarbeit ermöglicht und bleibt auch in Zukunft eine sichere Bürgschaft und Gewähr für die Erhaltung eines ehrenvollen Friedens und damit für den weiteren Fortschritt auf allen Gebieten des politischen, wirtschaftlichen und kulturellen Lebens. Es erscheint deshalb keine unbillige Forderung an die Besitzenden, einen nach der Höhe ihres Vermögens bemessenen einmaligen Betrag an das Reich, das ihnen durch seinen starken Schutz den Vermögenserwerb ermöglicht hat und den ungestörten Besitz des Erworbenen gewährleistet, zur Verstärkung seiner Rüstung abzugeben. Daß die vorgeschlagene Abgabe vom Vermögen einen außerordentlichen Charakter hat und nicht wiederkehren soll, ist an sich etwas Selbstverständliches, wird zur Vermeidung jeder Mißdeutung aber auch noch in ihrer Bezeichnung als eines einmaligen außerordentlichen Beitrags zum Ausdruck gebracht."

1b) Über die Frage, ob der außerordentliche Bedarf für Wehrzwecke anstatt durch eine Abgabe nicht vielmehr durch Aufnahme einer Anleihe zu decken gewesen wäre, äußerte sich der Staatssekretär des Reichsschatzamts eingehend in der 135. Sitzung des Reichstags am 9. 4. 1913 wie folgt:

„Das in den Augen vieler nächstliegende Auskunftsmittel, eine Anleihe aufzunehmen, war uns verschlossen. Ich spreche gar nicht davon, daß der gegenwärtige Leiter der Reichsfinanzverwaltung Ihnen mit einem solchen Vorschlage nicht kommen durfte, nachdem er noch vor Jahresfrist von diesem Platze aus unter der Zustimmung des ganzen Hauses sich zu den Finanzgrundsätzen seines Amtsvorgängers bekannt hat. Auch kein anderer an meiner Stelle hätte die Verantwortung übernehmen können, das Reich, das eben im Begriff steht, sich aus dem Sumpfe der Schuldenwirtschaft emporzuarbeiten, wieder für alle Zeiten dorthin zurückzustoßen . . .

Man hat auch vergebens nach Gründen gesucht, eine Anleihe sachlich zu rechtfertigen. Es ist nicht richtig, wenn man gesagt hat: die Maßnahmen, die wir mit der Milliarde bestreiten wollen, kommen im wesentlichen der Zukunft zugute, so mag auch die zukünftige Generation ihren Anteil dazu beisteuern. Nein, die Maßnahmen, die wir mit der Milliarde bestreiten wollen, sind eine Forderung der Gegenwart. Es sind sogar hier aus dem Hause, und zwar von verschiedenen Seiten, noch gestern Stimmen laut geworden, daß die Maßnahmen zum Teil schon früher hätten getroffen werden sollen. Die Ausgaben würden insoweit auf einer Unterlassung früherer Jahre beruhen, und was wir selbst versäumt haben, sollen wir auch selbst zahlen und nicht künftigen Geschlechtern zur Last schreiben, die wahrhaftig auch an ihrem Teile für militärische Aufgaben genug zu leisten haben werden.

Und was wäre auch mit der Verweisung des Bedarfs auf die Anleihe gewonnen worden? Die Verzinsung und Tilgung allein hätte eine sehr erhebliche neue Steuer erfordert, eine Steuer etwa in Höhe der Besitzsteuer, während doch die großen Einnahmequellen, auf die sich das Reich in erster Reihe angewiesen sieht, erst vor wenigen Jahren sehr stark in Anspruch genommen worden sind und einen alsbaldigen nochmaligen Zugriff schwer ertragen haben würden.

Sodann darf man doch nicht übersehen, unter welchen Bedingungen die Anleihe auf den Markt gekommen wäre und wie sie ihn beeinflußt haben würde. Die Anleihe hätte nur zu einem überaus niedrigen Kurse begeben werden können, der Kurs hätte wiederum auf die sonstigen Reichsanleihen und die Anleihen der Bundesstaaten gedrückt, alle weiteren festverzinslichen Papiere wären in Mitleidenschaft gezogen worden, und die Inhaber dieser Papiere hätten einen sehr bedeutenden Verlust, sicherlich mehr als ½ Prozent, zu verzeichnen gehabt, darunter wiederum in erster

Linie die Staatsgläubiger, die ohnehin unter der ungünstigen Entwicklung der Kurse seit Jahren schwer leiden, und denen zu helfen wir bis jetzt vergebens bemüht gewesen sind. Eine solche Erschütterung des Marktes bei der vorgeschlagenen Maßnahme ist schon wegen der Verteilung auf eine möglichst große Zahl von Beitragspflichtigen auf einen größeren Zeitraum nicht zu erwarten.

Nun hat man in der Presse verschiedene Vorschläge gemacht, die meist auf eine Art von Zwangsanleihe hinauslaufen, wobei dann, von der Verzinsung ganz oder teilweise abgesehen, die Tilgung hinausgeschoben werden sollte und dergleichen mehr... Ich glaube nicht, daß eine solche Proposition in diesem Hause auf Zustimmung zu rechnen gehabt hätte. Die Gegner der Schuldenwirtschaft hätten sich gegen dieses Projekt wie gegen jede andere Anleihe wenden müssen, und überdies würde ein derartiges Vorgehen im Auslande den Eindruck einer nur schlecht verhüllten Anmeldung des Staatsbankerotts erweckt haben. Genau das Gegenteil wird bei der jetzt vorgeschlagenen Maßnahme der Fall sein."

2) Über den Ausnahmecharakter und die Einmaligkeit der Abgabe zu vgl. KommBer. S. 3 u. 4. Es handelt sich um eine Zweckabgabe, die nicht wie alle anderen Steuern der Deckung des allgemeinen Staatsbedarfs zu dienen bestimmt ist, sondern nur für die Kosten der Wehrvorlage verwendet werden darf. Dies ist in § 69 d. Ges. deutlich zum Ausdruck gebracht, mit der Maßgabe, daß zu den Kosten der Wehrvorlage außer den einmaligen Ausgaben auch die fortdauernden Ausgaben der Jahre 1913—1916 gerechnet werden, soweit diese nicht aus dem Ertrage der erlassenen oder noch zu erlassenden Deckungsgesetze oder aus laufenden Einnahmen bestritten werden können. Wenn nach dem Voranschlag für das Jahr 1915 die Einnahme aus dem Wehrbeitrag die Ausgaben, zu deren Deckung sie bestimmt ist, überschreitet, wird das letzte Drittel des Wehrbeitrags um den Mehrbetrag gekürzt.

3) Der Begriff des Vermögens wird näher umschrieben in den §§ 2—10 d. Ges. Diese Vorschriften sind im wesentlichen den

Bestimmungen des preußischen Ergänzungssteuergesetzes nachgebildet, und der Berichterstatter der Reichstagskommission stellte, ohne Widerspruch zu erfahren, bei der Beratung des Gesetzentwurfs in der Kommission fest, daß hinsichtlich dieser Paragraphen, wie überhaupt hinsichtlich der Bestimmungen des Entwurfs, die sich an das preußische Ergänzungssteuergesetz anlehnen, die Praxis, wie sie sich in Preußen bei der Anwendung des Ergänzungssteuergesetzes durch die Entscheidungen des Oberverwaltungsgerichts und durch die Ministerialanweisungen herausgebildet hat, maßgebend sein solle. KommBer. S. 31.

4) Ein Wehrbeitrag vom Einkommen wird nur von den in § 10 benannten physischen Personen erhoben. Von den nichtphysischen Personen werden nur Aktiengesellschaften und Kommanditgesellschaften auf Aktien, und zwar nur von den in § 11 näher bezeichneten Vermögensteilen zum Wehrbeitrag herangezogen.

5) Eine Begriffsbestimmung des Einkommens oder eine nähere Umschreibung dessen, was als Einkommen anzusehen ist, enthält das Wehrbeitragsgesetz nicht. Nach § 31 gilt als Einkommen im Sinne des § 1 das auf Grund der Landeseinkommensteuergesetze zuletzt vor oder gleichzeitig mit der Veranlagung des Wehrbeitrags festgestellte steuerpflichtige Einkommen. Als festgestellt wird das niedrigste Einkommen der Steuerstufe angenommen, in welcher der Steuerpflichtige zur Einkommensteuer veranlagt ist und, falls die Berücksichtigung persönlicher Verhältnisse zu einer Steuerermäßigung geführt hat, das niedrigste Einkommen der Steuerstufe, in welcher der Steuerpflichtige ohne diese Berücksichtigung zu veranlagen gewesen wäre. In denjenigen Bundesstaaten aber, in denen eine Einkommensteuer nicht eingeführt ist (Elsaß-Lothringen), hat die Landesregierung Bestimmungen über die Ermittlung des Einkommens zu treffen. Während also für die Feststellung des wehrbeitragspflichtigen Vermögens für das ganze Reich einheitliche Grundsätze zur Anwendung gelangen sollen, wird das wehrbeitragspflichtige Einkommen in den einzelnen Bundesstaaten nach vielfach in materieller und formeller Hinsicht voneinander ab-

weichenden Vorschriften ermittelt werden, was immerhin zu Ungleichheiten zwischen den Angehörigen der verschiedenen Bundesstaaten führen kann. KommBer. S. 10.

§ 2. Als Vermögen im Sinne des § 1 gilt, soweit das Gesetz nichts anderes vorschreibt,[1] das gesamte bewegliche und unbewegliche Vermögen nach Abzug der Schulden.[2][3][4] Es umfaßt:

1. Grundstücke einschließlich des Zubehörs (Grundvermögen);[5]
2. das dem Betriebe der Land- oder Forstwirtschaft, des Bergbaues oder eines Gewerbes dienende Vermögen (Betriebsvermögen);[6]
3. das gesamte sonstige Vermögen, das nicht Grund- oder Betriebsvermögen ist (Kapitalvermögen).[7]

1) Vgl. z. B. § 6 d. Ges. (Ansprüche aus Witwen- usw. Kassen usw.), § 7 (Möbel und Hausgerät), § 10 (ausländisches Grund- und Betriebsvermögen).

2) Der Wehrbeitrag wird grundsätzlich erhoben von dem **reinen** Werte des Gesamtvermögens des Beitragspflichtigen, also von dem gesamten Rohvermögen nach Abzug der Schulden. Begr. d. Ges. Entw. II Abs. 1.

3) Soweit die einzelnen Vermögensteile zum beitragspflichtigen Vermögen gehören, ist es grundsätzlich ohne Belang, ob sie dem Besitzer einen Ertrag oder welchen Ertrag sie ihm gewähren. Begr. d. Ges. Entw. II Abs. 2. Gleichwohl kommt der Umstand, ob die einzelnen Vermögensteile einen Ertrag oder welchen Ertrag gewähren, insofern in Betracht, als die Höhe des Ertrages auf die Bemessung des Werts von Einfluß sein kann. Siehe §§ 17, 19 d. Ges. Zu vgl. Art. 4 II d. A. z. pr. ErgstGes.

4a) Zum beitragspflichtigen Vermögen gehören, wie weder vom wirtschaftlichen, noch vom rechtlichen Standpunkte zweifelhaft sein kann, diejenigen Sachen und Rechte, welche der Steuerpflichtige tatsächlich und unangefochten als sein eigen besitzt. Die Zugehörigkeit eines Grundstücks zum beitragspflichtigen Vermögen ist daher nicht davon abhängig, daß derjenige, der es tatsächlich als sein Eigentum besitzt und benutzt, als Eigentümer im Grundbuch eingetragen ist. Vielmehr ist für die Anrechnung von Grundstückswerten der unangefochtene Eigentumsbesitz entscheidend und nicht das Eigentum nach den Vorschriften des Zivilrechts. Zu vgl. OVG. 5 221.

4b) Ist eine rechtsgültige Abtretung eines Vermögensteils erfolgt, so darf der abgetretene Vermögensteil natürlich nur bei dem Empfänger in Anrechnung gebracht werden, so beispielsweise ein Vermögensteil, den ein Vater seinem unter elterlicher Gewalt stehenden Kinde, gleichviel ob es wirtschaftlich selbständig ist oder nicht, in rechtsgültiger Form zum Eigentum abgetreten hat, nur bei dem Kinde. Die Zwecke, derentwegen die Abtretung erfolgt ist, sind dabei gleichgültig. Vgl. OVG. 8 25. Aber eine Vermögensübertragung, z. B. die Übertragung verzinslicher Forderungen seitens eines Vaters auf seine Kinder, muß außer Betracht bleiben, wenn sich aus den Umständen ergibt, daß sie überhaupt nicht ernstlich gewollt, also simuliert ist. Zu vgl. OVG. 12 391.

4c) Der Vorerbe ist bis zum Eintritt des Falles der Nacherbfolge als Eigentümer des Nachlasses anzusehen und zu behandeln. Er würde als Nießbraucher (und der Nacherbe als Substanzerbe) nur dann angesehen werden dürfen, wenn das bürgerliche Recht solche Vorschriften enthielte. Dies ist aber nicht der Fall. Vielmehr muß nach §§ 2100 ff. BGB. der Vorerbe als wahrer Erbe der den Gegenstand der Erbschaft bildenden Objekte, also als deren Eigentümer angesehen werden, dessen Recht nur ein auflösend bedingtes, bzw. durch einen Endtermin zeitlich begrenztes ist (vgl. Planck, Bürgerl. Gesetzbuch 5 270 ff.; Leske, Vergleichende Darstellung des Bürgerlichen Gesetzbuchs und des preußischen Allgemeinen Landrechts, § 268 S. 1166). Vgl. OVG. 11 361 ff. Nach KommBer. S. 110 hatte der Berichterstatter die allerdings von einem Regierungsvertreter bestätigte Auffassung ausgesprochen, daß der Vorerbe, wenn der Nacherbe den Anspruch auf die volle Substanz habe, nur wie ein Nießbraucher nach den Regeln des § 5 zu veranlagen sein werde. Diese Ansicht wird sich aber gegenüber OVG. 11 361 ff. nicht halten lassen, zumal das OVG. dem Umstande, daß es sich in dem dort entschiedenen Falle um eine Erbeseinsetzung auf den Überrest handelte, nur eine ganz nebensächliche Bedeutung eingeräumt hat, vgl. S. 363. An einer Bestimmung, wie sie § 27 des Reichserbschaftssteuergesetzes speziell für das Verhältnis zwischen Vorerbe und Nacherbe trifft, fehlt es im Wehrbeitragsgesetz. Es wird übrigens auch nicht zu bezweifeln sein, daß der Vorerbe, auch wenn der Nacherbe Anspruch auf die volle Substanz hat, berechtigt ist, den auf das Vermögen fallenden Wehrbeitrag aus der Substanz selbst zu entnehmen, ohne dem Nacherben dafür aufkommen zu müssen.

4d) Der Vermächtnisnehmer ist nach Übereignung der ihm vermachten Sache als deren Eigentümer zu veranlagen. Vgl. OVG. 14 380.

4e) Grundstücke, die mit einer fideikommissarischen Substitution belastet sind, gehören zum beitragspflichtigen Vermögen des Fiduziars und sind ohne Berücksichtigung dieser Last nach den allgemeinen Vorschriften zu bewerten. Das Eigentum des Fiduziars an dem mit der Substitution beschwerten Grundstück ist ein resolutiv bedingtes, bzw. ein mit einem Endtermin versehenes. Vgl. OVG. 5 225 und §§ 27, 30 d. Ges.

4f) Die persönliche Behinderung des Eigentümers, das Objekt zu verkaufen, einerlei ob sie auf tatsächlichen oder auf Rechtsgründen beruht, ändert nichts an der Zugehörigkeit des Objekts zum beitragspflichtigen Vermögen. Vgl. OVG. 7 243.

5a) Zu den beitragspflichtigen Grundstücken gehören Gebäude und Liegenschaften, einschließlich der Seen, Teiche und sonstigen Wasserstücke. Vgl. Art. 7 I d. A. z. pr. ErgstGes. Das ausländische Grundvermögen ist aber nach § 10 d. Ges. von der Beitragspflicht befreit. Es bleiben daher die außerhalb Deutschlands belegenen Grundstücke mit ihrem Werte außer Ansatz.

5b) Zum Grundvermögen gehören alle Bestandteile der einzelnen Grundstücke. Was zu den Bestandteilen gehört, wird in den §§ 93—96 BGB. näher umschrieben. Diese lauten:

„§ 93. Bestandteile einer Sache, die voneinander nicht getrennt werden können, ohne daß der eine oder der andere zerstört oder in seinem Wesen verändert wird (wesentliche Bestandteile), können nicht Gegenstand besonderer Rechte sein.

§ 94. Zu den wesentlichen Bestandteilen eines Grundstücks gehören die mit dem Grund und Boden fest verbundenen Sachen, insbesondere Gebäude, sowie die Erzeugnisse des Grundstücks, solange sie mit dem Boden zusammenhängen. Samen wird mit dem Aussäen, eine Pflanze wird mit dem Einpflanzen wesentlicher Bestandteil des Grundstücks.

Zu den wesentlichen Bestandteilen eines Gebäudes gehören die zur Herstellung des Gebäudes eingefügten Sachen.

§ 95. Zu den Bestandteilen eines Grundstücks gehören solche Sachen nicht, die nur zu einem vorübergehenden Zwecke mit dem Grund und Boden verbunden sind. Das gleiche gilt von einem Gebäude oder anderen Werke, das in Ausübung eines Rechtes an einem fremden Grundstücke von dem Berechtigten mit dem Grundstücke verbunden worden ist.

Sachen, die nur zu einem vorübergehenden Zwecke in ein Gebäude eingefügt sind, gehören nicht zu den Bestandteilen des Gebäudes.

§ 96. Rechte, die mit dem Eigentum an einem Grundstücke verbunden sind, gelten als Bestandteile des Grundstücks."

Als Rechte, die mit dem Eigentum an einem Grundstücke verbunden sein können und nach § 96 BGB. als Bestandteil des Grundstücks gelten, kommen z. B. in Betracht: Nutzungen am Gemeinde- oder sonstigen gemeinschaftlichen Vermögen, wie Weide- und Holzgerechtigkeiten, Idealanteile an Haubergsgenossenschaften und Jahnschaften, Fischerei-, Fähr-, Schiffsmühlengerechtigkeiten, das Jagdrecht usw., ferner Prädialservituten, Realrechte, wie Rechte auf bäuerliche Dienste, Abgaben, Laudemien usw., Freikuxe, Anteile der Güter an landschaftlichen Amortisationsfonds, Nutzungen von Ablösungskapitalien, Renten für Entschädigung wegen Beschränkung des Grundeigentums in der Umgebung von Festungen. Vgl. die pr. Techn. Anl. v. 26. 12. 93 Art. 6 Nr. 1 und A. z. pr. ErgStGes. Art. 9 Nr. 1.

5c) Zum Grundvermögen gehört auch das Zubehör der einzelnen Grundstücke. Was Zubehör ist, wird näher in den §§ 97, 98 BGB. bestimmt. Diese lauten:

„§ 97. Zubehör sind bewegliche Sachen, die, ohne Bestandteile der Hauptsache zu sein, dem wirtschaftlichen Zwecke der Hauptsache zu dienen bestimmt sind und zu ihr in einem dieser Bestimmung entsprechenden räumlichen Verhältnisse stehen. Eine Sache ist nicht Zubehör, wenn sie im Verkehre nicht als Zubehör angesehen wird.

Die vorübergehende Benutzung einer Sache für den wirtschaftlichen Zweck einer anderen begründet nicht die Zubehöreigenschaft. Die vorübergehende Trennung eines Zubehörstücks von der Hauptsache hebt die Zubehöreigenschaft nicht auf.

§ 98. Dem wirtschaftlichen Zwecke der Hauptsache sind zu dienen bestimmt:

1. bei einem Gebäude, das für einen gewerblichen Betrieb dauernd eingerichtet ist, insbesondere bei einer Mühle, einer Schmiede, einem Brauhaus, einer Fabrik, die zu dem Betriebe bestimmten Maschinen und sonstigen Gerätschaften;
2. bei einem Landgute das zum Wirtschaftsbetriebe bestimmte Gerät und Vieh, die landwirtschaftlichen Erzeugnisse, soweit sie zur Fortführung der Wirtschaft bis zu der Zeit erforderlich sind, zu welcher gleiche oder ähnliche Erzeugnisse voraussichtlich gewonnen werden, sowie der vorhandene auf dem Gute gewonnene Dünger."

6a) Das dem Betriebe der Land- und Forstwirtschaft dienende Vermögen (Anlage- und Betriebskapital) gehört zum beitragspflichtigen Vermögen ohne Unterschied, ob der Betrieb auf eigenen oder fremden (gepachteten) Grundstücken stattfindet. Wegen der verschiedenen Bewertung vgl. aber Anm. 5g (Pächter) und Anm. 6 (Besitzer) zu § 17 d. Ges. Das dem Betriebe eines Gewerbes dienende Vermögen (Anlage- und Betriebskapital) gehört zum beitragspflichtigen Vermögen, ohne Unterschied, ob das Gewerbe als stehendes oder als Gewerbe im Umherziehen betrieben wird. Zu vgl. Art. 10 I, 1 und 3 d. A. z. pr. ErgstGes.

6b) Das ausländische Betriebsvermögen, d. h. das Betriebsvermögen, welches auf außerhalb Deutschlands unterhaltene Betriebe fällt, bleibt nach § 10 von der Beitragspflicht befreit. Vgl. Anm. 1c zu § 4.

6c) Was zum Betriebsvermögen gehört, wird in § 4 näher bestimmt.

7) Was zum Kapitalvermögen gehört, wird in § 5 näher bestimmt.

§ 3. Den Grundstücken (§ 2 Nr. 1) stehen gleich Berechtigungen, für welche die sich auf Grundstücke beziehenden Vorschriften des bürgerlichen Rechtes gelten.[1])

1a) Nach der Begründung des Gesetzentwurfs gehört hierher z. B. das Erbbaurecht nach § 1012 BGB. Dieser Paragraph bestimmt folgendes:

„Ein Grundstück kann in der Weise belastet werden, daß demjenigen, zu dessen Gunsten die Belastung erfolgt, das veräußerliche und vererbliche Recht zusteht, auf oder unter der Oberfläche des Grundstücks ein Bauwerk zu haben (Erbbaurecht)."

Außerdem wird von der Begründung das Erbpachtrecht mit Einschluß des Büdner- und Häuslerrechts erwähnt, hinsichtlich dessen nach Art. 63 d. EinfGes. z. BGB. die landesgesetzlichen Vorschriften unberührt bleiben.

Ferner führen die Motive das Bergwerkseigentum an, das in Preußen auf den Bestimmungen der §§ 50 ff. d. AllgBerggeſ. v. 24. 6. 65 (GesS. S. 705) in der Fassung des Art. 37 des AusfGes. z. BGB. vom 20. 9. 99 (GesS. S. 177) beruht. Es gibt dem damit Beliehenen die ausschließliche Befugnis, nach den Bestimmungen des Berggesetzes das in der Verleihungsurkunde benannte Mineral in seinem Felde aufzusuchen und zu gewinnen, sowie alle hierzu erforderlichen Vorrichtungen unter und über Tage zu treffen. Die der Verleihung des Bergwerkseigentums vorausgehende Mutung ist kein dingliches Recht, kann daher jedenfalls hier nicht in Betracht kommen. Die Mutung begründet zwar, wenn sie den gesetzlichen Erfordernissen entspricht, einen Anspruch auf Verleihung des Bergwerkseigentums, ist aber keineswegs mit dem Bergwerkseigentum selbst identisch.

1b) Unter § 3 fallen nur selbständige Rechte der dort näher bezeichneten Art. Rechte und Gerechtigkeiten, welche mit dem Besitze eines Grundstücks verbunden sind (subjektiv dingliche Rechte) und daher als Bestandteile des Grundstücks gelten (§ 96 BGB., s. Anm. 5b zu § 2 d. Ges.) fallen unter § 2 Ziff. 1 und selbständige Rechte und Gerechtigkeiten, für welche nicht die sich auf Grundstücke beziehenden Vorschriften des BGB. gelten, gehören unter § 5 Ziff. 1. Insoweit aber Rechte oder Gerechtigkeiten zum landwirtschaftlichen oder gewerblichen Betriebsvermögen gehören, fallen sie unter § 2 Ziff. 2.

§ 4. Zum Betriebsvermögen (§ 2 Nr. 2) gehören alle dem Unternehmen gewidmeten Gegenstände.¹)

Das Betriebsvermögen einer offenen Handelsgesellschaft oder einer anderen Erwerbsgesellschaft, bei welcher der Gesellschafter als Unternehmer (Mitunternehmer) des Betriebs anzusehen ist,²) wird den einzelnen Teilhabern nach dem Verhältnis ihres Anteils zugerechnet.³)

1a) Zum Betriebsvermögen gehören alle dem Unternehmen gewidmeten Gegenstände und Rechte, welche einen in Geld schätzbaren Wert haben. Voraussetzung ist, daß sie dem Beitragspflichtigen gehören oder zustehen. Nicht erforderlich ist dagegen, daß sie dem Betriebe dauernd zu dienen bestimmt sind. Also auch die vorübergehend dem Betriebe gewidmeten Gegenstände und Rechte, z. B. die Geldmittel aus dem Kontokorrent und den

Depositen sind anzurechnen. Die diesen Aktiven gegenüberstehenden Passiva gelangen nach § 9 bei Berechnung des beitragspflichtigen Gesamtvermögens zum Abzug. Vgl. Begr. d. Ges. Entw. II Abs. 6; Art. 10 III d. A. z. pr. ErgstGes.

1b) Zum beitragspflichtigen Betriebsvermögen im Sinne des § 4 Abs. 1 gehören insbesondere:

1. die dem Betriebe dienenden Grundstücke, Gebäude (nicht aber die dazu gemieteten oder gepachteten fremden), baulichen Anlagen, Wasserkräfte, Maschinen, Gerätschaften, Werkzeuge, Tiere und Futtervorräte, Vorräte an Erzeugnissen des Betriebes, fertigen Waren, Roh- und Hilfsstoffen, einschließlich der in der Bearbeitung, auf dem Transport, auf Niederlagen oder auswärtigen Lagern befindlichen;
2. die Vorräte an Geld, Gold und Silber, Papiergeld, Banknoten, Wechseln, Schuldscheinen und sonstigen Wertpapieren, die aus dem Betriebe herrührenden Außenstände (vgl. OVG. 6 117 ff.), einschließlich der laufenden Guthaben;
3. Gewerbeberechtigungen, Rechte auf Gebrauch oder Nutzung fremder Grundstücke, Wege, Kanäle, Privatflüsse, Seen und dergleichen und sonstige selbständige Rechte (nur selbständige Rechte und Gerechtigkeiten, welche einen in Geld schätzbaren Wert haben, daher nicht obrigkeitliche oder polizeiliche Konzessionen, Approbationen und Genehmigungen, vgl. OVG. 5 369; 6 100).

Zu vgl. Art. 10 III d. A. z. pr. ErgstGes.

Es kommt aber nur der Wert der materiellen Betriebsmittel in Betracht. Umstände, welche nicht unter diesen Gesichtspunkt fallen, z. B. der von alters her begründete Ruf der Firma, ihre gute Kundschaft oder die besonderen persönlichen Eigenschaften des Beitragspflichtigen bleiben unberücksichtigt, wenn dadurch auch die Rentabilität des Geschäftes und der Verkaufswert desselben wesentlich beeinflußt wird. Vgl. Art. 12 Nr. 1 Abs. 4 d. A. z. pr. ErgstGes.

1c) Da nach § 10 das ausländische Betriebsvermögen von der Beitragspflicht befreit ist, bleiben bei Beitragspflichtigen, welche innerhalb und außerhalb Deutschlands stehende Betriebe unterhalten, diejenigen Teile des Betriebsvermögens außer Ansatz, welche auf den außerhalb Deutschlands unterhaltenen Betrieb fallen.

Als solche gelten:

a) die dem Betrieb außerhalb Deutschlands speziell gewidmeten Werte;

b) ein entsprechender Anteil an dem in keiner besonderen Beziehung zu den einzelnen Betriebsstätten stehenden, dem gesamten Betriebe dienenden Anlage- und Betriebskapitale. Hierher gehören insbesondere die zur Verfügung der Geschäftsleitung als solcher stehenden Betriebs- und Reservefonds, Gebäude und Utensilien. Für die Berechnung dieses Anteils ist das Verhältnis maßgebend, welches zwischen den speziell dem deutschen und speziell dem außerdeutschen Betriebe gewidmeten Werten besteht (vgl. oben zu a). Vgl. Art. 12 Nr. 4 d. A. z. pr. ErgstGes.

2) Hierher gehören namentlich die offene Handelsgesellschaft und die einfache Kommanditgesellschaft, nicht dagegen die Aktiengesellschaft, Kommanditgesellschaft auf Aktien, Berggewerkschaft, eingetragene Genossenschaft, Gesellschaft mit beschränkter Haftung sowie alle anderen Erwerbsgesellschaften, bei denen die Gesellschaft selbst als Betriebsinhaber anzusehen ist und deren Gesellschaftsanteile nach § 5 Nr. 3 als Kapitalvermögen anzurechnen sind. Vgl. Begr. d. Ges. Entw. II Abs. 6.

3) Es wird zunächst der Wert des gesamten Betriebsvermögens des Unternehmens nach den allgemeinen Regeln festgestellt. Der ermittelte Wert wird sodann auf die einzelnen Gesellschafter nach Maßgabe ihrer Beteiligung an dem Unternehmen verteilt. Angenommen A, B, C betreiben zusammen eine offene Handelsgesellschaft und sind A mit ½, B und C mit je ¼ beteiligt, so sind also, wenn der Wert des gesamten Betriebsvermögens der Gesellschaft 100000 ℳ beträgt, dem A 50000 ℳ, dem B und C je 25000 ℳ anzurechnen.

§ 5. Als Kapitalvermögen (§ 2 Nr. 3) kommen insbesondere, soweit die einzelnen Vermögensgegenstände nicht unter § 2 Nr. 1, § 3 oder unter § 2 Nr. 2, § 4 fallen, in Betracht:

1. selbständige Rechte und Gerechtigkeiten;[1])
2. verzinsliche und unverzinsliche Kapitalforderungen jeder Art;[2])
3. Aktien oder Anteilscheine,[3]) Kuxe,[4]) Geschäftsguthaben bei Genossenschaften,[5]) Geschäftsanteile[6]) und andere Gesellschaftseinlagen;[7])
4. bares Geld deutscher Währung, fremde Geldsorten, Banknoten und Kassenscheine, ausgenommen die aus den laufenden Jahreseinkünften vorhandenen Bestände und Bank- oder sonstige Guthaben, soweit sie zur Bestreitung der laufenden Ausgaben für drei Monate dienen, sowie Gold und Silber in Barren;[8])
5. der Kapitalwert der Rechte auf Renten und andere wiederkehrende Nutzungen und Leistungen, welche dem Berechtigten auf seine Lebenszeit oder auf die Lebenszeit eines anderen, auf unbestimmte Zeit oder auf die Dauer von mindestens zehn Jahren entweder vertragsmäßig als Gegenleistung für die Hingabe von Vermögenswerten oder aus letztwilligen Verfügungen, Schenkungen oder Familienstiftungen oder vermöge hausgesetzlicher Bestimmungen zustehen;[9])
6. noch nicht fällige Ansprüche aus Lebens- und Kapitalversicherungen oder Rentenversicherungen, aus denen der Berechtigte noch nicht in den Rentenbezug eingetreten ist.[10]

1a) Berechtigungen, für welche die sich auf Grundstücke beziehenden Vorschriften des bürgerlichen Rechts gelten, kommen als Grundvermögen in Betracht. Rechte, welche mit dem Eigentum an Grundstücken verbunden sind (subjektiv dingliche Rechte), gelten als Bestandteil des Grundstücks und kommen daher gleichfalls beim Grundvermögen zum Ansatz. Berechtigungen, welche dem Betriebe eines gewerblichen Unternehmens gewidmet sind, gehören zum Betriebsvermögen und kommen mit diesem zum Ansatz. Hier handelt es sich also nur noch um Rechte und Gerechtigkeiten, welche weder zum Grundvermögen noch zum Betriebsvermögen gehören.

1b) Voraussetzung für die Anrechnung selbständiger Rechte und Gerechtigkeiten ist, daß sie einen in Geld schätzbaren Wert haben. Begr. d. Ges. Entw. II Abs. 7.

1c) In Betracht kommen können nur selbständige, ausschließliche (dingliche oder nicht dingliche) Vermögensrechte. Rechte dieser Art sind insbesondere:

1. das Bergwerkseigentum (§§ 50 ff. d. pr. AllgBergges. v. 24. 6. 65, GesS. S. 705, in der Fassung des Art. 37 d. AusfGes. z. BGB. v. 20. 9. 99, GesS. S. 177; s. Anm. 1a zu § 3).
2. die im Privatbesitze befindlichen Regalrechte, z. B. Privatbergregalitätsrechte. Vgl. OVG. 6 9; s. auch KommBer. S. 31.
3. die Urheberrechte, das Verlagsrecht und das Patentrecht. Begr. d. Ges. Entw. II Abs. 7.
4. die noch bestehenden ausschließlichen Gewerbegerechtigkeiten (Fährgerechtigkeit, Schiffsmühlengerechtigkeit, Apothekenprivilegien) [nur Apotheken-Realprivilegien, nicht Apotheken-Konzessionen, vgl. OVG. 6 100] sowie die Fischereigerechtigkeit (vgl. OVG. 6 7 ff.);
5. Nießbrauchsrechte an fremdem Vermögen oder fremden Vermögensteilen (auch an verzinslichen Kapitalforderungen; vgl. OVG. 6 110), vorausgesetzt, daß der dem Nießbrauch unterliegende Gegenstand zum beitragspflichtigen Vermögen gehört;
6. das Erbbaurecht (§§ 1012 ff. d. BGB.) s. Anm. 1a zu § 3 d. Ges.

Nicht hierher gehören dagegen:

1. auf familienrechtlicher Grundlage beruhende Nutznießungsrechte des Ehemanns an dem Vermögen der Ehefrau oder der Eltern an dem Vermögen der Kinder. Begr. d. Ges. Entw. II Abs. 7.
2. polizeiliche oder obrigkeitliche Konzessionen, Approbationen, Genehmigungen, welche die Befugnis oder Erlaubnis zur Ausübung eines Gewerbebetriebs, nicht aber ein ausschließliches Recht begründen (vgl. OVG. 5 369, Konzession zur Ausübung der Schankwirtschaft; OVG. 6 100, Konzession zur Anlage oder zum Betriebe einer Apotheke);
3. Familien-, Standes-, Ehren- und andere Rechte, die nicht zu den Vermögensrechten gehören;
4. Rechte, denen der Charakter der Selbständigkeit abgeht, z. B. das Recht zur Führung einer Handelsfirma (§ 23 d. HGB. v. 10. 5. 97; vgl. auch OVG. 8 333).

1d) Das Recht des Besitzers eines sogenannten Tertialgutes ist ein selbständiges, nicht an den Besitz eines Grundstücks geknüpftes Nutzungsrecht, welches auf die Lebensdauer des Besitzers beschränkt ist. Es fällt also unter § 5 Ziff. 1. Vgl. OVG. 6 97.

2a) Ob die Kapitalforderungen verbrieft sind oder nicht, ist ohne Belang für ihre Anrechnung. Auch auf Staatsangehörigkeit, Wohnsitz oder Aufenthalt des Schuldners kommt es ebensowenig an wie auf die Belegenheit der etwa für die Forderung verpfändeten Vermögensstücke (vgl. MA. 8 zu Art. 13 d. A. z. pr. ErgstGes.). Unter § 5 Ziff. 2 fallen, außer den in Ziff. 3 des § 5 besonders behandelten Aktien usw., namentlich alle Wertpapiere wie z. B. staatliche und kommunale Schuldverschreibungen, Pfandbriefe usw., ferner die Forderungen aus Darlehen, aus Verkäufen, aus Kautionen, Wechseln, aus Versicherungen, ebenso aber auch die Sparkasseneinlagen und die für Rechnung der Pfandbriefschuldner aufgesammelten Amortisations- und Reservefonds, insoweit sie nicht schon als Zubehör eines Grundstücks in Betracht kommen.

2b) **Das Guthaben der Reichsbankbeamten** an dem zu ihren Gunsten angesammelten Tantiemefonds bildet beitragspflichtiges Kapitalvermögen derselben. Vgl. OVG. 6 280.

2c) Eine Vereinbarung, wonach die **Ehefrau eines Offiziers** die Empfängerin der Zinsen der bei der Reichsbank vom Vater deponierten Wertpapiere ist und die Zahlung der Zinsen, sowie die Rückgabe der Wertpapiere an den Vater oder dessen Rechtsnachfolger nur unter schriftlicher Zustimmung der zuständigen Militärbehörde erfolgen darf, begründet nicht den Verlust des Eigentums an den Wertpapieren für den Vater. Diese sind also dem Vater anzurechnen. Vgl. OVG. 5 365.

2d) Forderungen auf Zinsen, Pächte, Mieten usw., welche zu dem Jahres**einkommen** gehören, fallen nicht unter die nach § 5 in Betracht kommenden **Kapitalforderungen**. Inwiefern **Rückstände** an solchen Einnahmen und an anderen periodischen Hebungen infolge ausdrücklicher oder stillschweigender Übereinkunft die Natur von **Kapitalforderungen** angenommen haben und deshalb als solche anzusetzen sind, ist nach den Verhältnissen des einzelnen Falls zu beurteilen. Wird durch die vorliegenden Umstände nicht eine andere Annahme begründet, so werden zweijährige oder noch ältere Rückstände sowie Rückstände, zu deren Zahlung der Schuldner rechtskräftig verurteilt ist, den Kapitalforderungen gleichgestellt werden können. So Art. 15 II Abs. 3 d. A. z. pr. ErgstGes.

2e) Über Kapitalforderungen aus Bank- oder sonstigen Guthaben vgl. Ziff. 4 des § 5.

3a) **Der Besitz von Aktien, Kommanditanteilen** usw. gilt in jedem Falle als **Kapitalvermögen**. Der Wert derselben ist daher dem steuerbaren Vermögen hinzurechnen, auch wenn das betreffende Aktienunternehmen **außerhalb** Deutschlands seinen Sitz hat. Vgl. MA. 9 zu Art. 13 d. A. z. pr. ErgstGes. Über die Bewertung von Aktien vgl. §§ 18, 19 d. Ges.

3b) Neben den eigentlichen Aktien kommen auch die **Interim-** und **Anteilsscheine** in Betracht, die den Aktionären vor Ausgabe der eigentlichen Aktien behändigt zu werden pflegen. **Genuß-**

scheine sind dagegen keine Kapitalforderungen. Sie können aber nach § 5 Ziff. 5 in Betracht kommen. Vgl. OVG. 1 150.

4) Unter Kuxen sind sowohl die Kuxe älteren Rechts als diejenigen neueren Rechts zu verstehen. Für beide Arten von Kuxen gilt das vorstehend in Anm. 3a für Aktien usw. Gesagte. Vgl. MA. 9 zu Art. 13 d. A. z. pr. ErgstGes. Über die Bewertung von Kuxen vgl. § 19 d. Ges.

5) Hierher gehören die Geschäftsguthaben der Genossenschafter bei allen Arten von eingetragenen Genossenschaften. Sie sind lediglich Kapitalvermögen, falls nicht der Ausnahmefall der Zugehörigkeit zu dem Anlage- und Betriebskapital eines Betriebes des Beitragspflichtigen vorliegt. Vgl. OVG. 7 353 ff. Das Geschäftsguthaben eines Genossen setzt sich zusammen aus seinen auf den Geschäftsanteil geleisteten Einzahlungen und dem zugeschriebenen Gewinnanteil minus dem abgeschriebenen Verluste. Siehe § 19 GenossenschGes.

6) Unter Geschäftsanteilen sind insbesondere diejenigen der Gesellschafter von Gesellschaften m. b. H. nach dem RGes. v. 1892/1898 zu verstehen. Über die Bewertung von Geschäftsanteilen an Gesellschaften m. b. H. vgl. § 19 d. Ges.

7) Hierher gehören auch die Einlagen des stillen Gesellschafters. Art. 335, 340 HGB.

8a) Hier kommt nur kurrentes Geld in Betracht. Sammlungen von Münzen verschiedenen Gepräges gehören nicht zum steuerbaren Vermögen, auch wenn sich darunter einzelne kurrente Geldstücke befinden. Vgl. MA. 10 zu Art. 13 d. A. z. pr. ErgstGes.

8b) Bare Bestände und Bank- und sonstige Guthaben, soweit sie zur Bestreitung der laufenden Ausgaben für drei Monate dienen, gehören als Teile des Jahreseinkommens nicht zum beitragspflichtigen Vermögen.

9) Als Kapitalvermögen gilt nach § 5 Ziff. 5 der Kapitalwert der Rechte auf Apanagen, Renten, Leibrenten, Altenteilsbezüge und auf andere periodische geldwerte Hebungen, welche

a) dem Beitragspflichtigen auf seine Lebenszeit oder auf die Lebenszeit eines anderen, auf unbestimmte Zeit oder auf die Dauer von mindestens zehn Jahren und außerdem

b) entweder vertragsmäßig als Gegenleistung für die Hingabe von Vermögenswerten oder aus letztwilligen Verfügungen, Schenkungen oder Familienstiftungen oder vermöge hausgesetzlicher Bestimmung zustehen.

Die Vorschrift in § 5 Nr. 5 deckt sich im wesentlichen mit derjenigen des pr. ErgstGes. in § 7c Abs. 1, nur sind hier für den Wehrbeitrag auch die dem Beitragspflichtigen aus Schenkungen zustehenden Rechte als mit ihrem Kapitalwert beitragspflichtig aufgeführt, welche im pr. ErgstGes. fehlen. Der Kapitalwert einer auf einem Schenkungsversprechen beruhenden Rente ist also für den Wehrbeitrag dem Beschenkten anzurechnen, während bei dem Schenker nach § 9 d. Ges. ein entsprechender Abzug stattfindet. Vgl. Art. 2 Ziff. 3 d. pr. A.

Beide Voraussetzungen (zu a und b) müssen zusammentreffen, um die Anrechnung eines Rechtes auf periodische Hebungen zu begründen.

Ist das Bezugsrecht durch mittelbare oder unmittelbare Zeitbestimmung von vornherein auf eine kürzere Dauer als zehn Jahre beschränkt, so kommt es bei Feststellung des steuerbaren Vermögens nicht in Ansatz, wenngleich die Merkmale zu b vorliegen. Maßgebend ist aber hierbei die Gesamtdauer des Bezugsrechts, während für die Feststellung des Kapitalwerts (§§ 21 ff.) nur die Dauer in Betracht kommt, für welche das Bezugsrecht dem Berechtigten noch nach dem 31. Dezember 1913 zusteht.

Anderseits kommen auch Rentenbezüge von längerer oder unbestimmter Dauer nicht in Betracht, wenn dieselben nicht auf einem der zu b angegebenen Titel beruhen.

Vgl. Art. 13 Nr. 3 d. A. z. pr. ErgstGes.

Über die Feststellung des Kapitalwerts der in § 5 Ziff. 5 erwähnten Rechte vgl. §§ 21 ff. d. Ges.

10a) Die Anrechnung noch nicht fälliger Ansprüche erstreckt sich auf alle Arten der Lebens-, Kapital- und Rentenversicherung. Auf die Anstalt, bei der die Versicherung genommen ist, und auf die Bezeichnung des Geschäfts kommt es dabei nicht an. Zu den Lebensversicherungen gehören insbesondere nicht nur die einfachen Versicherungen auf den Todesfall, sondern auch die Versicherungen „auf den Überlebensfall", „auf den Erlebensfall", die sog. „abgekürzte" sowie die „kurze" Versicherung und alle Kombinationen dieser Versicherungsformen. Vgl. Art. 16 Nr. 1 d. A. z. pr. ErgstGes.

10b) Ob der Anspruch aus dem Einkauf in sog. Sterbekassen als Anspruch aus einer Kapitalversicherung im Sinne des Gesetzes anzusehen ist, hängt von den Einkaufsbedingungen und von den Einrichtungen der betreffenden Kasse ab. In der Regel wird die Frage schon wegen der Geringfügigkeit des Objekts nicht von praktischer Bedeutung und ohne weiteres zu verneinen sein, wenn das versicherte Sterbekassengeld den vermutlichen Betrag der in unmittelbarer Folge des Todesfalls den Hinterbliebenen erwachsenden Kosten der Beerdigung usw. nicht übersteigt. Vgl. Art. 16 Nr. 2 d. A. z. pr. ErgstGes.

10c) Keinen Unterschied macht es, ob die Versicherung auf das Leben des Versicherungsnehmers oder einer anderen Person gestellt, ob sie zugunsten eines Dritten abgeschlossen ist oder nicht. Ebenso ist gleichgültig, von wem die Prämien bezahlt sind. Die Anrechnung findet bei demjenigen Beitragspflichtigen statt, dem nach Maßgabe des Versicherungsvertrags das Verfügungsrecht über die Police zusteht. Vgl. Art. 16 Nr. 4 d. A. z. pr. ErgstGes. und OVG. 7 200.

10d) Ansprüche aus solchen Rentenversicherungen, welche gemäß § 6 d. Ges. von der Heranziehung zum Wehrbeitrag überhaupt ausgeschlossen bleiben, kommen auch vor dem Eintritt der Fälligkeit nicht in Anrechnung. Vgl. § 37 d. A. u. Art. 16 Ziff. 3 d. A. z. pr. ErgstGes.

10e) Über die Berechnung des Wertes noch nicht fälliger Ansprüche aus Lebens-, Kapital- und Rentenversicherungen vgl. § 20 Abs. 2 d. Ges. und Anm. 2a—e dazu.

§ 6. Die Vorschrift im § 5 Nr. 5 gilt nicht[1])

a) für Ansprüche an Witwen-, Waisen- und Pensionskassen;

b) für Ansprüche aus einer Kranken- oder Unfallversicherung oder aus der Reichsversicherung;

c) für Renten und ähnliche Bezüge, die mit Rücksicht auf ein früheres Arbeits- oder Dienstverhältnis gewährt werden.[2])

1) Nach § 6 kommen von den in § 5 Nr. 5 aufgeführten periodischen Hebungen nicht in Betracht:

a) Ansprüche an Witwen-, Waisen- und Pensionskassen, mögen die zur Zahlung verpflichteten Kassen öffentliche oder private sein;

b) Ansprüche aus einer Kranken- oder Unfallversicherung, ohne Unterschied, ob es sich um gesetzlich vorgeschriebene oder um freiwillige Versicherungen handelt;

c) Ansprüche aus der Invaliditäts- und Altersversicherung, einschließlich der Ansprüche aus der Selbstversicherung, aber nur, soweit sie auf der Reichsversicherungsordnung v. 19. 7. 1911 (RGBl. S. 509) beruhen;

d) Ansprüche auf Renten und ähnliche Bezüge (Pensionen), welche mit Rücksicht auf ein früheres Arbeits- oder Dienstverhältnis gezahlt werden, ohne Unterschied, ob das Arbeits- oder Dienstverhältnis ein öffentliches oder privates war, ob die Pension dem ehemaligen Beamten, Angestellten selbst oder dessen Hinterbliebenen zusteht. Auch wenn der Prinzipal, ohne dazu verpflichtet zu sein, also freiwillig, seinem Angestellten nach Beendigung des Dienstverhältnisses eine Pension verspricht, bleibt diese von dem Wehrbeitrag frei. Vgl. Art. 14 d. A. z. pr. ErgstGes. und OVG. 5 353 ff.

2) Ob die Renten und ähnlichen Bezüge unter Lebenden oder durch letztwillige Verfügung zugewendet sind, ist ohne Be-

lang, wenn sie nur mit Rücksicht auf ein früheres Arbeits- oder Dienstverhältnis gewährt werden. Hierin liegt ein Unterschied gegenüber dem preußischen Ergänzungssteuergesetz, da nach diesem **Renten**, welche in letztwilligen Verfügungen zugewendet sind, nur dann steuerfrei bleiben, wenn die Personen, denen sie zugewendet sind, zum Hausstande des Erblassers gehörten **und** in einem Dienstverhältnis zu demselben gestanden haben. Vgl. Art. 2 Ziff. 4 d. pr. A.

§ 7. Als Vermögen gelten nicht Möbel, Hausrat und andere nicht unter § 5 fallende bewegliche körperliche Gegenstände, sofern sie nicht als Zubehör eines Grundstücks (§ 2 Nr. 1, § 3) oder als Bestandteil eines Betriebsvermögens (§ 2 Nr. 2, § 4) anzusehen sind.[1])

1a) „Die Nichtberücksichtigung des Mobiliars in der Vermögensfeststellung erscheint aus sachlichen und praktischen Erwägungen gerechtfertigt. Daß das Mobiliar der minder Wohlhabenden unbedingt freizulassen ist, bedarf keiner weiteren Begründung. Aber auch die Freilassung des Luxusmobiliars empfiehlt sich aus praktischen Erwägungen. Einmal ist es nicht leicht, hier eine Grenze zu ziehen, und sodann wäre eine einigermaßen zutreffende Wertermittelung und Veranlagung außerordentlich schwierig und nicht möglich ohne lästiges und unerwünschtes Eindringen in rein persönliche Verhältnisse." Begr. d. Ges. Entw. II Abs. 10. Bei der Beratung des Gesetzes gestellte Anträge, von der Befreiung des § 7 Schmuckgegenstände und Kostbarkeiten (Bilder) auszuschließen, sind aus ähnlichen Erwägungen nicht zur Annahme gelangt.

1b) Nicht als beitragspflichtiges Vermögen gelten alle beweglichen körperlichen Sachen, welche weder als Zubehör zu einem Grundstücke (§ 2 Nr. 1), noch zu einem Betriebsvermögen (§ 2 Nr. 2), noch zum Kapitalvermögen (§ 2 Nr. 3) gehören. Hiernach bleiben bei der Veranlagung namentlich außer Ansatz: Möbel, Hausrat, Kleidungsstücke, Schmucksachen und andere Kostbarkeiten, Bücher, Reit- und Wagenpferde, Equipagen, Sammlungen und

Vorräte aller Art, insofern diese Gegenstände nicht Erwerbszwecken dienen, sondern lediglich zum persönlichen Gebrauch oder zum Verbrauch im Haushalt, zur Ausschmückung der Wohnräume, zur Belehrung, Unterhaltung oder Erhöhung des Lebensgenusses bestimmt sind. Vgl. Art. 4 III d. A. z. pr. ErgstGes.

1c) Nach § 7 d. Ges. sind bei der Vermögensfeststellung auch nicht zu berücksichtigen diejenigen Gegenstände, welche der Ausübung einer wissenschaftlichen, künstlerischen oder nicht unter den Begriff des Gewerbebetriebs fallenden beruflichen Tätigkeit dienen. Begr. d. Ges. Entw. II Abs. 10. Es bleiben daher außer Ansatz: alle der Ausübung einer künstlerischen, wissenschaftlichen oder einer sonstigen nicht unter den Begriff des Gewerbebetriebes fallenden Berufstätigkeit gewidmeten beweglichen Sachen (Bibliotheken der Gelehrten und Beamten, Instrumente der Ärzte und Musiker, Arbeitsmittel der Künstler, Bureaueinrichtungen der Rechtsanwälte und dergleichen. Vgl. Art. 4 III d. A. z. pr. ErgstGes.

§ 8. Das zu einem Lehen,[1][2]) Fideikommiß[3]) oder Stammgut[4]) gehörige Vermögen gilt als Vermögen des Inhabers.[5])

Der Inhaber ist berechtigt, den Betrag des Wehrbeitrags, soweit er nicht auf den nach diesem Gesetze zu berechnenden Wert seiner Nutzung entfällt, aus dem Lehens-, Fideikommiß- oder Stammgutvermögen zu entnehmen oder dieses Vermögen in gleicher Höhe dinglich zu belasten, ohne daß es einer besonderen Genehmigung Dritter bedarf.[6])

1) „Bei dem gebundenen Besitze ist der Wehrbeitrag von dem Substanzwert und nicht von dem Werte der Nutzung des Inhabers zu entrichten. Bei dem Charakter des Wehrbeitrags als einer außerordentlichen einmaligen Abgabe von dem Vermögen erscheint eine gleichmäßige Behandlung des gebundenen und des ungebundenen Besitzes sachlich gerechtfertigt." Begr. d. Ges. Entw. II Abs. 11.

2) Lehen in seiner historischen Bedeutung ist ein „vertragsmäßig begründetes Rechtsverhältnis, inhalts dessen der Lehnsherr dem Lehnsmann einen Lehnsgegenstand, insbesondere ein Grundstück, zur dinglichen Nutzung überläßt und ihm Lehnstreue schuldet, wogegen der Lehnsmann dem Herrn ebenfalls zur Lehnstreue und insbesondere zu ehrenvollem Dienst verpflichtet ist." Ernst Heymann in Stengels Wörterbuch des deutschen Staats- und Verwaltungsrechts S. 761. In Ansehung der Lehen bestimmt Art. 59 d. EinfGes. z. BGB.: „Unberührt bleiben die landesgesetzlichen Vorschriften über Familienfideikommisse und Lehen mit Einschluß der allodifizierten Lehen, sowie über Stammgüter."

Nach der PrVU. (Art. 40 in der Fassung d. Ges. v. 5. 5. 52, GesS. S. 319) ist die Errichtung von Lehen untersagt. Der in bezug auf die vorhandenen Lehen noch bestehende Lehnsverband soll durch gesetzliche Anordnung aufgelöst werden. Solche gesetzliche Anordnungen sind für einzelne Provinzen ergangen; sie ermöglichen die Aufhebung der Lehnssukzession und des Agnatenverbandes unter Verwandlung des Lehns in Allod oder in Fideikommiß. Tatsächlich bestehen in Preußen, außer den Thronlehen, auf welche die Bestimmung in Art. 40 d. PrVU. sich nicht bezieht (siehe Art. 41 l. c.), noch eine ganze Reihe von Lehen. Das Obereigentum des Lehnsherrn ist für Preußen (abgesehen von den Abgaben) aufgehoben durch §§ 2, 5 d. Ges. v. 2. 3. 50, GesS. S. 77. Das Recht des Lehnsbesitzers stellt sich demnach dar als ein lediglich durch das Recht des Lehnsfolgeberechtigten beschränktes Eigentumsrecht. Vgl. OVG. 7 126 ff.; **11** 366. Bei dem Thronlehen besteht allerdings das geteilte Eigentum noch fort, aber gleichwohl ist auch das zu einem Thronlehen gehörige Vermögen dem Inhaber als Eigentum anzurechnen. Vgl. OVG. 7 127.

3a) Auch hinsichtlich der Fideikommisse sind nach Art. 59 d. EinfGes. z. BGB. die landesgesetzlichen Vorschriften unberührt geblieben, für Preußen diejenigen des ALR. Das ALR. bestimmt in § 23 T. II Tit. 4: „Wenn jemand verordnet, daß ein gewisses Grundstück oder Kapital entweder für beständig oder doch durch mehrere Geschlechtsfolgen bei einer Familie verbleiben solle, so wird solches ein Familienfideikommiß genannt." Im pr. Ergst-Ges. § 5 Ziff. 1 wird der Begriff des Fideikommisses nicht nach dieser landrechtlichen Definition, sondern nach derjenigen des § 3 des Erbschaftssteuerges. v. 24. 5. 91 zugrunde gelegt. Hiernach sind als Fideikommißstiftungen anzusehen „alle von Todes wegen oder unter Lebenden getroffenen Anordnungen, kraft deren gewisse Vermögensgegenstände der Familie für immer oder für mehr als zwei Generationen erhalten bleiben sollen". Es können also außer Grundstücken und Kapitalien auch Rechte Gegenstand von Fideikommißstiftungen sein. Dieser weitere Begriff wird auch für den Bereich des Wehrbeitragsgesetzes maßgebend sein.

3b) Notwendige Voraussetzung jedes Fideikommisses ist, daß das Recht des zeitigen Inhabers nach der getroffenen Anordnung nur zugunsten der berufenen Nachfolger beschränkt ist und deshalb in der Hand des letzten Sukzessionsberechtigten dessen freies Eigentum wird. Bei einem sog. Tertialgut fehlt es an dieser Voraussetzung, weil das Recht des Tertialisten mit dem Aussterben der sukzessionsberechtigten Familie erlischt und damit lediglich der Domänenfiskus von einer Last befreit wird. Das Tertialgut ist daher kein Fideikommiß. Vgl. OVG. 6 98, auch Anm. 1d zu § 5 d. Ges.

3c) Dem Fideikommißbesitzer sind auch diejenigen zum Fideikommiß gehörigen Vermögensteile anzurechnen, welche seiner Nutzung nicht unterliegen, z. B. die für bestimmte Zwecke aufgesammelten Fonds. Vgl. OVG. 5 78.

3d) Steht die Sukzession in ein Fideikommiß oder der Anteil an der Sukzession nicht fest, so muß die Anrechnung überhaupt unterbleiben. Vgl. OVG. 5 221 ff.

4) Stammgüter kommen insbesondere in Westfalen, Hannover, in dem früheren Kurhessen, in Württemberg und im Großherzogtum Hessen vor. Sie unterscheiden sich vom Fideikommiß wesentlich dadurch, daß sie auf Gesetz oder Herkommen beruhen, während das Fideikommiß durch ausdrückliche rechtsgeschäftliche Verfügung begründet wird. Das Fideikommiß ist unveräußerlich, das Stammgut steht im freien Eigentum des jedesmaligen Be-

sitzers, dessen Rechte nur durch die Rechte der Söhne und der lebenden Agnaten beschränkt sind. Das Stammgut kann mit der Substanz verschuldet und schuldenhalber veräußert werden.

5) Ist einem Dritten an dem zu einer Fideikommißstiftung usw. gehörigen Vermögen ein Nießbrauchsrecht eingeräumt, so ist diesem nicht der Wert des Fideikommiß- usw. Vermögens, sondern nur der Wert seines Nießbrauchsrechts nach § 5 Ziff. 5 d. Ges. anzurechnen. Der Wert des Fideikommiß- usw. Vermögens ist auch in diesem Falle dem Inhaber anzurechnen, aber gemäß § 9 Abs. 1 d. Ges. gekürzt um den Kapitalwert des Nießbrauchsrechts. Vgl. OVG. 8 298.

6) Diese in das Privatrecht eingreifende Bestimmung soll Härten für den gegenwärtigen Inhaber vermeiden. Unter dem Worte „Dritter" ist eine Behörde nicht zu verstehen. Die behördliche Genehmigung bleibt also vorbehalten, sofern die Landesgesetzgebung eine solche vorsieht. Sie kann auch unter Bedingungen erteilt werden, insbesondere kann die Fideikommißaufsichtsbehörde vorschreiben, daß das entnommene Kapital wieder anzusammeln und das aufgenommene Darlehen planmäßig zu tilgen ist. Vgl. Begr. d. Ges. Entw. II Abs. 11. Die Berechtigung des Inhabers, den Betrag des Wehrbeitrags aus der Substanz zu entnehmen, ist nach § 9 Abs. 2 nur insoweit gegeben, als der Wehrbeitrag nicht auf den nach dem Wehrbeitragsgesetze zu berechnenden Wert seiner Nutzung entfällt.

§ 9. Von dem Vermögen sind abzuziehen die dinglichen und persönlichen Schulden[1]) des Beitragspflichtigen[2]) sowie der Wert der dem Beitragspflichtigen obliegenden oder auf einem Lehen, Fideikommiß oder Stammgut ruhenden Leistungen der im § 5 Nr. 5 bezeichneten Art.[3])

Nicht abzugsfähig sind

a) Schulden, die zur Bestreitung der laufenden Haushaltungskosten eingegangen sind (Haushaltungsschulden);[4])

b) Schulden und Lasten, welche in wirtschaftlicher Beziehung zu nicht beitragspflichtigen Vermögensteilen stehen.[5])

Wird der Wehrbeitrag nur von dem inländischen Grund- und Betriebsvermögen erhoben (§ 10 Nr. II und § 11 Abs. 1 Nr. 2), so sind nur die in einer wirtschaftlichen Beziehung zu diesen Vermögensteilen stehenden Schulden und Lasten abzugsfähig.[6])

1) Dingliche Schulden sind solche, welche auf einer Sache (Grundstück) dergestalt haften, daß sie ohne weiteres auf jeden Erwerber übergehen, insbesondere Hypotheken und Grundschulden. Persönliche Schulden sind dagegen solche, für welche eine Person nur obligatorisch haftbar ist.

2a) Das Vermögen des Beitragspflichtigen und das seiner Ehefrau werden nach § 13 d. Ges. für die Veranlagung des Wehrbeitrags zusammengerechnet, falls sie nicht dauernd voneinander getrennt leben. Die Schulden der Ehefrau sind daher ebenso abzuziehen wie die des Ehemanns. Hat der Ehemann selbst kein Vermögen, ist ihm aber Vermögen der Ehefrau zuzurechnen, so sind sowohl die Schulden der Ehefrau, als auch diejenigen des Ehemanns abzuziehen. Vgl. OVG. 7 284.

2b) Nach § 8 d. Ges. gilt das zu einem Lehen, Fideikommiß oder Stammgut gehörige Vermögen als Vermögen des Inhabers. Hieraus folgt ohne weiteres, daß die auf dem Lehen, Fideikommiß, Stammgut lastenden Schulden vom Vermögen des Inhabers abzuziehen sind, vorbehaltlich der Ausnahme des § 9b d. Ges.

2c) Der § 9 betrifft lediglich diejenigen Kapitalschulden und Werte, die, um das reine Vermögen zu finden, von dem anderweit bereits ermittelten Gesamtwerte des Aktivvermögens abgesetzt werden müssen. Dagegen kommen schon bei der Ermittelung des Bestands und des gemeinen Werts der wirtschaftlichen Einheiten, aus denen sich das Aktivvermögen zusammensetzt, insbesondere der Grundbesitzungen, auch solche im § 9 nicht vorgesehene dauernde Lasten in Betracht, welche — weil sie den Grundstücken anhaften und auf jeden Erwerber übergehen — deren Wert mindern und im Verkehre bei der Wert- und Preisbestimmung berücksichtigt werden. Dies gilt wie für Erbpachtskanon, Ablösungsrenten, Reallasten und Servituten, so auch für sonstige Rechte auf den Gebrauch oder auf die Nutzung, insbesondere für den Nießbrauch, wenn solche Rechte als dingliche gegen jeden dritten Erwerber bestehen, nicht aber, wenn sie als persönliche Forderungsrechte einen Anspruch nur gegen den zeitigen Eigentümer gewähren. Vgl. OVG. 5 138. Dies gilt ferner für Rentenbankrenten, Pfarr- und Schulabgaben, Beiträge zur Unterhaltung von Chausseen usw. Vgl. OVG. 5 142.

2d) Schulden, welche bereits bei Feststellung des Betriebsvermögens berücksichtigt worden sind, dürfen von dem Gesamtvermögen nicht nochmals abgezogen werden. Vgl. Art. 17 IV d. A. z. pr. ErgstGes.

2e) Bloße Vormerkungen im Grundbuche zur Erhaltung des Rechts auf Eintragung einer Hypothek oder des Vorrechts für eine einzutragende Hypothek begründen noch keine Schulden, welche vom Aktivvermögen abzuziehen sind. Vgl. OVG. 6 137.

2f) Nicht abzugsfähig sind Schulden, welche unter Verpfändung von Schmuckstücken gemacht worden sind, da ja auch die Schmuckstücke nicht zum beitragspflichtigen Aktivvermögen gehören. KommBer. S. 37.

3a) Abzugsfähig ist nur der Wert solcher Verpflichtungen zur Gewährung von Renten und anderen wiederkehrenden Nutzungen und Leistungen, welche

a) entweder dem Beitragspflichtigen (oder seiner Ehefrau, vgl. Anm. 2a zu diesem Paragraphen) obliegen, oder auf einem ihm (oder seiner Ehefrau) gehörigen Lehen, Fideikommiß oder Stammgut ruhen,

b) dem Berechtigten auf seine Lebenszeit oder auf die Lebenszeit eines anderen, auf unbestimmte Zeit oder auf die Dauer von mindestens zehn Jahren und außerdem

c) entweder vertragsmäßig als Gegenleistung für die Hingabe von Vermögenswerten oder aus letztwilligen Verfügungen, Schenkungen oder Familienstiftungen oder vermöge hausgesetzlicher Bestimmungen zustehen.

Diese drei Voraussetzungen müssen zusammentreffen, um die Abrechnung des Wertes der Verpflichtung vom steuerbaren Vermögen zu rechtfertigen.

Ist das Bezugsrecht durch mittelbare oder unmittelbare Zeitbestimmung von vornherein auf eine kürzere Zeit als zehn Jahre beschränkt, so kommt es bei Feststellung des steuerbaren Vermögens nicht in Abzug, wenn auch die anderen Merkmale gegeben sind. Anderseits kommen auch Rentenbezüge von längerer oder unbestimmter Dauer nicht in Betracht, wenn sie nicht auf einem der zu c angegebenen Titel beruhen.

Abweichend vom pr. Ergänzungssteuergesetz sind für die Berechnung des Wehrbeitrags auch solche Verpflichtungen zur Gewährung von Renten usw. zu berücksichtigen, die auf Schenkungen beruhen. Vgl. Anm. 9a zu § 5 d. Ges.

3b) Abzugsfähig ist nur der Wert solcher Verpflichtungen, welche im § 5 Nr. 5 d. Ges. als auf der Aktivseite zum Vermögen gehörig bezeichnet sind. Verpflichtungen, deren Wert nach § 6 d. Ges. dem Berechtigten als Aktivvermögen nicht angerechnet wird, dürfen auch bei dem Verpflichteten auf der Passivseite nicht berücksichtigt werden. Vgl. OVG. 5 84.

3c) Hiernach kommt insbesondere in Abzug der Wert der in der Gewährung von Renten bestehenden Verpflichtungen. Renten sind im allgemeinen auf privat- oder öffentlichrechtlicher Bestimmung beruhende, in regelmäßiger Wiederholung (jährlich) wiederkehrende, bestimmte Leistungen in Geld oder Geldeswert, welche sich in sich selbst erschöpfen, also namentlich nicht, wie die Zinsen, als Nebenleistung einer Hauptleistung hinzutreten, mit anderen Worten nicht akzessorischer Natur sind. Das in steuerlicher Hinsicht wesentlichste Merkmal der Rente ist, daß eine Kapitalrückzahlung ausgeschlossen ist. Letzteres gilt auch für den Rentenkauf. Der Rentenkäufer, der sein Kapital hingegeben hat, erhält in dem Rentenbezuge nicht etwa zugleich einen Teil der für die Erwerbung des Rentenrechts an den Rentenverkäufer gezahlten Summe zurück. Vgl. Fuisting, Komm. zum EinkStGes., 5. Aufl., S. 78; OVG. 4 124 ff.

Unter einer Leibrente ist eine Rente zu verstehen, welche an die Lebensdauer einer Person, des Berechtigten, des Verpflichteten oder einer dritten Person, geknüpft ist. Vgl. OVG. 12 224.

Zur Gültigkeit eines Vertrags, durch den eine Leibrente versprochen wird, ist, soweit nicht eine andere Form vorgeschrieben ist, schriftliche Erteilung des Versprechens erforderlich. § 761 BGB.

Altenteile sind eine Art Leibrente, die für den einen Vertragschließenden oder zugunsten eines Dritten bei Überlassung eines (bäuerlichen) Grundstücks ausbedungen zu werden pflegt. Andere Namen dafür sind Auszug, Leibgedinge, Leibzucht. Für Verträge dieser Art sind nach Art. 96 d. EinfGes. z. BGB. die Vorschriften der Landesgesetze aufrechterhalten. Eine Reihe von Vorschriften über den Leibgedingsvertrag (Leibzuchts-, Altenteils-, Auszugs-, Ausgedingevertrag) gibt Art. 15 d. pr. AusfGes. z. BGB., die aber nur soweit gelten, als nicht abweichende Vereinbarungen getroffen sind.

Für die Feststellung des Einkommens eines Altenteilers ist das gegenwärtig vorhandene Recht aus dem Altenteilsvertrage, nicht das möglicherweise, je nach dem Willen des Berechtigten, künftig eintretende Recht maßgebend. Vgl. OVG. 8 92. Aber der vor dem 31. Dezember 1913 erklärte Verzicht auf einzelne Leistungen eines Altenteils ist zu berücksichtigen. Vgl. OVG. 12 143.

Um ein Ausgedinge richtig bewerten zu können, bedarf es der vorherigen Feststellung, wem es zusteht, welchen Inhalt es hat, welcher Wert den einzelnen Leistungen zukommt. Vgl. OVG. 5 302.

Apanagen sind Renten, die namentlich den Mitgliedern landesherrlicher Familien oder des hohen Adels alljährlich ausgezahlt werden, um ihnen ein standesgemäßes Leben zu gestatten. Sie fließen entweder aus Staatsmitteln oder aus Mitteln des landesfürstlichen Vermögens. Ihrer rechtlichen Natur nach sind von den Apanagen nicht verschieden die vielfach an Witwen der Monarchen oder von Prinzen usw. gezahlten „Wittümer", oder an unverheiratete Prinzessinnen usw. gezahlten „Sustentationen, Nadelgelder, Mitgaben, Aussteuern, Ausstattungsgelder". Siehe den Artikel von Schwarz über Apanagen in Stengels Wörterbuch des deutschen Staats- und Verwaltungsrechts.

4) Auch das preuß. ErgstGes. schließt diejenigen Verbindlichkeiten vom Abzug aus, welche zur Bestreitung der laufenden Haushaltungskosten eingegangen sind. Der Grund dieser Vorschrift liegt darin, daß die laufenden Haushaltungsschulden im allgemeinen nicht das Vermögen mindern, sondern ihre Deckung in den laufenden Einnahmen finden. Die Ausnahme entspricht der Bestimmung im § 5 Ziff. 4, nach welcher die aus den laufenden Jahreseinkünften vorhandenen Bestände und Bank- oder sonstige Guthaben, soweit sie zur Bestreitung der laufenden Ausgaben für drei Monate dienen, nicht zum steuerpflichtigen Kapitalvermögen zu rechnen sind. Inwieweit Rückstände an Haushaltungsschulden aus früheren Wirtschaftsjahren den Kapitalschulden gleich zu achten sind, wird nach den Umständen des einzelnen Falls zu beurteilen sein. Vgl. Art. 17 III Abs. 2 d. A. z. pr. ErgstGes.

5) Entscheidend für die Frage des Abzugs ist nach der preußischen Praxis, welche auch hier maßgebend sein soll (KommBer. S. 37), lediglich die wirtschaftliche Beziehung. Nicht die dingliche Haftung (Eintragung im Grundbuch) ist ausschlaggebend, sondern nur die wirtschaftliche Beziehung. Eine wirtschaftliche Beziehung zwischen einer Schuld und einem Grundbesitz ist insbesondere anzunehmen, wenn die Schuld für den Erwerb oder zum Zwecke der Verbesserung oder Bebauung des Grundstücks aufgenommen ist. Der in der Begründung des Gesetzentwurfs enthaltene Satz: „eine wirtschaftliche Beziehung zu dem in Grundstücken bestehenden Vermögen ist namentlich dann gegeben, wenn die betreffenden Grundstücke für die Schulden und Lasten dinglich haften", soll nach der Erklärung des Staatssekretärs des Reichsschatzamts bei der Kommissionsberatung eine unbedingt maßgebende Auslegungsregel nicht sein. KommBer. S. 37.

6) In § 10 II und § 11 Abs. 1 Nr. 2 d. Ges. ist eine beschränkte Steuerpflicht für alles inländische Grundvermögen und Betriebsvermögen der natürlichen Personen, ohne Rücksicht auf Staatsangehörigkeit, Wohnsitz oder Aufenthalt und aller Aktiengesellschaften und Kommanditgesellschaften auf Aktien, welche keinen Sitz im Inlande haben, begründet. Nur auf den Fall dieser beschränkten Steuerpflicht bezieht sich die Vorschrift im § 9 letzter Absatz. Liegt sie vor, so kommen nur solche an sich nach § 9 abzugsfähige Schulden und Lasten in Abzug, die mit dem inländischen Grundbesitz oder Betriebsvermögen in einer wirtschaftlichen Beziehung stehen. Beispielsweise würde von dem beitragspflichtigen Grundvermögen eines Engländers, der in Deutschland Grundbesitz hat, ohne hier zu wohnen oder sich aufzuhalten, eine Darlehnsschuld, die mit dem deutschen Grundstück in keinem Zusammenhange steht, nicht, wohl aber eine Restkaufgeldschuld für das Grundstück abzugsfähig sein.

§ 10. Beitragspflichtig sind [1])

I. mit ihrem gesamten Vermögen mit Ausnahme des ausländischen Grund- und Betriebsvermögens: [2])

1. die Angehörigen des Deutschen Reichs, [3]) mit Ausnahme derer, die sich seit länger als zwei Jahren dauernd im Ausland aufhalten, [4]) ohne einen Wohnsitz [5]) in einem deutschen Bundesstaate zu haben. Die Ausnahme findet keine Anwendung auf Reichs- und Staatsbeamte, [6]) die im Ausland ihren dienstlichen Wohnsitz [7]) haben. Wahlkonsuln [8]) gelten nicht als Beamte im Sinne dieser Vorschrift;
2. diejenigen nichtreichsangehörigen Personen, welche auch eine fremde Staatsangehörigkeit nicht besitzen, wenn sie in einem deutschen Bundesstaat einen Wohnsitz oder in Ermangelung eines Wohnsitzes ihren dauernden Aufenthalt haben; [9])

3. Angehörige außerdeutscher Staaten, die sich im Deutschen Reiche dauernd des Erwerbes wegen aufhalten;[10])

II. mit ihrem inländischen Grundvermögen (§ 2 Nr. 1, § 3) und inländischen Betriebsvermögen (§ 2 Nr. 2, § 4):

alle natürlichen Personen ohne Rücksicht auf Staatsangehörigkeit, Wohnsitz oder Aufenthalt.[11])

1a) Der § 10 behandelt die subjektive Beitragspflicht der natürlichen Personen. Über die Beitragspflicht juristischer Personen vgl. § 11 d. Ges. Natürliche Personen sind, was das Vermögen anlangt, beitragspflichtig unter allen Umständen (ohne Rücksicht auf Staatsangehörigkeit, Wohnsitz oder Aufenthalt) mit ihrem inländischen Grund- und Betriebsvermögen, dagegen mit ihrem gesamten Vermögen, mit Ausnahme des ausländischen Grund- und Betriebsvermögens, wenn die Voraussetzungen zu I Nr. 1, 2 oder 3 vorliegen. Für die Frage der Beitragspflicht hinsichtlich des Einkommens kommt § 31 d. Ges. in Betracht. Nach diesem Paragraphen gilt als steuerpflichtiges Einkommen das auf Grund der Landeseinkommensteuergesetze zuletzt vor oder gleichzeitig mit der Veranlagung des Wehrbeitrags festgestellte steuerpflichtige Einkommen. Insoweit für einen Beitragspflichtigen in keinem Bundesstaate ein steuerpflichtiges Einkommen festgestellt worden ist, weil er in keinem Bundesstaate nach den betreffenden Landeseinkommensteuergesetzen subjektiv steuerpflichtig ist, ist demnach für ihn eine Beitragspflicht zum Wehrbeitrag hinsichtlich des Einkommens nicht gegeben. Ist dagegen ein Beitragspflichtiger zwar in dem Bundesstaate, der für die Veranlagung des Wehrbeitrags zuständig ist (§ 34), nicht zur Einkommensteuer veranlagt, weil er dort subjektiv nicht steuerpflichtig ist, wohl aber in einem anderen Bundesstaate, nach dessen Landeseinkommensteuergesetz er subjektiv der Steuerpflicht unterliegt, so ist er nach dem in diesem Bundesstaat festgestellten Einkommen zum Wehrbeitrag heranzuziehen. Hiernach wird beispielsweise ein zu den Mitgliedern des Königlichen Hauses gehöriger preußischer Prinz, der nach § 3 des pr. Einkommensteuergesetzes in Preußen der Einkommensteuer nicht unterliegt, nach seinem Einkommen nicht wehrbeitragspflichtig sein, es sei denn, daß er in einem anderen Bundesstaat, z. B. hinsichtlich seines Einkommens aus dortigem Grundbesitz, zur Einkommensteuer herangezogen werden kann und ein entsprechendes Einkommen dort für ihn auch tatsächlich festgestellt worden ist. In letzterem Falle würde er auch hinsichtlich dieses in dem anderen Bundesstaat festgestellten Einkommens von dem für die Veranlagung des Wehrbeitrags nach § 34 d. Ges. zuständigen Bundesstaat zum Wehrbeitrag heranzuziehen sein. Dasselbe gilt für die Einwohner von Helgoland, welche gleichfalls nach den Vorschriften des pr. Einkommensteuergesetzes in Preußen subjektiv nicht steuerpflichtig sind. Zu vgl. die Eingangsworte des EinkStGes. Der Schlußsatz des § 31 Abs. 1 des Wehrbeitragsges. wird auf die Bewohner von Helgoland nicht anwendbar sein, da er nur für Bundesstaaten, in denen eine Einkommensteuer nicht eingeführt ist, nicht aber für Teile von Bundesstaaten, in denen dies zutrifft, Geltung hat.

1b) Über die Frage der subjektiven Beitragspflicht der Bundesfürsten sind bei der Beratung des Gesetzes in der Kommission des Reichstags und im Plenum lebhafte Erörterungen gepflogen worden. Die Begründung des Gesetzentwurfs geht davon aus, daß die Landesfürsten und Landesfürstinnen der direkten Besteuerung durch das Reich nicht unterliegen und daher an sich auch nicht wehrbeitragspflichtig seien. In näherer Ausführung dieser Rechtsauffassung äußerte sich der Staatssekretär des Reichsschatzamts wie folgt:

„An der Auffassung, daß die Landesfürsten von der Entrichtung des Wehrbeitrags rechtlich frei seien, hielten die verbündeten Regierungen fest. Sie seien auch der Meinung, daß es einer Erwähnung dieser Freiheit im Gesetze nicht bedürfe, weil es sich dabei nicht um eine Ausnahme von einer an sich bestehenden Steuerpflicht, sondern um die persönliche Rechtsstellung der Landesfürsten außerhalb des Bereichs jeder persönlichen Steuerpflicht handle. Es sei ein allgemeiner Grundsatz des deutschen Landesstaatsrechts, daß der

Landesfürst von direkten Landessteuern frei ist, weil er als Träger der Staatsgewalt nicht von dieser selbst ergriffen werden könne. Das Reich als ‚ewiger Bund zum Schutze des innerhalb desselben gültigen Rechts' habe an der persönlichen Rechtsstellung der Bundesfürsten, die in ihrer Gesamtheit die Träger der Reichssouveränität sind, nichts ändern wollen, da es dazu eines ausdrücklichen Verzichts bedurft hätte. Es ist also in der Steuerhoheit des Reichs ein Recht der Besteuerung der Bundesfürsten nicht eingeschlossen."

Betont wurde von seiten der Regierung, daß eine Entscheidung der Frage der subjektiven Steuerpflicht der Bundesfürsten sich für den Wehrbeitrag schon deshalb erübrige, weil die Bundesfürsten sich bereit erklärt haben, an dem vaterländischen Opfer des Wehrbeitrags sich zu beteiligen, und zwar dergestalt, als wenn sie den Bestimmungen des Wehrbeitragsgesetzes unterworfen wären. KommBer. S. 45. Die Rechtsauffassung der Regierung wurde vom Standpunkt verschiedener Parteien des Reichstags bekämpft. Schließlich wurde der Zusatz in Abs. 2 des § 35 angenommen, nach welchem der Bundesrat die für Veranlagung und Erhebung des Wehrbeitrags der Bundesfürsten zuständigen Behörden zu bestimmen hat. Nach der Absicht der Antragsteller, welche diesen Zusatz in das Gesetz gebracht haben, sollte dadurch zum Ausdruck gebracht werden, daß grundsätzlich die Abgabepflicht der Fürsten bestehe, auch wenn dieser Grundsatz nicht besonders und ausdrücklich ausgesprochen werde. Außerdem werde durch den Antrag praktisch auch erreicht, daß die Fürsten zweifelsfrei dem Veranlagungsverfahren des Gesetzes unterworfen würden. KommBer. S. 47.

2a) Allgemein von der Beitragspflicht ausgenommen ist das ausländische Grund- und Betriebsvermögen. Nach der Begründung des Gesetzentwurfs ist diese Ausnahme einmal aus sachlichen Gründen gemacht worden, weil das Grund- und Betriebsvermögen auch sonst der ausschließlichen Steuerhoheit des Staates unterworfen zu werden pflegt, in dessen Gebiet es sich befindet, ferner aber auch aus technischen Rücksichten der Steuerveranlagung. Nach dem preußischen Ergänzungssteuergesetz sind nur die außerhalb

Preußens belegenen Grundstücke und das dem Betriebe der Land- oder Forstwirtschaft, des Bergbaues oder eines stehenden Gewerbes außerhalb Preußens dienende Anlage- und Betriebskapital von der Besteuerung ausgeschlossen. Dem in Preußen zu veranlagenden Beitragspflichtigen muß daher für den Wehrbeitrag das außerhalb Preußens, aber innerhalb Deutschlands belegene Grund- und Betriebsvermögen zu dem von der Ergänzungssteuer erfaßten Vermögen hinzugerechnet werden.

2b) Ausländisches Grund- und Betriebsvermögen ist dasjenige Grund- und Betriebsvermögen, welches sich außerhalb Deutschlands befindet. Zu Deutschland in diesem Sinne gehören die deutschen Schutzgebiete nicht. Es bleibt also auch das in den deutschen Schutzgebieten befindliche Grund- und Betriebsvermögen für die Feststellung des Wehrbeitrags außer Betracht. Vgl. Begr. d. Ges. Entw. III Abs. 2 Ziff. 1.

2c) Nach § 3 d. Ges. stehen den Grundstücken gleich Berechtigungen, für welche die sich auf Grundstücke beziehenden Vorschriften des bürgerlichen Rechts gelten. Demnach werden auch außerdeutsche Berechtigungen der in Anm. 1a zu § 3 d. Ges. aufgeführten Art dem steuerbaren Vermögen nicht hinzuzurechnen sein. Andere außerdeutsche Berechtigungen werden nur dann freibleiben, wenn sie zum ausländischen Grund- oder Betriebsvermögen gehören.

3) Angehöriger des Deutschen Reichs ist, wer die Staatsangehörigkeit in einem Bundesstaate oder die unmittelbare Reichsangehörigkeit besitzt. § 1 des Reichs- und Staatsangehörigkeitsgesetzes.

4) Deutsche Reichsangehörige (abgesehen von Reichs- und Staatsbeamten, die im Ausland ihren dienstlichen Wohnsitz haben) sind frei von der Beitragspflicht, wenn sie keinen Wohnsitz in einem deutschen Bundesstaate haben und sich am 31. Dezember 1913 seit länger als 2 Jahren dauernd im Ausland aufhalten. Zum Ausland gehören auch die deutschen Schutzgebiete. Begr. d. Ges. Entw. III Abs. 2 Nr. 1. Bei der Berechnung der zweijährigen Dauer werden die verschiedenen Abschnitte eines unterbrochenen Aufenthalts im Auslande nicht zusammengerechnet.

5) Einen „Wohnsitz" hat nach § 1 Abs. 2 des Doppelsteuergesetzes vom 22. 3. 09, RGBl. S. 332, ein Deutscher an dem Orte, an welchem er eine Wohnung unter Umständen innehat, welche auf die Absicht der dauernden Beibehaltung einer solchen schließen lassen.

Das für den Begriff des Wohnsitzes nach bürgerlichem Rechte maßgebende innere Merkmal des Mittelpunkts geschäftlicher und wirtschaftlicher Tätigkeit kommt für den Begriff des Wohnsitzes in steuerlichem Sinne nicht in Betracht.

Nach der jedenfalls auch hier maßgebenden Begriffsbestimmung des Doppelsteuergesetzes müssen zwei Voraussetzungen zusammentreffen, wenn ein Wohnsitz im Sinne des § 10 angenommen werden soll, nämlich erstens das Innehaben einer Wohnung und zweitens die aus den Umständen des Falles hervorgehende Absicht der dauernden Beibehaltung einer solchen.

Als Wohnung gilt nicht schon jedes nur zu einem zeitweiligen und vorübergehenden Aufenthalt eingerichtete oder ausreichende Absteigequartier, sondern es gehört dazu, daß die Wohnräume zu dauerndem Aufenthalte eingerichtet sind und dem Beitragspflichtigen für sich und seinen Haushalt standesgemäße Unterkunft gewähren. Für die Annahme eines Wohnsitzes genügt nicht, daß die Wohnung der Frau und den Kindern des Beitragspflichtigen allein standesgemäße Unterkunft gewährt, sondern es ist erforderlich, daß sie der gesamten Familie des Beitragspflichtigen einschließlich seiner selbst zu jenem Zwecke dienen kann. Vgl. OVG. 7 209. Der Umstand, daß der Beitragspflichtige selbst nur bei vorübergehenden Besuchen seiner Familie in der Wohnung verweilt, schließt die Annahme, daß es sich um eine auch für ihn mit dienliche Wohnung und nicht um ein bloßes Absteigequartier handelt, nicht aus. Vgl. OVG. 7 211. Die Eigenschaft der zu Wohnzwecken benutzten Räume (in einem Jagdhause) als Wohnung kann nicht schon deshalb verneint werden, weil sie nicht unter allen Umständen für die Bedürfnisse des Besitzers ausreichen. Vgl. OVG. 12 7. Auch die dauernde Unterhaltung einer möblierten Wohnung an einem Orte und deren wiederholte Benutzung sind regelmäßig als ausreichende Merkmale eines Wohnsitzes an diesem Orte zu erachten. Vgl. Maatz, Rechtsprechung des OVG. S. 85.

Es erscheint nicht zweifelhaft, daß jemand eine Wohnung auch auf einem Schiffe haben kann und, falls das Schiff in einem Flusse dauernd fest verankert ist, durch das Innehaben der Wohnung an dem Standorte des Schiffes einen Wohnsitz begründen kann. Vgl. OVG. 10 6.

Zu Bureauzwecken dienende Räume kommen als Wohnung nicht in Betracht, denn diese sind Geschäftslokale und das Geschäftslokal ist begrifflich verschieden von der Wohnung des Geschäftstreibenden. Vgl. OVG. 10 3.

Das Innehaben der Wohnung bedeutet die tatsächliche Herrschaft über die Wohnung mit dem ausschließlichen Verfügungsrechte. Nur derjenige hat an einem Orte einen Wohnsitz, der dort über Wohnräume rechtlich verfügen kann, dem in solchen Räumen das Hausrecht zusteht, sei es auf Grund seines Eigentums, eines dinglichen Rechtes oder eines nur persönlichen Rechtsverhältnisses. Ein solches ausschließliches Verfügungsrecht liegt z. B. nicht vor, wenn ein Ausländer bei vorübergehendem Aufenthalt im Inlande besuchsweise Zimmer in einer seiner Mutter gehörigen Villa benutzt. Vgl. OVG. 12 6.

Innehaben einer Wohnung ist verschieden von dem Besitz eines Hauses und unabhängig von der zur Einbürgerung nach dem Reichs- und Staatsangehörigkeitsgesetz erforderlichen Niederlassung. Vgl. OVG. 4 153.

Mitbenutzungsrecht ersetzt nicht das für die Feststellung des Innehabens einer Wohnung Voraussetzung bildende ausschließliche Verfügungsrecht. Vgl. OVG. 7 213.

Ausschließliches Verfügungsrecht ist nicht vorhanden bei einem Gasthofzimmer, das bei Abwesenheit des Mieters anderweit besetzt wird. Vgl. OVG. 6 20.

Die Absicht der dauernden Beibehaltung einer Wohnung muß aus den Umständen erkennbar sein. Ein Rechtsirrtum liegt nicht darin, wenn die Absicht aus der geschäftlichen Stellung und Tätigkeit des Pflichtigen gefolgert wird. Vgl. OVG. 1 166. Die Auffassung, daß die Benutzung einer Wohnung zum Sommeraufenthalte auf die Absicht der dauernden Beibehaltung nicht schließen lassen könnte, ist irrtümlich, wenn die Wohnung fortwährend zur Aufnahme des Besitzers eingerichtet ist und bereit steht und auch noch tatsächlich in regelmäßiger Wiederkehr während eines nicht unerheblichen Teiles des Jahres benutzt wird. Vgl. OVG. 7 4.

Die dauernde Benutzung einer Wohnung wird dadurch nicht ausgeschlossen, daß die Benutzung nur von Zeit zu Zeit und nur zu bestimmten Zwecken (Jagd) stattfindet. Vgl. OVG. 12 8.

Bei dem Innehaben einer Wohnung darf die Absicht der dauernden Beibehaltung einer solchen nicht allein aus der Länge des Aufenthalts gefolgert werden; es kommt vielmehr auf die tatsächlichen Umstände an, welche für den Aufenthalt und seine Verlängerung maßgebend sind. Eine unfreiwillige Verlängerung eines nur vorübergehenden Aufenthalts allein ist nicht geeignet, dem Aufenthalte den Charakter eines vorübergehenden zu nehmen. Vgl. OVG. 15 6.

Ein Reichsangehöriger, der in einer den vorstehenden Grundsätzen entsprechenden Weise eine Wohnung in einem Bundesstaate innehat, unterliegt der Beitragspflicht, selbst wenn er sich dieser Wohnung niemals bedient, sondern sich schon seit länger als zwei Jahren dauernd im Ausland aufhält. Im übrigen ist die Beitragspflicht der deutschen Reichsangehörigen nicht von dem Vorhandensein eines Wohnsitzes oder vom Aufenthalt in Deutschland abhängig. Vielmehr ist ihr jeder deutsche Reichsangehörige unterworfen, ohne Rücksicht darauf, ob er einen Wohnsitz im Deutschen Reiche hat und ohne Rücksicht darauf, ob er sich im Deutschen Reiche aufhält. Nur dauernder Aufenthalt im Auslande seit länger als zwei Jahren befreit ihn, unter der Voraussetzung, daß er keinen Wohnsitz im Deutschen Reiche hat und unter der ferneren Voraussetzung, daß er nicht Reichs- oder Staatsbeamter ist.

6) Zu den Reichs- und Staatsbeamten in diesem Sinne gehören auch die Offiziere.

7) Als „dienstlicher Wohnsitz" gilt derjenige Ort, an welchem ein Beamter oder Offizier nach den für ihn maßgebenden dienstlichen Vorschriften verpflichtet ist, Wohnung zu nehmen. Vgl. Art. 39 Nr. 2 d. A. z. pr. EinkStGes.

Der dienstliche Wohnsitz ist die dem Beamten zur Ausübung seines Berufs angewiesene Station, gleichviel, ob dieselbe mit dem nach zufälligen Umständen sich bestimmenden Orte, wo er Wohnung genommen hat, zusammentrifft oder nicht. Vgl. Beschluß des Bundesrats Nr. 90 der Drucksachen für 1872 und § 390 der Protokolle, auch OVG. 11 10 u. 15.

8) Wahlkonsuln (consules electi) sind nebenamtlich als Konsuln beschäftigte Personen, gewöhnlich Kaufleute, die am Orte angesessen sind, im Gegensatz zu den Berufskonsuln (consules missi), die für ihr Amt besonders vorgebildet, an den Amtssitz vom Staate entsendet werden.

9) Die Bestimmung beabsichtigt, die heimatlosen Personen, die im Deutschen Reiche einen Wohnsitz oder ihren dauernden Aufenthalt haben, in den Kreis der Beitragspflichtigen hineinzubeziehen, weil diese Personen unter dem Schutze des Reichs leben, ohne in einem besonderen Treuverhältnisse zu einem auswärtigen Staate zu stehen. Begr. d. Ges. Entw. III Abs. 2 Ziff. 2.

10a) Die Angehörigen außerdeutscher Staaten unterliegen der Beitragspflicht nur dann, wenn sie sich im Deutschen Reiche dauernd des Erwerbes wegen aufhalten. Der Aufenthalt muß also, um die Steuerpflicht zu begründen, ein dauernder sein und des Erwerbes wegen erfolgen. Eine bestimmte Dauer des Aufenthalts wird nicht vorausgesetzt, vielmehr so lange oder so kurz der Aufenthalt sein mag, wenn er nur dauernd ist und des Erwerbes wegen geschieht, so begründet er die Beitragspflicht. Wohnsitz in Deutschland für sich allein, ohne Aufenthalt des Erwerbes wegen, begründet die Wehrbeitragspflicht für Angehörige außerdeutscher Staaten nicht, während er sie nach den Bestimmungen des pr. Ergänzungssteuergesetzes der Ergänzungssteuerpflicht unterwirft. Ebensowenig begründet Aufenthalt für sich allein ohne Erwerbszweck die Wehrbeitragspflicht für den Ausländer, während nach dem pr. ErgstG. auch der nicht des Erwerbes wegen sich in Preußen aufhaltende Ausländer steuerpflichtig ist, sobald der Aufenthalt länger als ein Jahr dauert.

10b) Mit dem Aufenthalt „des Erwerbes wegen" braucht nicht immer ein Gewerbebetrieb verbunden zu sein. Gewerbebetrieb ist aber stets eine Beschäftigung um des Erwerbes willen. Es ist nicht Voraussetzung für die Steuerpflicht, daß der Betreffende des Erwerbes wegen nach Deutschland gekommen ist, es ist allein entscheidend, daß er sich in Deutschland des Erwerbes wegen aufhält. Vgl. OVG. 6 294.

10c) Der Umstand, daß ein Ausländer Mitglied des Aufsichtsrats einer in Deutschland am Orte seines Wohnsitzes domizilierten Aktiengesellschaft ist und als solcher Tantiemen bezieht, ist nicht geeignet, die Annahme eines Wohnsitzes oder Aufenthalts des Erwerbes wegen in Deutschland zu rechtfertigen. Vgl. OVG. 9 8.

10d) Als Aufenthalt des Erwerbes wegen kann nur derjenige Aufenthalt erachtet werden, während dessen ein Erwerb bezweckt wird, nicht aber auch schon der Aufenthalt, den ein Ausländer in Deutschland deshalb nimmt, um von einem bestimmten späteren Zeitpunkt ab einem Erwerb in Deutschland nachzugehen. Vgl. OVG. 10 16.

11) Für alle natürlichen Personen wird hiermit hinsichtlich des inländischen Grund- und Betriebsvermögens eine beschränkte Beitragspflicht festgesetzt.

§ 11. Beitragspflichtig[1]) sind ferner Aktiengesellschaften[2]) und Kommanditgesellschaften auf Aktien,[3]) und zwar

1. wenn sie im Inland ihren Sitz[4]) haben, mit den in der Bilanz des letzten Betriebsjahrs aufgeführten wirklichen Reservekontenbeträgen,[5]) zuzüglich etwaiger Gewinnvorträge,[6] ohne Anrechnung der Fonds für Wohlfahrtszwecke;
2. wenn sie im Inland keinen Sitz haben, mit ihrem inländischen Grund- und Betriebsvermögen.

Von dem Beitrag befreit sind

1. inländische Gesellschaften,[7]) welche nach der Entscheidung des Bundesrats ausschließlich gemeinnützigen Zwecken, insbesondere auch der Förderung der minderbemittelten Volksklassen dienen, den zur Verteilung gelangenden Reingewinn satzungsmäßig auf eine höchstens vierprozentige Verzinsung der Kapitaleinlagen beschränken, auch bei Auslosungen oder für den Fall der Auflösung nicht mehr als den Nennwert ihrer Anteile zusichern und bei der Auflösung den etwaigen Rest des Gesellschaftsvermögens für gemeinnützige Zwecke bestimmen. Der Bundesrat ist ermächtigt, die Befreiung auch dann zu bewilligen, wenn die Gesellschaft eine höchstens fünfprozentige Verzinsung der Kapitaleinlagen gewährt;
2. Gesellschaften, welche im Durchschnitt der letzten fünf Jahre — oder, wenn die Gesellschaft erst kürzere Zeit besteht, im Durchschnitt der bisher abgeschlossenen Geschäftsjahre — weniger als 3 vom Hundert Gewinn verteilt haben, und bei denen der Kurs- oder Verkaufswert 80 vom Hundert des eingezahlten Kapitals nicht übersteigt.[8])

1) Der § 11 d. Ges. dehnt die Beitragspflicht aus auf Aktiengesellschaften und Kommanditgesellschaften auf Aktien. Die Beitragspflicht dieser Gesellschaften, die in der Regel eine hohe wirtschaftliche Leistungsfähigkeit aufweisen, erscheint unter einem doppelten Gesichtspunkt gerechtfertigt. An der Erhaltung des Friedens, dem die Verstärkung der Wehrmacht des Reichs dienen soll, sind die großen Erwerbsgesellschaften besonders interessiert. Mittelbar wird durch die Ausdehnung der Beitragspflicht auch Vermögen zum Wehrbeitrage herangezogen, das sonst in unerwünschter Weise freibleiben würde, weil es sich im Besitz ausländischer Aktionäre

oder ausländischer Gesellschaften befindet. Begr. d. Ges. Entw. III Abs. 4. Von einer Ausdehnung der Beitragspflicht auf andere Erwerbsgesellschaften ist Abstand genommen worden. Während der Beratung des Gesetzes in der Kommission des Reichstags gestellte Anträge, welche dahin zielten auch Kolonialgesellschaften, Gesellschaften mit beschränkter Haftung, Gewerkschaften, Gesellschaften auf Gegenseitigkeit der Besteuerung zu unterwerfen, sind abgelehnt worden. Ebenso haben die bei der Beratung hervorgetretenen Bestrebungen, auch Kirchen, Religionsgesellschaften, Stiftungen, Orden und Anstalten (die sog. tote Hand) zu besteuern, nicht zum Ziele geführt.

2) Eine Aktiengesellschaft ist eine solche Gesellschaft, bei der sich die sämtlichen Gesellschafter nur mit Einlagen auf das in Aktien zerlegte Grundkapital der Gesellschaft beteiligen, ohne persönlich für die Verbindlichkeiten der Gesellschaft zu haften. § 178 des HGB. v. 10. 5. 97 (RGBl. S. 219).

Die Veranlagung einer Aktiengesellschaft vor ihrer Eintragung in das Handelsregister ist unzulässig. Vgl. OVG. 11 196.

Für die subjektive Beitragspflicht einer Aktiengesellschaft ist der Umstand, daß sie sich in Liquidation befindet, bedeutungslos. Vgl. OVG. 3 117; 9 245; 12 263.

Zum Begriff einer Aktiengesellschaft gehört es keineswegs, daß sie ein Geschäft betreibt. Vgl. OVG. 5 17; 12 263.

Die Reichsbank, ihrer Form nach eine unter Aufsicht und Leitung des Reichs stehende Aktiengesellschaft, ist zwar nebst ihren Zweiganstalten im gesamten Reichsgebiete frei von staatlichen Einkommen- und Gewerbesteuern. § 21 d. Reichsbankgesetzes v. 14. 3. 75 (Fassung d. Novellen v. 18. 12. 89, 7. 6. 99 und 1. 6. 00). Eine Befreiung von Reichssteuern ist ihr nicht zugesichert, sie wird daher an sich wehrbeitragspflichtig sein.

Eine englische als company limited by shares gebildete Gesellschaft ist im Sinne des deutschen Rechtes als Aktiengesellschaft zu behandeln. Vgl. OVG. 2 249; 3 163.

3) Eine Gesellschaft, deren Zweck auf den Betrieb eines Handelsgewerbes unter einer gemeinschaftlichen Firma gerichtet ist, ist eine Kommanditgesellschaft, wenn bei einem oder bei einigen von

den Gesellschaftern die Haftung gegenüber den Gesellschaftsgläubigern auf den Betrag einer bestimmten Vermögenseinlage beschränkt ist (Kommanditisten), während bei dem anderen Teile der Gesellschafter eine Beschränkung der Haftung nicht stattfindet (persönlich haftende Gesellschafter). Bei der Kommanditgesellschaft auf Aktien haftet den Gesellschaftsgläubigern mindestens ein Gesellschafter unbeschränkt, während die übrigen sich nur mit Einlagen auf das in Aktien zerlegte Grundkapital der Gesellschaft beteiligen. Art. 161, 320 d. HGB. v. 10. 5. 97 (RGBl. S. 219).

4) Ob ein Sitz in Deutschland begründet ist, bestimmt sich nach dem Statut der Gesellschaft. Nur diejenigen Aktiengesellschaften und Kommanditgesellschaften, deren statutenmäßiger Sitz sich in Deutschland befindet, unterliegen der Beitragspflicht nach § 11 Abs. 1 Ziff. 1.

5) Die Fassung beruht auf einem in der Kommission des Reichstags gestellten Antrage. Sie soll klarstellen, daß nur die in der Bilanz ausdrücklich ausgeworfenen Reserven, nicht auch die sog. stillen Reserven der Wehrbeitragspflicht unterliegen sollen. Es sollen nur erfaßt werden die wirklichen Reserven, die in die Bilanz eingestellt sind, gleichviel, ob es gesetzlich vorgeschriebene oder freiwillige sind. Hierher gehören z. B. der gesetzliche Reservefonds, freiwillige Reservefonds, Dividendenausgleichsfonds, Rückstellungen für künftige, möglicherweise eintretende Verluste und Ausgaben. Solche Fonds dagegen, die wie Erneuerungs- oder Delkrederefonds einen Ausgleich für die Wertverminderung von Vermögensgegenständen der Gesellschaft darstellen sollen oder die zur Deckung bereits begründeter Verpflichtungen eingestellt sind, sollen nicht in Betracht kommen. Zu letzteren gehören z. B. Talonsteuerreserven, Reserven für den Fall des ungünstigen Ausganges eines anhängigen oder bevorstehenden Rechtsstreits. Vgl. § 48 d. A.

6) Gewinnvorträge sind den Reserven gleichgestellt. Das entspricht ihrer Bedeutung. Denn bleiben unverteilt gebliebene und auf die neue Rechnung des folgenden Geschäftsjahrs übertragene Gewinnreste im Vermögen der Gesellschaft zu dem Zwecke, daß sie in der Zukunft irgend welche Verwendung finden, oder das Vermögen der Gesellschaft dauernd vermehren sollen, so werden

sie tatsächlich **in Reserve gestellt**. Vgl. § 48 d. A.; OVG. 10 275 ff.

7) Die Befreiung deckt sich mit der Befreiung der gemeinnützigen Aktiengesellschaften vom Reichsstempel nach den Vorschriften des geltenden Reichsstempelgesetzes. KommBer. S. 63. Die Entscheidungen des Bundesrats über die Steuerfreiheit der gemeinnützigen Aktiengesellschaften vom Wehrbeitrag sind besonders von Fall zu Fall herbeizuführen. Nach der Erklärung des Regierungsvertreters KommBer. S. 63 versteht es sich aber von selbst, daß der Bundesrat von seinen früheren Entscheidungen bezüglich der Stempelfreiheit für den Wehrbeitrag nicht abweichen wird, sofern das Statut der Gesellschaft nicht inzwischen geändert worden ist. Vgl. § 52 d. A.

8) Die Bestimmung soll zur Schonung kleiner ertragloser und leistungsschwacher Gesellschaften dienen. Um die Begünstigung an sich starker Gesellschaften, die nur vorübergehend aus besonderen Gründen die Dividendenverteilung einschränken, auszuschließen, ist der Zusatz gemacht, daß die Befreiung nur eintritt, wenn im Durchschnitt der letzten fünf Jahre oder der kürzeren Zeit des Bestehens weniger als 3 v. H. Gewinn verteilt worden sind **und gleichzeitig** der Kurs- oder Verkaufswert der Aktien 80 v. H. des eingezahlten Kapitals nicht übersteigt. Bei leistungsstarken Gesellschaften wird trotz vorübergehender Einschränkung der Dividendenverteilung der Kurs sich regelmäßig höher stellen. KommBer. S. 112.

§ 12. Ein Wehrbeitrag wird nicht erhoben von solchen Vermögen, die zehntausend Mark nicht übersteigen.

Die beitragsfreie Vermögensgrenze erhöht sich bei einem Einkommen von nicht mehr als zweitausend Mark auf fünfzigtausend Mark und bei einem Einkommen von mehr als zweitausend, aber nicht mehr als viertausend Mark auf dreißigtausend Mark.[1])

1a) Hiernach ergibt sich für die Heranziehung **nach dem Vermögen** folgende Skala:

a) Vermögen bis 10000 ℳ einschließlich bleiben frei, ohne

Rücksicht auf die Höhe des Einkommens des Wehrbeitragspflichtigen:

b) Vermögen bis 50000 ℳ einschließlich bleiben frei, wenn der Beitragspflichtige ein Einkommen von nicht mehr als 2000 ℳ hat;

c) Vermögen bis 30000 ℳ einschließlich bleiben frei, wenn der Beitragspflichtige ein Einkommen von nicht mehr als 4000 ℳ hat.

Dies gilt jedoch nicht für die nach § 11 d. Ges. beitragspflichtigen Gesellschaften. § 51 Ziff. 2 d. A.

1b) Über die Heranziehung nach dem Einkommen selbst vgl. § 31 des Ges.

1c) Als Einkommen im Sinne des § 12 Abs. 2 gilt nicht das zur (preußischen) Einkommensteuer veranlagte Einkommen, sondern das tatsächlich vom Steuerpflichtigen bezogene Einkommen. Art. 4 Abs. 2 d. pr. A.

§ 13. Für die Veranlagung des Wehrbeitrags wird das Vermögen der Ehegatten[1]) zusammengerechnet, sofern sie nicht dauernd voneinander getrennt leben.[2]) Die Ehegatten sind, falls ihr Vermögen zusammenzurechnen ist, der Staatskasse als Gesamtschuldner der Abgabe verpflichtet.[3])

1) Es findet für die Feststellung des Wehrbeitrags nur eine Zusammenrechnung des Vermögens der Ehegatten statt. § 18 Ziff. 1 d. A. Das Vermögen der Ehegatten wird zusammengerechnet ohne Rücksicht auf das zwischen ihnen bestehende eheliche Güterrecht. Dagegen wird das Vermögen der Kinder und anderer Angehöriger dem Beitragspflichtigen nicht zugerechnet, wenn ihm auch daran die gesetzliche Nutznießung zusteht. Begr. des Ges. Entw. III Abs. 8. Vgl. auch KommBer. S. 64. Vielmehr werden die Kinder zutreffendenfalls selbständig zum Wehrbeitrag herangezogen. Im Falle der sog. fortgesetzten Gütergemeinschaft (§§ 1483 ff. BGB.) wird jeder Teil das Gesamtgut in dem Verhältnis sich anrechnen lassen müssen, in welchem das gesamte gemeinschaftliche Vermögen bei der Teilung nach Beendigung der Gemeinschaft auf ihn entfällt. Vgl. OVG. XIII, 26.

2) Zum Begriffe der **dauernden** Trennung gehört die Tatsache völligen Getrenntseins wie im ehelichen Leben, so im Haushalt und in der Wirtschaftsführung, und zwar herbeigeführt in der erkennbaren Absicht, die Trennung für längere Dauer festzuhalten. Vgl. OVG. 1 252; 13 87. Die dauernde Trennung muß zum Zwecke des Ausschlusses der ehelichen Gemeinschaft stattfinden, um hier in Betracht zu kommen. Vgl. OVG. v. 6. 2. 06, PrVBl. 19 148. Dauernde Trennung im Sinne des Gesetzes liegt **nicht ohne weiteres** schon dann vor, wenn der eine Teil **krankheitshalber** außerhalb der ehelichen Wohnung untergebracht werden muß; die Gesamtheit der Verhältnisse ist zu prüfen. Vgl. OVG. 2 173. Auch dann nicht, wenn der eine Teil sich im **Gefängnis** befindet, denn hier besteht die Trennung **gegen** den Willen der Ehegatten. Vgl. OVG. 3 171. Ebenso nicht, wenn der Ehemann als Seeoffizier ein zweijähriges Bordkommando hat. Vgl. OVG. 13 87. Eine Trennung der Ehegatten, deren Dauer nach dem Trennungsvertrage von der Bestimmung des einen Teils abhängt, ist keine dauernde. Erl. d. pr. FM. v. 24. 1. 99. Ist die Wohnung der beiden Eheleute tatsächlich völlig getrennt und liefert die Ehefrau nach Vereinbarung als Entgelt für die ihr gewährte freie Wohnung im Hause des Ehemanns diesem die Beköstigung und Bedienung, so würde auch ein Getrenntsein in der Wirtschaftsführung anzunehmen sein und es käme dann nur noch darauf an, festzustellen, ob die Absicht besteht, die Trennung für längere Dauer festzuhalten. Vgl. OVG. 13 88.

3) Der Begriff der Haftung als **Gesamtschuldner** ergibt sich aus § 421 BGB. Man versteht danach unter gesamtschuldnerischer Haftung den Fall, daß mehrere Schuldner eine Leistung in der Weise verschulden, daß jeder **die ganze Leistung** zu bewirken verpflichtet ist, während der Gläubiger die Leistung **nur einmal** fordern darf. Der Gläubiger kann in solchem Falle, solange nicht die ganze Leistung bewirkt ist, von jedem Schuldner nach seinem Belieben das Ganze oder einen Teil fordern. Im Verhältnis zueinander sind die Gesamtschuldner zu gleichen Anteilen verpflichtet, soweit nicht ein anderes bestimmt ist. § 426 BGB.

§ 14. Unterliegt das abgabepflichtige Vermögen der Nutznießung,[1]) so fällt, wenn nicht rechtsgeschäftlich etwas anderes bestimmt ist, der Wehrbeitrag dem Eigentümer zur Last.

1) Die Bestimmung beruht auf einem bei Beratung des Gesetzes im Plenum in dritter Lesung gestellten Antrage. In Frage kommt insbesondere die Nutznießung des Ehemanns am eingebrachten Vermögen der Ehefrau, § 1383 BGB., und die Nutznießung der Eltern am Vermögen des Kindes, §§ 1649, 1686 BGB. Der Wert der Nutznießung gilt nicht als beitragspflichtiges Vermögen, vgl. Anm. 1c zu § 5 d. Ges. Das Vermögen der Ehefrau wird nach § 13 mit dem des Ehemanns zusammengerechnet, von dem Vermögen des Kindes wird dieses selbständig zum Wehrbeitrag veranlagt. Durch § 14 wird eine privatrechtliche Bestimmung dahin getroffen, daß, insoweit nicht rechtsgeschäftlich etwas anderes bestimmt ist, die Entrichtung des auf das Vermögen fallenden Wehrbeitrags trotz eines an dem Vermögen bestehenden Nutznießungsrechts dem Eigentümer des Vermögens zur Last fällt, ohne daß er sich an den Nutznießer mit Erstattungsansprüchen halten kann.

§ 15. Für die Beitragspflicht[1]) und die Ermittelung des Vermögenswerts ist der Stand vom 31. Dezember 1913 maßgebend.

Für Betriebe,[2]) bei denen regelmäßige[3]) jährliche[4]) Abschlüsse stattfinden, kann[5]) der Vermögensfeststellung der Vermögensstand am Schlusse des letzten Wirtschafts- oder Rechnungsjahrs zugrunde gelegt werden.[6])

Bei der Veranlagung des Wehrbeitrags wird das Vermögen des Beitragspflichtigen auf volle Tausende nach unten abgerundet.

1) Das Vermögen eines nach dem Stande vom 31. Dezember 1913 Beitragspflichtigen bleibt beitragspflichtig, auch wenn hinterher der Tod des Beitragspflichtigen eingetreten ist. Vgl. § 18 Ziff. 2 und § 70 d. A.

2) D. h. ebensowohl für Landwirtschafts- und Forstwirtschaftsbetriebe wie für Gewerbebetriebe, und zwar für alle Arten Gewerbebetriebe, nicht nur für kaufmännische Betriebe. Vgl. OVG. 7 257.

3) Die Anwendung des § 15 d. Ges. setzt voraus, daß ordnungsmäßige Buchführung und **regelmäßige, jährliche** Abschlüsse stattfinden. Ein Beitragspflichtiger, der seine Bilanz für das Vorjahr für den 1. Juli, für das nächste Jahr aber erst für das Ende des Jahres aufgestellt hat, hat **nicht regelmäßige jährliche** Abschlüsse gemacht und kann sich daher auf § 15 nicht berufen. Vgl. § 23 Ziff. 2 d. A. und OVG. 7 267.

4) Die Abschlüsse müssen, um maßgebend zu sein, für jährliche und nicht für mehrjährige Zeiträume gemacht sein.

5) Nach dieser Fassung der Vorschrift ist weder der Beitragspflichtige noch die Steuerbehörde an den Buchabschluß gebunden. Der Beitragspflichtige ist z. B. berechtigt, etwaige Veränderungen seines Vermögens, die seit dem letzten Abschluß bis zum Stichtage eingetreten sind, nachzuweisen. Und auch für die Veranlagungsbehörde ist der Abschluß, wenn der Beitragspflichtige nach ihm veranlagt zu werden wünscht, jedenfalls nur für den der Vermögensberechnung zugrunde zu legenden **Zeitpunkt** maßgebend, während die Berechnung selbst und die dabei anzuwendenden Grundsätze der Prüfung und nötigenfalls Berichtigung unterliegen. Vgl. Art. 5 Nr. 3 Abs. 5 d. A. z. pr. ErgstGes.; KommBer. S. 69.

6) Als letztes Wirtschafts- oder Rechnungsjahr (Betriebsjahr) gilt dasjenige, dessen Ergebnis bei Abgabe der Vermögenserklärung feststand. Will der Beitragspflichtige seiner Vermögenserklärung den noch nicht festgestellten Abschluß vom 31. Dezember 1913 zugrunde legen, so ist ihm eine angemessene, keinesfalls über den 15. April 1914 hinausgehende Frist zu gewähren. § 13 d. A.; Art. 7 Ziff. 9 d. pr. A.

§ 16. Bei der Feststellung des Vermögens ist der gemeine Wert (Verkaufswert)[1] [2]) seiner einzelnen Bestandteile[3]) zugrunde zu legen, sofern das Gesetz nichts anderes vorschreibt.[4])

1a) Der gemeine Wert ist derjenige, den ein Vermögensgegenstand für jeden Besitzer haben kann. Der Wert von Annehmlichkeiten und Bequemlichkeiten, die einem jeden Besitzer schätzbar sind, wird dem gemeinen Werte beigerechnet. Der durch besondere Umstände bedingte außerordentliche Wert und der Wert der besonderen Vorliebe, wie er aus zufälligen Eigenschaften oder Verhältnissen entsteht, die dem Gegenstande in der Meinung oder nach den persönlichen Verhältnissen des jeweiligen Besitzers einen Vorzug vor anderen Gegenständen gleicher Art beilegen, bleiben unberücksichtigt. Vgl. Art. 5 Nr. 1 d. A. z. pr. ErgstGes.; Art. 3 der pr. Techn. Anl.

1b) Der gemeine Wert einer Sache ist der objektive, d. h. derjenige Wert, den die Sache nach ihrer objektiven Beschaffenheit für jeden Besitzer hat, im Gegensatze zu dem subjektiven Interesse. Vgl. OVG. 5 69.

Schon das Merkmal der Objektivität des gemeinen Wertes bedingt die regelmäßige Bemessung dieses Wertes nach den im wirtschaftlichen Verkehre unter gemeingewöhnlichen (normalen) Verhältnissen für gleichartige Sachen erzielten Kaufpreisen, da es sonstige objektive Maßstäbe nicht gibt. Vgl. § 22 Ziff. 2 d. A. Der gemeine Wert einer Sache entspricht regelmäßig dem Kaufpreise, welcher dafür im gewöhnlichen Geschäftsverkehr nach ihrer objektiven Beschaffenheit, ohne Rücksicht auf ungewöhnliche oder lediglich persönliche Verhältnisse, also eben von jedermann zu erzielen ist. RG. v. 19. 11. 79 in GruchotsBeitr. **24** 409. Der gemeine Wert ist derjenige Wert eines Gegenstandes, der dem Betrage entspricht, welchen jeder Eigentümer jederzeit für den betreffenden Gegenstand bekommen kann, ohne daß dabei besondere Konjunkturverhältnisse oder besondere Liebhabereien im einzelnen für den betreffenden Gegenstand in Betracht kommen. Erkl. d. pr. FM. in der Sitzung des AbgH. v. 18. 4. 93, Stenogr. Ber. S. 1853.

1c) Aus dem Begriffe des gemeinen Werts folgt, daß die Behinderung des Eigentümers, das Objekt zu verkaufen, einerlei, ob sie auf tatsächlichen oder rechtlichen Gründen beruht, bei der Bewertung nicht in Betracht kommt. Durch ein testamentarisches

Veräußerungsverbot wird z. B. die nicht schon nach den Bestimmungen des Ges. selbst zulässige Bewertung auf Grund des Ertrages nicht gerechtfertigt. Der gemeine Wert kann auch nicht dadurch gefunden werden, daß von einem auf Grund des Ertrages und von dem auf Grund von Kaufpreisen ähnlicher Gegenstände ermittelten Werte das Mittel gezogen wird. Vgl. OVG. 7 243 ff.

2a) Auch bei Grundstücken kann nach § 17 Abs. 5 d. Ges. der Beitragspflichtige verlangen, daß der gemeine Wert der Veranlagung zugrunde gelegt wird. Abgesehen von diesem besonderen Verlangen des Beitragspflichtigen, sind einerseits Grundstücke, welche dauernd land- oder forstwirtschaftlichen oder gärtnerischen Zwecken dienen und anderseits bebaute Grundstücke, die Wohn- oder gewerblichen Zwecken zu dienen bestimmt sind, und bei denen die Bebauung und Benutzung der ortsüblichen Bebauung und Benutzung entspricht, nach dem Ertragswert (s. § 17 d. Ges.) einzuschätzen. Andere Grundstücke werden immer nach dem gemeinen Werte veranlagt.

Auch die durch Tauschverträge (aus neuerer Zeit) festgesetzten Preise sind Grundlagen für die Ermittelung des gemeinen Werts. Vgl. OVG. 5 337.

Es darf angenommen werden, daß der in neuerer oder neuester Zeit gezahlte Kaufpreis den gemeinen Wert zur Zeit des Verkaufs darstellt, da für das Obwalten gemeingewöhnlicher Verhältnisse die Vermutung spricht. Diese Vermutung kann im einzelnen Fall nur durch besondere tatsächliche Verhältnisse ausgeschlossen werden. Vgl. OVG. 8 309, auch 5 63 ff.

2b) Bei dem gewerblichen Betriebsvermögen ist der gemeine Wert identisch mit dem handelsrechtlichen, für Inventur und Bilanz maßgebenden Werte. Die Bewertung erfolgt also nach dem objektiven Verkaufswerte. Wenn ein gewerbliches Geschäft in jüngster Zeit unter gemeingewöhnlichen Verhältnissen verkauft worden ist, so ist bei der Bewertung des gewerblichen Anlage- und Betriebskapitals, unter Berücksichtigung der von der Bewertung ausgeschlossenen Gegenstände und Rechte sowie der seit dem Verkaufe eingetretenen Änderungen, von dem gezahlten Kaufpreise auszugehen. Vgl. OVG. 5 112; 6 30 ff.

Kann die Bewertung nach wirklich gezahlten Kaufpreisen nicht erfolgen, so ist der wirkliche Wert maßgebend, den die zu bewertenden Gegenstände und Rechte am 31. Dezember 1913 oder (sofern für den Betrieb regelmäßige jährliche Rechnungsabschlüsse gemacht werden, s. § 15 Abs. 2 d. Ges.) am Schlusse des vorangegangenen letzten Betriebsjahrs gehabt haben. Vgl. OVG. 6 30 ff.

Der gemeine Wert des einem bergbaulichen oder einem Gewerbebetriebe dienenden Anlage- und Betriebskapitals ist durch Schätzung zu ermitteln, welche den wirklichen Substanzwert desselben, nicht etwa einen fiktiven Buchwert erfassen muß.

Mit diesem Vorbehalte können als Anhalt für die Schätzung die vorschriftsmäßig aufgestellten Bilanzen und Inventuren der Kaufleute dienen, insofern darin die sämtlichen Vermögensgegenstände und Schulden nach dem Werte angesetzt worden sind, der ihnen in dem Zeitpunkte beizulegen ist, für welchen die Aufstellung stattfindet.

Wo diese Voraussetzung nicht zutrifft, beispielsweise die von den Aktiven abgeschriebenen Beträge über eine angemessene Berücksichtigung der Wertverminderung und Abnutzung hinausgehen, muß behufs Ermittelung des wirklichen Werts dem bei der Schätzung etwa zugrunde gelegten Buchwert ein entsprechender Betrag hinzugerechnet werden.

Anderseits kommt bei der Schätzung nur der Wert der materiellen Betriebsmittel in Betracht. Umstände, welche nicht unter diesen Gesichtspunkt fallen, z. B. der von alters her begründete Ruf der Firma, ihre gute Kundschaft oder die besonderen persönlichen Eigenschaften des Steuerpflichtigen bleiben unberücksichtigt, wenn dadurch auch die Rentabilität des Geschäfts und der Verkaufswert desselben wesentlich beeinflußt wird.

Vgl. Art. 12 Nr. 1 d. A. z. pr. ErgstGes.; KommBer. S. 66.

Der Kaufmann muß seine eigene buchmäßige Bewertung der Bestandteile des gewerblichen Anlage- und Betriebskapitals wider sich gelten lassen, sofern er nicht nachweist, daß und aus welchen Gründen die Bewertung zu hoch ist.

2c) Über die Bestimmung des gemeinen Wertes beim Kapitalvermögen vgl. §§ 18—20 d. Ges.

3a) Die Wertermittelung muß für jeden einzelnen Teil des Vermögens besonders erfolgen. Unter den einzelnen Teilen sind die wirtschaftlich nicht zusammengehörigen selbständigen Bestandteile des Vermögens zu verstehen, z. B. die verschiedenen Einzelposten, aus denen sich das Kapitalvermögen zusammensetzt oder mehrere unabhängig voneinander bewirtschaftete Landgüter. Dagegen sind die zu einer wirtschaftlichen Einheit gehörigen Vermögensteile bei der Würdigung des Wertes nicht voneinander zu trennen, sondern mit ihrem Wert im ganzen zutreffend zu erfassen. Vgl. Art. 5 Ziff. 4 d. A. z. pr. ErgstGes.

3b) Als eine Besitzung (wirtschaftliche Einheit) gilt beim Grundvermögen jede Besitzung, die sich in wirtschaftlicher Beziehung als für sich bestehend darstellt. Vgl. § 26 Ziff. 3 d. A. Es gilt demnach beispielsweise jedes Landgut mit allen in wirtschaftlicher Beziehung dazu gehörigen Vorwerken als eine Besitzung, ohne Rücksicht darauf, ob sich zwei oder mehrere in wirtschaftlicher Beziehung nicht zusammengehörige Landgüter zurzeit in der Hand desselben Besitzers vereinigt finden. Ebenso sind bei größeren Güterkomplexen, die als Fideikommisse oder in ähnlicher Art zwar rechtlich ein Ganzes bilden, aber wirtschaftlich in besondere, für sich bestehende Bestandteile zerfallen, diese Teile in dem vorgedachten Sinne als besondere Besitzungen zu betrachten. Anderseits bilden z. B. Bauerngüter, die mit Rittergütern vereinigt sind und damit dauernd zusammen bewirtschaftet werden, mit diesen nur eine Besitzung. Dasselbe gilt für den Fall, daß z. B. zwei oder mehrere Bauerngüter in wirtschaftlicher Beziehung dauernd zu einem Ganzen vereinigt sind. Pr. Techn. Anl. Art. 28.

Holzungen gehören in der Regel zu der wirtschaftlichen Einheit des Landguts. Treten sie jedoch nach dem Verhältnisse ihrer Fläche zu dem sonstigen Areal aus dem Rahmen der üblichen Zusammensetzung der Landgüter hinaus, so sind sie gesondert für sich zu bewerten. Vgl. OVG. 5 112.

Forsten sind als einheitliches Ganze zu bewerten und nicht etwa der Wert des Grund und Bodens und derjenige des aufstehenden Holzes unter der Voraussetzung sofortigen Abtriebes besonders zu ermitteln. Bericht der Komm. des AbgH. zur Beratung des pr. ErgstGes. S. 46.

Unter einer Baustelle ist das zum sofortigen Anbau reife, d. i. an einer fertiggestellten Straße belegene Grundstück, das sich in der vom Besitzer bestimmten oder doch durch die örtlichen Verhältnisse bedingten Größe als ein besonderes Verkehrsobjekt darstellt, zu verstehen. Bauterrain ist ein größerer zusammenhängender Komplex von Grundstücken, der in absehbarer Zeit Gegenstand der Bebauung werden kann, vorausgesetzt, daß ein diese Grundstücke umfassender und noch gegenwärtig zur Ausführung geeigneter Bebauungsplan festgestellt ist. In der Regel ist jede einzelne Baustelle für sich und ebenso jede innerhalb des Bauterrains belegene, wenn auch viele künftige Baustellen umfassende, zusammenhängende Besitzung als eine selbständige Einheit zu bewerten. Vgl. OVG. 5 146 ff.

Bei den auf einem Landgute befindlichen gewerblichen Unternehmungen (Ziegeleien, Brennereien usw.) bildet deren Anlage- und Betriebskapital entweder einen Rechnungsfaktor für die Bewertung der wirtschaftlichen Einheit der Gesamtbesitzung oder ist als eine besondere wirtschaftliche Einheit zu bewerten, je nachdem das Unternehmen als ein Nebenbetrieb der Landwirtschaft oder als ein selbständiger Gewerbebetrieb sich darstellt. Vgl. OVG. 5 133.

3c) Der gemeine Wert des gewerblichen Betriebsvermögens ist für die Gesamtheit desselben zu ermitteln, so daß die einzelnen Bestandteile nur als Rechnungsfaktoren in Betracht kommen. Ohne eine zuverlässige Feststellung der einzelnen Bestandteile ist jedoch eine Ermittelung des Gesamtwerts untunlich. Vgl. OVG. 5 113.

Für jeden selbständigen Betrieb wird unter Berücksichtigung aller dazu gehörigen Zweiganstalten, Fabrikations-, Verkaufs- und sonstigen Betriebsstätten das gesamte Anlage- und Betriebskapital im ganzen geschätzt. Dies muß auch geschehen, wenn das Anlage- und Betriebskapital einer offenen Handelsgesellschaft oder einem anderen Personenverein oder zu einem Nachlasse gehört und demnächst auf die einzelnen Gesellschafter bzw. Erben zu verteilen ist. Vgl. Art. 6 I Nr. 2, 3 d. A. z. pr. ErgstGes.

Vereinigt ein Beitragspflichtiger in seiner Hand mehrere dergestalt voneinander unabhängige Betriebe, daß Buchführung und Abschlüsse getrennt gehalten werden, oder ist ein Beitragspflichtiger bei mehreren derartigen Betrieben als Gesellschafter usw. beteiligt, so ist die Wertsermittelung und die Feststellung seines Anteils für jeden Betrieb besonders vorzunehmen; die auf ihn aus den verschiedenen Betrieben entfallenden Anteile werden zusammengerechnet.

Der Wert der dem Betriebe gewidmeten bebauten und unbebauten Grundstücke des Steuerpflichtigen (Kontore, Verkaufsstätten, Fabrik- oder Arbeitsräume, Speicher, Stallungen, Lagerplätze u. dgl.) ist bei der Schätzung des Betriebsvermögens zu berücksichtigen.

Dient ein Gebäude nur zum Teil dem Gewerbebetriebe, zu einem anderen Teile aber anderen Zwecken, z. B. als Wohngebäude, so muß der Wert des letzteren dem Grundvermögen hinzugerechnet werden. Stehen beide Teile dergestalt in baulichem Zusammenhange, daß eine getrennte Schätzung nicht ausführbar ist, so ist der Wert im ganzen zu ermitteln und nach Verhältnis des Umfangs der betreffenden Räumlichkeiten dem Grundvermögen bzw. dem gewerblichen Betriebsvermögen zuzuteilen. Vgl. Art. 12 Nr. 2, 3 d. A. z. pr. ErgstGes.

4) Vgl. insbesondere § 17 d. Ges. wegen des Grundvermögens.

§ 17. Bei Grundstücken, die dauernd land- oder forstwirtschaftlichen oder gärtnerischen Zwecken,[1]) sowie bei bebauten[2]) Grundstücken, die Wohnzwecken oder gewerblichen Zwecken zu dienen bestimmt sind, und bei denen die Bebauung und Benutzung der ortsüblichen Bebauung und Benutzung entspricht,[3]) wird der Ertragswert zugrunde gelegt.[4])

Als Ertragswert gilt bei land- oder forstwirtschaftlichen oder Gärtnereigrundstücken das Fünfundzwanzigfache des Reinertrags, den sie nach ihrer wirtschaftlichen Bestimmung bei ordnungsmäßiger Bewirtschaftung mit entlohnten fremden Arbeitskräften nachhaltig gewähren können.[5])

Die der Land- und Forstwirtschaft oder der Gärtnerei dienenden Gebäude und Betriebsmittel werden nicht besonders veranlagt, sondern sind in der Veranlagung des Ertragswerts einbegriffen.[6])

Bei bebauten Grundstücken, die Wohnzwecken oder gewerblichen Zwecken zu dienen bestimmt sind, gilt als Ertragswert das Fünfundzwanzigfache des Miet- oder Pachtertrags, der in den letzten drei Jahren[7]) im Durchschnitt erzielt worden ist oder im Falle der Vermietung oder Verpachtung hätte erzielt werden können,[8]) nach Abzug von einem Fünftel für Nebenleistungen und Instandhaltungskosten oder von dem als erforderlich nachgewiesenen höheren Betrag für Nebenleistungen und Instandhaltungskosten ohne Rücksicht darauf, ob die hierzu notwendigen Arbeiten von dem Beitragspflichtigen selbst oder durch entlohnte fremde Arbeitskräfte geleistet worden sind.[9])

In allen Fällen kann der Beitragspflichtige verlangen, daß statt des Ertragswerts der gemeine Wert der Veranlagung zugrunde gelegt wird. Dieses Recht erlischt, wenn es nicht spätestens bis zum Ablauf der mit der Zustellung des Veranlagungs- oder des Feststellungsbescheids eröffneten Rechtsmittelfrist geltend gemacht wird.[10])

1) Die Bestimmung erstreckt sich nur auf Grundstücke, die dauernd land- oder forstwirtschaftlichen oder gärtnerischen Zwecken, mit Einschluß der Viehzucht, des Wein-, Obst- und Gemüsebaues, zu dienen bestimmt sind. Sie deckt sich mit derjenigen in § 11 d. pr. ErgstGes., nur daß sie auf alle gärtnerischen Zwecken dienenden

Grundstücke ausgedehnt ist, während nach dem pr. ErgstGes. nur solche Gärtnereigrundstücke nach dem Ertragswerte bewertet werden, bei denen nicht ein gewerblicher Betrieb (Kunst- und Handelsgärtnerei) vorliegt, die vielmehr als zur Landwirtschaft gehörig zu betrachten sind. Vgl. Art. 2 Ziff. 8 d. pr. A. Unbebaute Grundstücke, welche nicht dauernd land- oder forstwirtschaftlichen oder gärtnerischen Zwecken zu dienen bestimmt sind, werden nach dem gemeinen (Verkaufswert) angesetzt. Insbesondere gilt dies für solche in der Umgebung von Städten und Industrieorten belegenen Grundstücke, welche zwar noch land- oder forstwirtschaftlich oder gärtnerisch genutzt werden, bei denen aber nach den Umständen des Einzelfalls, wie z. B. nach ihrer Lage oder Beschaffenheit, Erwerbspreise, Belastung oder nach ihrer voraussichtlichen künftigen Verwendung, z. B. zu baulichen oder Verkehrzwecken, nicht mehr angenommen werden kann, daß sie dauernd bestimmt sind, land- oder forstwirtschaftlichen oder gärtnerischen Zwecken zu dienen. Indessen ist bei solchen Hofbesitzungen, welche sich in langjährigem Besitze finden, dann, wenn sie tatsächlich land- oder forstwirtschaftlich oder gärtnerisch genutzt werden, auch trotz ihrer Lage in der Umgebung von Städten und Industrieorten nicht ausgeschlossen, daß sie dauernd für land- oder forstwirtschaftliche Zwecke bestimmt sind. Vgl. § 24 Ziff. 1 d. A. u. Erl. d. pr. FM. v. 15. 5. 10, II 6774.

2a) Der Begriff „bebaute Grundstücke" ist im Gesetz nicht näher erläutert. Bei der Kommissionsberatung wurde darauf hingewiesen, daß derselbe Begriff in den Vorschriften des Wertzuwachssteuergesetzes vollkommen klargestellt sei. KommBer. S. 87. Dies ist aber nicht der Fall. Dieses Gesetz gibt vielmehr lediglich im § 1 Abs. 2 Satz 2 einen Anhaltspunkt, insofern als es bestimmt, daß als unbebaut auch solche Grundstücke gelten, auf denen sich Gartenhäuser, Schuppen, Lagerstätten und ähnliche zu vorübergehenden Zwecken dienliche Baulichkeiten befinden. Demgemäß muß auch für den Bereich des Wehrbeitragsgesetzes die Frage, ob ein Grundstück als bebaut oder unbebaut zu gelten hat, im Einzelfalle nach der im Grundstücksverkehr üblichen Auffassung entschieden werden.

Als „bebaut“ wird jedenfalls nur ein Grundstück gelten können, das bereits ein Gebäude trägt. Das bloße Vorliegen einer Bauerlaubnis macht das Grundstück nicht zu einem „bebauten“. Unter „Gebäude“ ist eine durch Umfassungsmauern oder Wände umschlossene, gewöhnlich überdachte bauliche Anlage zu verstehen die den Zweck hat, Personen, Tieren oder beweglichen Gegenständen gegen äußere Einflüsse Schutz zu gewähren (Obertrib. in Striethorst Archiv 48 240). Geht man von der Gruppierung der Grundstücke nach der pr. Technischen Anleitung aus, so werden zu den bebauten Grundstücken diejenigen der Gruppe A (Haus- und Zinsbesitz) angehörigen Besitzungen gehören, welche vorzugsweise aus Wohn- oder gewerblichen Gebäuden mit den dazu gehörigen Nebengebäuden, Hofräumen und Gärten bestehen. Nicht darunter fallen die gleichfalls der Gruppe A zugehörigen mit Gebäuden nicht besetzten Grundstücke, die zur Verwertung als Bauplätze bestimmt sind, Holzhöfe, Zimmer- und Lagerungsplätze und ähnliche Grundstücke. Ferner aber sind auch auszuscheiden die nur mit Baulichkeiten vorübergehender Bedeutung (Schuppen, Lauben usw.) besetzten Grundstücke.

2b) Für die Entscheidung der Frage, ob ein Grundstück in diesem Sinne bebaut ist oder nicht, muß es unter dem Gesichtspunkte der „wirtschaftlichen Einheit“ betrachtet werden. Vgl. Anm. 3b zu § 16 d. Ges. Beispielsweise kommt es bei einem sog. Schlosse, das dem Eigentümer einer landwirtschaftlichen Besitzung gehört, darauf an, ob dieses Schloß in seiner wesentlichen Zweckbestimmung der Bewirtschaftung der Besitzung gewidmet ist. Ist dies der Fall, so bildet es mit den landwirtschaftlich genutzten Grundstücken eine wirtschaftliche Einheit und wird daher nicht als „bebautes Grundstück“ besonders bewertet, vielmehr wird sein Wert nach Abs. 3 des § 17 in der Veranlagung des Ertragswerts mit erfaßt. Das wird bei solchen den Besitzern von Landgütern als Wohnhaus dienenden Schlössern in der Regel der Fall sein. Aber es kann ausnahmsweise vorkommen, daß ein solches Schloß mit einem verhältnismäßig geringfügigen landwirtschaftlichen Betriebe verbunden ist. Dann kann in Frage kommen, ob es wegen seiner besonderen Zweckbestimmung aus der wirtschaftlichen Einheit mit den landwirtschaftlich genutzten Flächen losgelöst und als bebautes Grundstück besonders zu veranlagen ist. Dann kann seine Veranlagung nach seinem besonderen Ertragswerte stattzufinden haben. Es kann aber auch in solchem Fall in Frage kommen, ob es zum gemeinen Wert veranlagt werden muß, weil es über die ortsübliche Bebauung und Benutzung hinausgeht. KommBer. S. 116.

3) Die Bewertung bebauter Grundstücke nach dem Ertragswert greift nur dann Platz wenn die Bebauung oder Benutzung der ortsüblichen Bebauung oder Benutzung entspricht. Hierzu erklärte der Berichterstatter der Kommission des Reichstags bei der Beratung des Gesetzes, ohne Widerspruch zu finden, folgendes: „Wenn jemand z. B. in einer geschlossen bebauten Stadt, in der die geschlossene Bebauung mit vier oder fünf Geschossen polizeilich zulässig und im allgemeinen vorhanden sei, ein als Baugrundstück geeignetes Grundstück habe, auf diesem aber nur ein vielleicht altes und im Verhältnisse zur Nachbarschaft geringwertiges Gebäude habe, so sei das keine ortsübliche Bebauung und Benutzung, und das Grundstück müsse nach dem gemeinen Wert eingeschätzt werden." KommBer. S. 86. Vgl. § 24 Ziff. 2 d. A.

4) Vgl. aber Abs. 5 dieses Paragraphen, nach dem der Beitragspflichtige verlangen kann, daß der gemeine Wert statt des Ertragswerts zugrunde gelegt wird.

5a) Der zu ermittelnde Normalreinertrag des einzelnen — eine wirtschaftliche Einheit bildenden — Grundstücks ist ein ideeller, fingierter Reinertrag (nicht der individuelle Ertrag, vgl. § 29 d. A. und OVG. 5 63 ff., auch nicht der während einer Reihe von Jahren tatsächlich erzielte), den das Grundstück nach seiner wirtschaftlichen Bestimmung als Ganzes im Falle seiner gemeinüblichen Bewirtschaftung, d. h. bei einer in der Gegend üblichen Bewirtschaftungsweise und bei einem wirtschaftlich normalen Bestande des lebenden und toten Wirtschaftsinventars und des sonstigen Anlage- und Betriebskapitals im Durchschnitte nachhaltig, also z. B. ohne Raubbau und anderseits ohne Vernachlässigung, jedem Besitzer gewähren kann. Vgl. § 26 Ziff. 1 d. A.

Der Normalreinertrag wird dargestellt durch den Überschuß der durchschnittlichen Einnahmen über die durchschnittlichen Ausgaben, die einer normalen Bewirtschaftung entsprechen. Welche Einnahmen und Ausgaben zu berücksichtigen sind, entscheidet sich nach dem Ertragsbegriff im wirtschaftlichen Sinne, nicht nach den Bestimmungen des Einkommensteuergesetzes. Es ist daher in jedem Falle zu prüfen, auf welchem Wege der Normalreinertrag für die einzelne Wirtschaftseinheit am zuverlässigsten gefunden werden kann.

a) Weist der Steuerpflichtige die unter normalen Verhältnissen entstandenen durchschnittlichen Einnahmen und Ausgaben durch eine ordnungsmäßige Buchführung nach oder bringt er eine in ähnlicher Weise von ihm selbst oder von Sachverständigen aufgestellte Taxe bei, gegen welche begründete Bedenken nicht erhoben werden können, so ist der rechnungsmäßige Überschuß als der Normalreinertrag anzusehen.

b) Liegt weder Berechnung noch Taxe vor, so ist der Normalreinertrag unmittelbar zu schätzen, und es sind hierzu geeignete Unterlagen zu suchen. Als eine solche kommt in erster Linie der für das zu bewertende Grundstück vom Beitragspflichtigen selbst unter normalen Verhältnissen erzielte Pachtertrag in Betracht. Dabei ist jedoch, um den Normalreinertrag zu ermitteln, das Pachtverhältnis im ganzen in Berechnung zu ziehen. Geschieht das, so wird der Beitragspflichtige im allgemeinen nicht beschwert sein, wenn ihm nur der volle Pachtpreis und daneben eine angemessene Verzinsung des Pächterinventars angerechnet wird.

c) In allen anderen Fällen kann der Ermittelungsweg nach Pacht- und Zinseinheitssätzen eingeschlagen werden, insoweit über die Schätzungsunterlagen eine Verständigung mit dem Beitragspflichtigen erzielt wird. Andernfalls ist unter Zuziehung geeigneter Sachverständiger ein anderer Weg unmittelbarer Schätzung zu suchen.

Mehr- oder Minderwerte des Inventars gegenüber einem

wirtschaftlichen Normalbestande sind dem zu ermittelnden Ertragswerte hinzuzurechnen oder von ihm abzuziehen.

Vgl. OVG. 15 390 ff.

5b) Nach der Rundverfügung d. pr. FM. v. 15. 5. 10 (Mitteilungen aus der Verwaltung der direkten Steuern Heft 54 S. 118) findet der Normalreinertrag im allgemeinen in den Pachtpreisen seinen Ausdruck. Die Pachtpreise setzen sich zusammen neben dem bar zu entrichtenden Pachtzins aus dem Geldwerte der dem Pächter etwa obliegenden Natural- und sonstigen Nebenleistungen und aus den dem Verpächter vorbehaltenen Nutzungen. Um den Normalreinertrag eines land- oder forstwirtschaftlich genutzten Grundstückes zu erhalten, sind dem Pachtpreis außerdem noch hinzuzurechnen die Zinsen für das vom Pächter zu stellende Betriebskapital (bewegliches Inventar).

Für die Feststellung des Reinertrags können aber nur solche Pachtpreise Verwendung finden, welche im gewöhnlichen Verkehre gezahlt zu werden pflegen und in deren Summe die Pacht für ein normales Wirtschafts-, bei Hofbesitz auch für ein normales Gebäudeinventar mitenthalten ist.

Pachtpreise, bei denen diese Voraussetzungen nicht zutreffen, müssen außer Betracht bleiben. Insbesondere gilt dies für Pachtverträge, bei denen die Beteiligten aus Verwandtschafts- oder aus anderen, nur in den Umständen des Einzelfalls beruhenden Rücksichten, einen den allgemeinen Ertragsverhältnissen nicht entsprechenden — sei es höheren, sei es niedrigeren — Pachtpreis vereinbart haben.

5c) Zugrunde zu legen ist nach § 17 derjenige nachhaltig zu erzielende Reinertrag, den das Grundstück bei ordnungsmäßiger Bewirtschaftung mit entlohnten fremden Arbeitskräften gewähren kann. Hiernach ist also der aus der eignen Arbeitskraft des Besitzers oder seiner Familienangehörigen fließende Teil des Reinertrages aus der Berechnung auszuscheiden. Zu den Arbeitskräften in diesem Sinne ist auch die Arbeitskraft des Besitzers als Betriebsleiter zu rechnen. § 27 Ziff. 1 d. A. KommBer. S. 78. Insoweit der unter normalen Verhältnissen erzielte Pachtertrag als Normalreinertrag zugrunde gelegt wird, wie dies bei der Veranlagung der preußischen Ergänzungssteuer der Regel nach geschieht (vgl. Anm. 5b zu diesem Paragraphen), entspricht die Feststellung des Ertragswerts ohne weiteres der Vorschrift in § 17 Abs. 2, denn in dem Pachtertrage drückt sich niemals ein Ertrag der Arbeitskraft des Besitzers des Grundstücks oder seiner Angehörigen aus. Insoweit bedarf es also einer Ausscheidung für Arbeitsleistung des Besitzers oder seiner Angehörigen nicht. Vgl. Art. 3 Ziff. 1 d. pr. A.

5d) Zum Rohertrag ist auch der Mietwert der vom Eigentümer oder vom Pächter und deren Angehörigen selbst bewohnten oder zur Führung des Haushalts benutzten Gebäude zu rechnen.

Was zur Bestreitung des Haushalts des Besitzers aus den Ergebnissen des Wirtschaftsbetriebs zu entnehmen ist, darf aus dem Reinertrage nicht ausgeschieden werden. § 27 Ziff. 2 u. 3 d. A.

5e) Der normale wirtschaftliche Wert der Jagdnutzung oder eines Fischereirechts kommt in dem nach § 17 Abs. 2 d. Ges. zu ermittelnden Reinertrage zum Ausdruck. Übernormale Pachtpreise für Jagden, die als Liebhaberpreise gezahlt werden, bleiben unberücksichtigt. Der in der Kommission des Reichstags beschlossene Zusatz, daß neben dem Ertrag auch die Verwertbarkeit eines Jagd- oder Fischereirechts zu berücksichtigen sei, ist im Plenum gestrichen worden. Vgl. KommBer. S. 85.

5f) Die aus wirtschaftlichen Vorjahren noch vorhandenen zum Verkauf bestimmten Vorräte an Erzeugnissen kommen neben den für die Grundstücke und das Wirtschaftsinventar ermittelten Werten als selbständige Vermögensstücke besonders in Ansatz. Als aus wirtschaftlichen Vorjahren herrührend gelten alle Vorräte, welche beim letzten Abschluß aus der abgelaufenen in die neue Wirtschaftsperiode übernommen sind, mögen diese Vorräte aus dem letzten Vorjahre oder aus früheren Vorjahren herrühren.

Behufs Schätzung des Wertes der Vorräte sind die Marktpreise der für die Veranlagung maßgebenden Zeit zugrunde zu legen. Die auf mögliche Änderungen der Konjunktur gestützte Erwartung eines Steigens oder Sinkens der Preise bleibt unberücksichtigt, soweit dieselbe nicht bereits gegenwärtig die Preise beeinflußt. Vgl. Art. 11 Nr. 5 d. A. z. pr. ErgstGes.

5g) Der Wert des Inventars ist beim Pächter nach dem gemeinen Werte anzusetzen.

Bewirtschaftet ein Pächter (Nießbraucher) mehrere Besitzungen oder Teile verschiedener Besitzungen im Zusammenhange, so ist der Wert seines Anlage- und Betriebskapitals im ganzen nach Maßgabe seines Gesamtbetriebs zu schätzen. Als Anhalt können hierbei die für die einzelnen Pachtstücke ermittelten Inventarienwerte dienen.

Bewirtschaftet ein Beitragspflichtiger Pachtstücke im Zusammenhange mit eigenen Grundstücken, so sind auch die dem Betrieb auf den Pachtstücken dienenden Werte nicht als selbständige Vermögensstücke in Ansatz zu bringen, sondern bei der Schätzung des Wertes der eigenen Grundstücke ebenfalls mit zu berücksichtigen. Wegen der Schätzung des Wertes im ganzen findet die Bestimmung im vorigen Absatz entsprechende Anwendung. Vgl. Art. 12 Nr. 1—4 d. A. z. pr. ErgstGes.

5h) Über die Bewertung von Forsten vgl. § 28 d. A.

6) Vgl. Art. 25 d. A. Die Bestimmung entspricht der für die Veranlagung der preußischen Ergänzungssteuer bereits bestehenden in § 11 des ErgstGes., nach welcher bei der Einschätzung von Grundstücken, die dauernd land- oder forstwirtschaftlichen Zwecken zu dienen bestimmt sind, einschließlich der dazu gehörigen, denselben Zwecken dienenden Gebäude und des Zubehörs der Ertragswert zugrunde zu legen ist. Sie bezieht sich aber nur auf die tatsächlich der Land- und Forstwirtschaft oder der Gärtnerei dienenden Gebäude und Betriebsmittel. Gebäude und Betriebsmittel, welche diesen Zwecken nicht dienen, sind daher besonders zu veranlagen, wenn sie auch demselben Besitzer gehören und in unmittelbarem räumlichen Zusammenhange mit den der Landwirtschaft usw. dienenden Grundstücken liegen. Vgl. Anm. 2b zu diesem Paragraphen. Auch die Eintragung im Grundbuch auf demselben Grundbuchblatt ist nicht dafür entscheidend, ob der

Wert eines Gebäudes im Ertragswert des ganzen Grundstücks mit zu erfassen ist oder ob das Gebäude besonders zu veranlagen ist. KommBer. S. 116.

In dem Ertragswert ist inbegriffen der Wert der zu dem land- oder forstwirtschaftlich genutzten Grundstücke gehörenden, denselben Zwecken dienenden Gebäude und des Zubehörs, sowie der den gewerblichen Nebenbetrieben dienenden Gegenstände, jedoch mit der Maßgabe, daß Mehr- oder Minderwerte des unbeweglichen oder des beweglichen Inventars gegenüber einem wirtschaftlich normalen Bestand in Zu- oder Abrechnung zu bringen sind.

Stehen gewerbliche Unternehmungen nicht in unmittelbarer Verbindung mit einem Landwirtschaftsbetriebe, stellen sie sich vielmehr als selbständige Betriebe dar, so ist der Wert der ihnen dienenden Grundstücke, der Gebäude und des Zubehörs nach den für die Schätzung von gewerblichem Anlage- und Betriebskapitale gegebenen Vorschriften zu ermitteln und in Ansatz zu bringen. Vgl. Erl. d. pr. FM. v. 15. 5. 10 (Mitteilungen aus der Verwaltung der direkten Steuern Heft 54 S. 118).

7) In den letzten drei Jahren vor dem 31. Dezember 1913, also in den Jahren 1911, 1912 und 1913. Besteht das Hausgrundstück noch nicht so lange, oder steht es noch nicht so lange im Eigentum des Beitragspflichtigen, so ist der kürzere Zeitraum seines Bestehens, bzw. seines Stehens im Eigentum des Beitragspflichtigen maßgebend.

8) Unter demjenigen Miet- oder Pachtertrage, der im Falle der Vermietung oder Verpachtung hätte erzielt werden können, ist nicht nur der Ertrag derjenigen bebauten Grundstücke zu verstehen, die vom Eigentümer selbst benutzt worden sind, sondern auch derjenigen, welche ganz oder teilweise unbenutzt oder unvermietet geblieben sind, aber an sich hätten benutzt oder vermietet werden können. Beispielsweise muß also der Mietwert leergestandener Wohnungen hinzugerechnet werden. Vgl. § 31 d. A. u. KommBer. S. 118.

9) Von dem rohen Pacht- oder Mietertrage, der durchschnittlich in den letzten drei Jahren tatsächlich erzielt worden ist, oder

im Falle der Vermietung oder Verpachtung hätte erzielt werden können, werden in jedem Falle, ohne daß es eines Nachweises seitens des Beitragspflichtigen für die Höhe der tatsächlich entstandenen Ausgaben bedarf, zur Feststellung des behufs Ermittelung des Ertragswerts der Multiplikation mit 25 zu unterwerfenden reinen Pacht- oder Mietertrages 20% für Nebenleistungen und Instandhaltungskosten abgezogen. Glaubt der Beitragspflichtige auf Abzug eines höheren Betrages für Nebenleistungen und Instandhaltungskosten als 20% des Pacht- oder Mietertrages Anspruch machen zu sollen, so steht ihm frei, die für ordnungsmäßige Instandhaltung (§ 32 Ziff. 1 d. A.) wirklich erforderlich gewesenen höheren Ausgaben nachzuweisen. Vgl. § 32 Ziff. 1 d. A. Dabei ist es bedeutungslos, ob die notwendigen Arbeiten von ihm selbst oder durch entlohnte Arbeitskräfte geleistet worden sind.

10) Wird das Wahlrecht nach Zustellung des Veranlagungs- oder Feststellungsbescheides ausgeübt, so ist es nicht im Rechtsmittelverfahren durchzuführen, sondern es hat zunächst eine Berichtigung der Veranlagung stattzufinden. § 36 Ziff. 2 d. A. KommBer. S. 118.

Das Wahlrecht kann ausgeübt werden vor der Veranlagung, z. B. bei Einreichung der Vermögenserklärung oder auch nach der Veranlagung bis zum Ablauf der Frist für die Einlegung des ersten Rechtsmittels. Das einmal ausgeübte Wahlrecht kann aber nicht mehr rückgängig gemacht werden. § 36 Ziff. 1 d. A.

§ 18. Wertpapiere,[1]) die in Deutschland einen Börsenkurs[2]) haben, sind mit dem Kurswert, Forderungen, die in das Schuldbuch einer öffentlichen Körperschaft eingetragen sind, mit dem Kurswert der entsprechenden Schuldverschreibungen[3]) der öffentlichen Körperschaft anzusetzen.

Der Beitragspflichtige ist berechtigt, von dem Werte der mit Dividendenschein gehandelten Wertpapiere (§ 5) den Betrag in Abzug zu bringen, der für die seit Auszahlung des letzten Gewinns abgelaufene Zeit dem letztmalig verteilten Gewinn entspricht.[4])

1) Als Wertpapier bezeichnet man eine Urkunde, wenn die Ausübung und Übertragung des beurkundeten Rechts an die Innehabung der Urkunde geknüpft ist. Nach der Befugnis zur Geltendmachung des Rechts pflegt man zu unterscheiden:

Rektapapiere (z. B. Rektascheck),
wenn der im Papier Benannte oder sein nach allgemeinen Grundsätzen bestimmter Rechtsnachfolger,

Orderpapiere (z. B. Wechsel),
wenn der im Papier Benannte oder der durch Order des Benannten Legitimierte,

Inhaberpapiere (z. B. Reichsbanknote),
wenn jeder Inhaber des Papiers

zur Geltendmachung des Rechts aus dem Papier berechtigt ist.

2a) Die Anwendung der Börsenkurses setzt voraus, daß für das betreffende Wertpapier an einer deutschen Börse amtlich ein Kurs notiert wird. Das Gesetz bestimmt nicht, der Kurswert welcher Börse maßgebend sein soll. Es wird unbedenklich sein, den Kurs der dem Veranlagungsorte nächstgelegenen Börse als maßgebend anzusehen. Die A. z. pr. ErgstGes. bestimmt, daß, wenn die Notierung an mehreren Börsen stattfindet, die Bestimmung der maßgebenden Börse sich nach dem Geschäftsgebrauch des Veranlagungsorts richtet. Vgl. Art. 15 IV d. A. z. pr. ErgstGes.

2b) Besteht für das betreffende Papier in Deutschland ein Börsenkurs, so ist dieser entscheidend, ohne daß die Wahrscheinlichkeit eines Sinkens des Kurses durch das Angebot und den Verkauf größerer Posten berücksichtigt werden darf. Vgl. OVG. 6 27.

2c) Als Stichtag für den Kurswert gilt der 31. Dezember 1913. Die Festsetzung eines zurückliegenden Stichtages, die bei der Beratung des Gesetzentwurfs beantragt wurde, ist abgelehnt worden. KommBer. S. 88/89.

3) „Entsprechende" Schuldverschreibungen sind solche, deren Aushändigung der Gläubiger gegen Löschung seiner Forderung im Schuldbuch erlangen kann. Vgl. § 8 d. Reichsschuldbuchgesetzes v. 31. 5. 10; § 8 d. pr. Staatsschuldbuchgesetzes v. 27. 5. 10.

4) Für die Feststellung des wehrbeitragspflichtigen Vermögens wird durch den vom Reichstag hinzugefügten Abs. 2 des § 18 an-

geordnet, daß bei allen mit Dividendenschein gehandelten Wertpapieren von dem Kurswerte derjenige Betrag in Abzug zu bringen ist, der für die seit Auszahlung des letzten Gewinns abgelaufene Zeit dem letztmalig verteilten Gewinn entspricht.*

Bringt der Beitragspflichtige von dem Werte seiner mit Dividendenschein gehandelten Wertpapiere einen Gewinnbetrag in Abzug, so hat er die Wertpapiere, für welche der Abzug begehrt wird, nach Stückzahl oder Nennbetrag und Gattung besonders zu bezeichnen. Auf Wertpapiere, die Bestandteil eines Betriebsvermögens sind, findet die Vorschrift des § 18 Abs. 2 keine Anwendung. § 38 d. A.

§ 19. Bei Aktien ohne Börsenkurs, bei Kuxen, Anteilen an einer Bergwerksgesellschaft oder bei Anteilen einer Gesellschaft mit beschränkter Haftung ist der Verkaufswert der Aktien, Kuxen oder Anteile anzusetzen. Sofern ein solcher nicht zu ermitteln ist, ist der Wert der Aktie, des Kuxes oder Anteils unter Berücksichtigung des Gesamtvermögens der Gesellschaft oder Gewerkschaft und der in der Vergangenheit erzielten Gewinne nach freiem Ermessen zu schätzen.[1]) Hierbei bleiben diejenigen Beträge der Jahresgewinne unberücksichtigt, welche unter Zugrundelegung der ortsüblichen Preise als Entgelt für gelieferte Rohstoffe anzusehen sind.[2]) Im Streitfall soll die Veranlagungsbehörde die Schätzung des Wertes durch Sachverständige anordnen, die von der zuständigen Handelsvertretung oder der des nächstbelegenen Bezirkes zu ernennen sind.[3])

1a) Der § 19 hat gegenüber dem Regierungsentwurf eine wesentliche Umgestaltung erfahren. Nach der Vorlage sollte er wie folgt lauten:

---

* Als Tag der Auszahlung wird nicht der Tag zu gelten haben, an dem der Beitragspflichtige die Dividende faktisch abgehoben hat, sondern der Tag, an dem er die Auszahlung fordern konnte, also der Tag der Zahlbarkeit der Dividende.

„Bei Aktiengesellschaften oder Kommanditgesellschaften auf Aktien, deren Aktien keinen Börsenkurs haben, sowie bei Gesellschaften mit beschränkter Haftung gilt als Wert der Aktie oder des Gesellschaftsanteils der Teil des Gesellschaftsvermögens, welcher dem Bruchteil entspricht, den die Aktie oder der Gesellschaftsanteil vom Gesamtaktien- oder Stammkapital bildet. Zum Gesellschaftsvermögen gehört das gesamte nach den Vorschriften dieses Gesetzes zu ermittelnde Vermögen der Gesellschaft ohne Abzug des Aktien- oder Stammkapitals.“

Nach der Begründung bezweckte diese Fassung, die Feststellung des tatsächlichen (inneren) Wertes von Aktien, die keinen Börsenkurs haben, und von Geschäftsanteilen einer Gesellschaft mit beschränkter Haftung zu erleichtern, da sonst zu befürchten wäre, daß solche Aktien (namentlich von Familienaktiengesellschaften) und Geschäftsanteile nur mit dem oft erheblich unter dem wahren Werte bleibenden Nennwert zum Ansatz gelangen würden.

Die Kommission des Reichstags gestaltete den Paragraphen dahin um, daß bei Aktien ohne Börsenkurs, bei Kuxen, Anteilen an einer Bergwerksgesellschaft und bei Anteilen an einer Gesellschaft mit beschränkter Haftung zunächst der Verkaufswert der Aktien, Kuxe oder Anteile maßgebend sein solle. Sofern ein solcher nicht zu ermitteln ist, sollte als Wert der Aktie, des Kuxes oder des Anteils das Sechszehnzweidrittelfache des Durchschnitts der während der letzten drei Geschäftsjahre, oder bei kürzerer Dauer der Gesellschaft, der seit ihrem Bestehen verteilten Jahresgewinne gelten.

Das Plenum des Reichstags trug dann den erheblichen Angriffen Rechnung, denen in der öffentlichen Meinung diese Fassung der Kommission ausgesetzt gewesen war, und beschloß in Übereinstimmung mit der entsprechenden Vorschrift des Besitzsteuergesetzes in dritter Lesung die gegenwärtige Fassung. Dabei ist davon ausgegangen worden, daß das Sechzehnzweidrittelfache des Jahresgewinns in den Regelfällen zu hoch sein würde. Die anderweite Fassung hat also die Kommissionsfassung mildern, nicht etwa verschärfen wollen. Stenogr. Ber. über die 172. Sitzung des Reichstags v. 28. 6. 13 S. 5917.

1b) Nach § 19 ist also bei Aktien, welche an keiner deutschen Börse gehandelt werden, bei Kuxen, bei Anteilen an einer Bergwerksgesellschaft (es gibt mit juristischer Persönlichkeit durch besondere Verleihung ausgestattete Bergwerksgesellschaften, die bei dem Inkrafttreten des pr. allg. BergGes. v. 24. 6. 65 eine Gewerkschaft nicht waren, auf welche auch die im Berggesetz geregelte Gewerkschaftsform nicht Anwendung findet und bei denen daher auf die Gesellschaftsanteile die Vorschriften über Kuxe nicht maßgebend sind, z. B. die schlesische Bergwerksgesellschaft Giesches Erben, vgl. OVG. 3 9) sowie bei Anteilen einer Gesellschaft mit beschränkter Haftung in erster Linie der gemeine Wert (Verkaufswert) maßgebend. Erst wenn dieser nicht feststellbar ist, was verhältnismäßig selten der Fall sein wird, ist der Wert der Aktie, des Kuxes oder Anteils vom Beitragspflichtigen, bzw. von der Veranlagungsbehörde im Wege der Schätzung zu ermitteln. Die Schätzung hat als wesentliche Elemente zu berücksichtigen:

a) das Gesamtvermögen der Gesellschaft oder Gewerkschaft,
b) die in der Vergangenheit erzielten Gewinne.

Maßgebend für die Bewertung ist in letzter Linie das freie Ermessen der Veranlagungs- bzw. Rechtsmittelbehörde. Sten. Ber. über die 172. Sitzung des Reichstags v. 28. 6. 13 S. 5917.

1c) Der § 19 wird durch die Vorschriften in §§ 42 u. 60 d. Ges. ergänzt. Nach § 42 haben die Vorstände oder Geschäftsführer der in § 19 bezeichneten Gesellschaften, die ihren Sitz im Inland haben oder Vermögen im Inland besitzen, dem Beitragspflichtigen die erforderlichen Mitteilungen über den Wert seiner Aktien oder Gesellschaftsanteile zu machen.

Außerdem sind sie verpflichtet, der Veranlagungsbehörde auf Verlangen binnen einer Frist von vier Wochen eine Nachweisung einzureichen, welche enthält:

1. die Höhe des Grundkapitals oder der Stammeinlagen,
2. den Betrag der in den vorausgegangenen drei Jahren jährlich verteilten Gewinne,
3. die tatsächlichen Mitteilungen, die sie zur Schätzung des Wertes der Aktien, Anteile oder Kuxe beizubringen vermögen.

Diese Nachweisung muß mit der Versicherung, daß die Angaben nach bestem Wissen und Gewissen gemacht sind, versehen werden.

Die Verpflichteten können zur Abgabe der Nachweisung mit Geldstrafen bis zu fünfhundert Mark angehalten werden.

In § 60 d. Ges. sind unrichtige oder unvollständige Angaben in den in § 42 angeordneten Nachweisungen mit Strafe bedroht.

2) Hierunter werden namentlich diejenigen Vergütungen fallen, die bei den Gesellschaften m. b. H., welche Zuckerfabriken oder Zuckerraffinerien betreiben, den Mitgliedern für die Lieferung von Rüben und Melasse gewährt werden. Sie dürfen nur abgezogen werden bis zum ortsüblichen Preise. Denn darüber hinaus stellt die Vergütung, mag sie nun in bar oder in Rückständen der Rüben (Rübenköpfe, Schnitzel, Schwänze) bestehen, eine versteckte Dividende dar. Der ortsübliche Preis (örtliche Marktpreis) ist derjenige Preis, den eine Fabrik nach der Art ihres Betriebes und dem Umfang ihres Bedarfes innerhalb des Bezirks, aus dem ihr noch mit Vorteil für die Lieferanten Rüben zugeführt werden können, auszugeben hätte, wenn sie zu der betreffenden Zeit von Nichtmitgliedern ihr Rohmaterial erwürbe. Vgl. OVG. 2 241; 4 281. Nicht als verschleierte Dividende anzusehen ist aber der den örtlichen Marktpreis übersteigende Betrag der Vergütung für die Rübenlieferung der Aktionäre, soweit er als Entschädigung für die ungünstigeren Anbauungs- und Lieferungsbedingungen der Aktionäre gegenüber den Kaufrübenlieferanten anzusehen ist. Vgl. OVG. 4 281.

Werden bei der Feststellung des Marktpreises von Rüben die von anderen Fabriken gezahlten Preise herangezogen, so kommt es darauf an, wieviel diese anderen Fabriken für ihren ganzen Bedarf von Rüben im Durchschnitt pro Zentner gezahlt haben. Die Produktionskosten der Rüben lassen sich bei Festsetzung des Marktpreises der von den Gesellschaftern gelieferten Pflichtrüben nicht verwerten. Vgl. OVG. 15 332 ff.

3) An die Gutachten der von der Handelsvertretung benannten Sachverständigen ist die Veranlagungsbehörde aber nicht gebunden. KommBer. S. 90.

§ 20. Andere Kapitalforderungen und Schulden sind mit dem Nennwert anzusetzen, sofern nicht besondere Umstände die Veranschlagung nach einem vom Nennwert abweichenden höheren oder geringeren Werte begründen.[1])

Noch nicht fällige Ansprüche aus Lebens-, Kapital- und Rentenversicherungen kommen mit zwei Dritteln der Summe der eingezahlten Prämien oder Kapitalbeiträge, falls aber der Betrag nachgewiesen wird, für welchen die Versicherungsanstalt die Police zurückkaufen würde, mit diesem Rückkaufswert in Anrechnung.[2])

1) Im ersten Absatz des § 20 werden diejenigen Kapitalforderungen und Schulden behandelt, die nicht schon unter die beiden vorhergehenden §§ 18 und 19 fallen. KommBer. S. 91. In § 18 sind Bestimmungen gegeben für Wertpapiere aller Arten, die in Deutschland einen Börsenkurs haben, in § 19 für Aktien ohne Börsenkurs, für Kuxe, Anteile an einer Bergwerksgesellschaft und Anteile einer Gesellschaft mit beschränkter Haftung. Alle nicht in §§ 18 und 19 erwähnten Kapitalforderungen und Schulden, welche überhaupt einen Nennwert haben, werden mit diesem Nennwert angesetzt, sofern nicht besondere Umstände die Veranschlagung nach einem vom Nennwert abweichenden höheren oder geringeren Werte begründen. Unter § 20 fallen insbesondere Wertpapiere (außer Aktien, siehe § 19) ohne Börsenkurs, Darlehnsforderungen, Bankguthaben, Sparkassenguthaben. Sie sind nach dem Nennwert anzusetzen, sofern nicht besondere Umstände die Veranschlagung nach einem von diesem abweichenden höheren oder geringeren Werte begründen. So wird z. B. eine Hypothekenforderung, deren Realisierung wegen Insuffizienz des Grundstücks und Zahlungsunfähigkeit des Schuldners zweifelhaft ist, nur nach ihrem gegenwärtigen minderen Verkaufswert, und wenn dieser nachweisbar gleich Null ist, gar nicht zu bewerten sein. Vgl. § 30 Abs. 2 d. Ges. u. Anm. 2 dazu. Ebenso gehören hierher die Wechsel. Sie sind

gleichfalls nach dem Nennwert anzusetzen, aber bei diskontierten Wechseln ist der Diskont vom Nennwert zu kürzen, da er Zins, also Einkommen darstellt. (Vgl. KommBer. des pr. AbgH zu § 12 d. ErgstGes.) Ferner fallen unter § 20 die Geschäftsguthaben bei eingetragenen Genossenschaften. Sie sind keine Wertpapiere. Ihr Wert ist nach Maßgabe des letzten Geschäftsabschlusses zu ermitteln. Vgl. OVG. 6 149 Anm.; 7 358. Auch die Einlage des stillen Gesellschafters gehört hierher. Sie ist gleichfalls nach dem letzten Geschäftsabschluß des gewerblichen Unternehmens anzusetzen. Vgl. OVG. 6 149.

2a) Der dem Reichstag vorgelegte Gesetzentwurf wollte für die Bemessung des einmaligen Wehrbeitrags von der Besteuerung nichtfälliger Ansprüche auf Lebens-, Kapital- und Rentenversicherungen absehen, weil es sich dabei, wirtschaftlich betrachtet, mehr um einen künftigen Vermögensanfall handelt. Die Aufnahme des Abs. 2 des § 20 ist auf Anregung des Reichstags zurückzuführen. Zu vgl. Sten. Ber. über die 169. Sitzg. des Reichstags v. 25. 6. 13 S. 5792 f.

2b) Vgl. Anm. 10a ff. zu § 5 d. Ges.

2c) Bereits fällige Ansprüche aus Versicherungen aller Art, einschließlich der Versicherungen gegen Unfälle und Sachbeschädigungen kommen in Anrechnung: wenn ein Kapital versichert ist, gemäß § 20 Abs. 1; wenn es sich um eine (nicht nach § 6 steuerfreie) Rente handelt, gemäß §§ 21—23 d. Ges.

Der § 20 Abs. 2 bezieht sich nur auf nichtfällige Ansprüche, setzt also voraus, daß der Termin oder das Ereignis, von dessen Eintritt der Anspruch durch die Zahlung des Kapitals oder der ersten Rente abhängt, noch nicht eingetreten ist. Er findet keine Anwendung auf Ansprüche aus einer Unfall- oder Krankenversicherung, sowie auf Versicherungen gegen Sachbeschädigung (Feuer-, Vieh-, Hagelversicherung usw.).

2d) Als beitragspflichtiges Vermögen kommt in Ansatz entweder

a) zwei Drittel der seit dem Beginne der Versicherung — gleichviel von wem — eingezahlten Prämien oder Kapitalbeiträge, wobei die dem Versicherten vergüteten oder angerechneten Dividenden in Abzug gebracht werden dürfen, oder

b) der Rückkaufswert, d. h. der volle Betrag, für welchen die Versicherungsanstalt die Police zurückkaufen würde.

Unter dem „Rückkaufswert" im Sinne der Bestimmung zu b ist nicht jeder zwischen den Beteiligten willkürlich vereinbarte Scheinpreis, sondern nur der wirkliche, nach den Regeln der Versicherungstechnik berechnete Rückkaufswert zu verstehen, welchen die Versicherungsanstalt nach Maßgabe der in ihren Statuten, Versicherungsbedingungen oder Prospekten aufgestellten allgemeinen Grundsätze im einzelnen Falle zu gewähren bereit ist.

Der Ansatz erfolgt nach der Berechnung zu a, falls nicht der Rückkaufswert nachgewiesen wird. Dieser Nachweis steht sowohl dem Beitragspflichtigen als auch der Veranlagungsbehörde offen. Soweit die Statuten, Prospekte oder allgemeinen Bedingungen der Versicherungsanstalten überhaupt den Rückkauf der Policen unter gewissen Voraussetzungen in Aussicht stellen, besteht der Rückkaufswert in der Regel in einer Quote (häufig 75 %) des Anteils, der von dem Deckungskapitale (Prämienreserve) der Anstalt zur Zeit des Rückkaufs nach den Regeln der Versicherungstechnik auf die betreffende Versicherung entfällt. Vielfach wird jene Quote je nach Dauer und Art der Versicherung verschieden bemessen. Eine allgemeine Regel für die Berechnung des Rückkaufswerts läßt sich deshalb nicht aufstellen. Die Höhe desselben hängt einerseits von den Statuten und Einrichtungen der betreffenden Anstalt, andererseits von der besonderen Lage des einzelnen Versicherungsfalls ab. Sofern es sich nicht um Versicherungen „mit Rückgewähr" oder um bereits sehr lange in Kraft bestehende Versicherungen handelt, kann in der Regel vorausgesetzt werden, daß der Rückkaufswert die Summe der bereits geleisteten Einzahlung nicht erreicht. Vgl. Art. 16 d. A. z. pr. ErgstGes. u. Anm. 13 dazu.

2e) Bei allen Pflichtigen, von deren Einkommen zum Zwecke der Einkommensteuerveranlagung eine Lebensversicherungsprämie in Abzug gebracht worden ist (§ 8 II Nr. 4 des pr. EinkStG.) bedarf es der Prüfung, mit welchem Betrage der Anspruch aus der Versicherung dem beitragspflichtigen Vermögen hinzuzurechnen ist.

Fehlen die nötigen Unterlagen, um den Rückkaufswert der Police zu bestimmen, so bleibt der durch Beibringung einer entsprechenden Bescheinigung der Versicherungsanstalt zu führende Nachweis des Rückkaufswerts dem Beitragspflichtigen überlassen.

Die amtlichen Ermittelungen sind in der Regel auf die mit zwei Dritteln des Gesamtbetrags anzurechnende Summe der eingezahlten Prämien- bzw. Kapitalbeiträge zu richten. Aus dem Lebensalter der beteiligten Beitragspflichtigen wird in vielen Fällen auf die bereits verflossene ungefähre Dauer des Versicherungsvertrags geschlossen und hiernach die wahrscheinliche Gesamthöhe der Prämienzahlungen wenigstens innerhalb gewisser Grenzen annähernd geschätzt werden können. Vgl. Art. 28 III d. A. z. pr. ErgstGes.

§ 21. Der Gesamtwert der auf bestimmte Zeit beschränkten Nutzungen oder Leistungen ist unter Abrechnung der Zwischenzinsen durch Zusammenzählung der einzelnen Jahreswerte zu berechnen. Der Gesamtwert darf den zum gesetzlichen Zinssatz kapitalisierten Jahreswert nicht übersteigen.

Immerwährende Nutzungen oder Leistungen sind mit dem Fünfundzwanzigfachen des einjährigen Betrags, Nutzungen oder Leistungen von unbestimmter Dauer vorbehaltlich der Vorschriften der §§ 22, 23 mit dem Zwölfundeinhalbfachen des einjährigen Betrags zu veranschlagen.[1])

1a) „Nutzungen sind die Früchte einer Sache oder eines Rechtes, sowie die Vorteile, welche der Gebrauch der Sache oder des Rechtes gewährt." § 100 BGB.

Der Begriff der Leistung umfaßt ein Tun oder ein Unterlassen, das von dem Schuldner zu fordern der Gläubiger kraft des Schuldverhältnisses berechtigt ist. § 241 BGB.

Nach den Bestimmungen im § 21 d. Ges. sind für die Bewertung zu unterscheiden:

a) auf bestimmte Zeit beschränkte Nutzungen oder Leistungen,

b) immerwährende Nutzungen oder Leistungen,

c) Nutzungen und Leistungen von unbestimmter Dauer.

Besonders behandelt werden in den §§ 22 und 23 die Fälle, wo Renten oder andere Nutzungen und Leistungen auf die Lebenszeit einer oder mehrerer Personen beschränkt sind.

1b) Auf bestimmte Zeit beschränkte Nutzungen oder Leistungen sind solche, deren Ende entweder zeitlich bestimmt ist, oder von Umständen abhängt, die eine hinlänglich sichere Schätzung der Dauer zulassen. (Urt. d. RG. v. 18. 1. 07, Jur. Wochenschr. 43 157.) Um den Kapitalwert solcher Nutzungen oder Leistungen festzustellen, werden die Jahreswerte zunächst um die Zwischenzinsen gekürzt und dann zusammengerechnet. Bei nur einjähriger oder noch kürzerer Dauer des Rechtes werden Zwischenzinsen nicht abgerechnet. Eine Tabelle, welche den gegenwärtigen Kapitalwert (nach Abrechnung der Zwischenzinsen) einer Rente oder Nutzung im Werte von 1 ℳ auf eine bestimmte Anzahl von Jahren ergibt, ist den Erbschaftssteuer-Ausführungsbestimmungen und gleichlautend dem § 13 IV des pr. ErgStGes. beigefügt und im Anhang 1 dieses Buches abgedruckt. Übersteigt die durch Zusammenrechnung der um die Zwischenzinsen gekürzten Jahreswerte das Fünfundzwanzigfache des Jahreswerts (den zum gesetzlichen Zinssatz kapitalisierten Jahreswert), so wird die gefundene Summe auf diesen herabgesetzt. Ist die Dauer des Rechts noch außerdem durch die Lebenszeit einer oder mehrerer Personen bedingt, so darf der nach §§ 22, 23 zu berechnende Kapitalwert nicht überschritten werden. Ist die Zeit bei längerer Dauer der Nutzung oder Leistung als ein Jahr nicht auf volle Jahre bestimmt, so ist zu dem in der Tabelle bei der Zahl des letzten vollen Jahres vermerkten Betrage so viel hinzuzuzählen, wie von dem Unterschied zwischen dieser Zahl und der Zahl für das nächstfolgende Jahr auf den Bruchteil des Jahres entfällt. Beispiel siehe in Anm. 1 f zu diesem Paragraphen.

1c) Immerwährende Nutzungen oder Leistungen sind solche, deren Aufhören nach dem gewöhnlichen Laufe der Dinge nicht erwartet werden kann; Nutzungen oder Leistungen von **unbestimmter Dauer** sind solche, deren Erlöschen zwar in absehbarer Zeit zu erwarten ist, bei denen aber der Zeitpunkt des Wegfalls so unbestimmt ist, daß die Dauer des Rechtes auch nicht annähernd geschätzt werden kann. Vgl. RGZ. 24 373. Immerwährende Nutzungen oder Leistungen werden mit dem Fünfundzwanzigfachen des Jahreswerts, Nutzungen und Leistungen von unbestimmter Dauer mit dem Zwölfundeinhalbfachen des Jahreswerts in Ansatz gebracht. Die Ansetzung des Wertes von Nutzungen oder Leistungen von unbestimmter Dauer mit dem Zwölfundeinhalbfachen des Jahreswerts ist aber ausgeschlossen, wenn die Dauer des Rechtes durch die Lebenszeit einer oder mehrerer Personen bedingt ist und hiernach gemäß §§ 22, 23 d. Ges. ein anderer Kapitalwert zu berechnen ist.

1d) Der **Jahreswert** der einzelnen Nutzung bzw. Leistung bestimmt sich nach deren gemeinem Werte, d. h. nach demjenigen Werte, den die Nutzung bzw. Leistung für jedermann haben kann. Es sind also für die Bestimmung nur objektive Gesichtspunkte maßgebend. So kommt es z. B. bei der Ermittlung des Wertes eines Rechtes zur Benutzung eines landwirtschaftlichen Grundstücks nicht auf die Wirtschaftsführung und den davon abhängigen Ertrag des Auszüglers, sondern auf den Ertrag an, der bei gemeingewöhnlicher Bewirtschaftung dauernd von jedermann erzielt werden kann. Ebenso ist es unerheblich, wozu ein Auszügler das Viehfutter, das Brotgetreide usw. verwendet. Es ist lediglich der gemeine Wert, das ist der Verkaufswert dieser Gegenstände, maßgebend. Vgl. OVG. 7 194.

Bei der Ermittlung des Kapitalwerts des Nießbrauchrechts an einem Grundstück ist stets der Geldwert der einjährigen Nutzung zugrunde zu legen. Die Zinsen, die der Verkaufspreis des Grundstücks im Falle einer Veräußerung des letzteren dem Verkäufer erbringen könnte, kommen dabei nicht in Betracht. Vgl. OVG. 10 361.

1e) Bergregale sind, soweit sie nicht Zubehör eines Gutes sind, als immerwährende Nutzungen zu betrachten und gemäß § 21 Abs. 2 d. Ges. zu veranschlagen. Die Auffassung, daß ein Bergwerksregal ein Recht von unbestimmter Dauer sei, weil es nur so lange einen Wert hat, als Fossilien vorhanden seien, hat das pr. OVG. für unhaltbar erklärt. OVG. 6 9 Anm.; KommBer. S. 91 f.

11) Einige Beispiele zur Erläuterung der Vorschriften des § 21:

a) Der Beitragspflichtige hat am 31. Dezember 1913 eine nicht unter die Befreiung des § 6 b. Ges. fallende Rente von jährlich 1000 ℳ auf 10 Jahre zu beziehen. Der Gesamtwert der Rente ist durch Zusammenrechnung der einzelnen Jahreswerte unter Abrechnung der Zwischenzinsen zu berechnen. Nach der im Anhang 1 des Buches abgedruckten Tabelle stellt sich der gegenwärtige Kapitalwert einer Rente von 1 ℳ auf 10 Jahre unter Abrechnung der Zwischenzinsen auf 8 ℳ 43,5 ₰. Der Kapitalwert der obigen Rente von 1000 ℳ beträgt sonach für die Feststellung des Wehrbeitrags 1000 × 8,435 ℳ = 8435 ℳ. Würde die Rente dem Beitragspflichtigen für 84 oder mehr Jahre zustehen, so würde ihr Kapitalwert in jedem Falle nur 25000 ℳ betragen, da bei 84- und mehrjähriger Dauer der Kapitalwert einer Rente von 1 ℳ sich auf 25 ℳ stellt und nach der Vorschrift in § 21 Abs. 1 der Gesamtwert der Rente den zum gesetzlichen Zinssatz von 4% kapitalisierten Jahreswert nicht übersteigen darf. Beträgt die Dauer einer Rente von 1000 ℳ 9 Jahre 80 Tage, so wäre mit Hilfe der Tabelle folgende Rechnung aufzustellen: Unterschied zwischen (10. Jahr) 8,435 und (9. Jahr) 7,733 = 0,702. Hiervon $^{80}/_{360}$ = 0,156. So ergibt sich folgender Ansatz: 0,156 + 7,733 = 7,889 × 1000 = 7889 ℳ.

b) Dem Beitragspflichtigen steht eine Rente von 1000 ℳ bis zu seiner Verheiratung zu. Sie ist, als Nutzung von unbestimmter Dauer, mit dem Zwölfundeinhalbfachen von 1000 ℳ = 12500 ℳ anzusetzen. Würde ihm die Rente von 1000 ℳ auf Lebenszeit seiner ältesten Tochter zustehen, die am 31. Dezember 1913 zwölf Jahre alt ist, so wäre sie zwar auch eine Nutzung von unbestimmter Dauer, aber nicht mit dem Zwölfundeinhalbfachen, sondern nach § 22 b. Ges. mit dem 18fachen von 1000 ℳ = 18000 ℳ anzusetzen. Wäre dagegen die Tochter am 31. Dezember 1913 bereits mehr als 55 Jahre, aber nicht mehr als 65 Jahre alt, so käme nur das 8½fache von 1000 ℳ = 8500 ℳ zum Ansatz.

c) Der Beitragspflichtige besitzt ein Bergwerksregal von immerwährender Dauer, dessen einjähriger Betrag sich auf 1000 ℳ stellt. Anzurechnen ist das Fünfundzwanzigfache von 1000 ℳ = 25000 ℳ.

§ 22. Der Wert von Renten[1]) oder anderen[2]) auf die Lebenszeit einer Person[3]) beschränkten Nutzungen und Leistungen bestimmt sich nach dem Lebensalter[4]) der Person, mit deren Tode das Recht erlischt.

Als Wert wird angenommen[5]) bei einem Alter

1.			bis zu	15	Jahren	das	18 fache,
2.	von mehr als	15	„ „	25	„	„	17 „ ,
3.	„ „ „	25	„ „	35	„	„	16 „ ,
4.	„ „ „	35	„ „	45	„	„	14 „ ,
5.	„ „ „	45	„ „	55	„	„	12 „ ,
6.	„ „ „	55	„ „	65	„	„	$8^1/_2$ „ ,
7.	„ „ „	65	„ „	75	„	„	5 „ ,
8.	„ „ „	75	„ „	80	„	„	3 „ ,
9.	„ „ „	80			„	„	2 „

des Wertes der einjährigen Nutzung.

1) Eine Rente, zu deren Gewährung auf die Lebensdauer des Gläubigers sich der Schuldner verpflichtet hat, ist eine Leibrente. Das BGB. behandelt die Leibrente in den §§ 759—761.

2) Hierher gehören zum Beispiel Nießbrauchsrechte. „Eine Sache kann in der Weise belastet werden, daß derjenige, zu dessen Gunsten die Belastung erfolgt, berechtigt ist, die Nutzungen der Sache zu ziehen (Nießbrauch)." § 1030 BGB. „Gegenstand des Nießbrauchs kann auch ein Recht sein." § 1068 BGB. Das BGB. behandelt den Nießbrauch an Sachen in den §§ 1030—1067, den Nießbrauch an Rechten in den §§ 1068—1084.

Ferner gehört hierher das sog. Leibgedinge, vgl. Anm. 2b zu § 10. Nicht hierher gehört dagegen das Nutznießungsrecht des Ehemanns am Vermögen der Ehefrau und das auf der elterlichen Gewalt beruhende Nutznießungsrecht am Vermögen des Kindes. Vgl. Anm. 1c zu § 5 und Anm. 1 zu § 14 d. Ges.

Nicht hierher gehören ferner der Fideikommißbesitz, da der

Inhaber des Fideikommisses nicht als Nießbraucher, sondern als Eigentümer des Fideikommißvermögens gilt. § 9 d. Ges.

3) Die Person kann sowohl der Berechtigte selbst als auch eine andere Person sein.

4) Maßgebend ist das Lebensalter der betreffenden Person am 31. Dezember 1913. Bei der Berechnung des Lebensalters wird der Tag der Geburt mitgerechnet. § 187 Abs. 2 BGB. Ein am 31. Dezember 1898 Geborener hat also mit dem Ende des 30. Dezember 1913 das 15. Lebensjahr vollendet und ist am 31. Dezember mehr als 15 Jahre alt.

5) Die Wertannahmen entsprechen den Vorschriften des preußischen Ergänzungssteuergesetzes in § 13 II und sind niedriger als die bezüglichen Sätze des Reichserbschaftssteuergesetzes.

§ 23. Hängt die Dauer der Nutzung oder Leistung von der Lebenszeit mehrerer Personen ab, so ist maßgebend das Lebensalter der ältesten Person, wenn das Recht mit dem Tode der zuerst versterbenden Person erlischt, das Lebensalter der jüngsten Person, wenn das Recht mit dem Tode der letztversterbenden Person erlischt.[1] [2]

1) Der § 23 stimmt überein mit dem § 13 III des pr. ErgstGes. und mit § 19 des RErbschStGes.

2) Ist die Dauer des Rechtes von der Lebenszeit mehrerer Personen derartig abhängig, daß beim Tode des zuerst Versterbenden die Nutzung oder Leistung sich um einen Teil, z. B. um ein Drittel verringert, und erst beim Tode der letztversterbenden Person ganz aufhört, so ist die dem Überlebenden verbleibende Quote (in dem vorausgesetzten Falle zwei Drittel) des Jahreswertes der Gesamtnutzung nach dem Lebensalter der jüngeren, dagegen der beim Tode des Erstversterbenden fortfallende Teil (im vorausgesetzten Falle ein Drittel) nach dem Lebensalter der älteren der beiden beteiligten Personen zu kapitalisieren. Die Summe der so gefundenen Einzelbeträge bildet den beitragspflichtigen Kapitalwert der gesamten Nutzung. Vgl. Art. 18 III Abs. 2 d. A. z. pr. ErgstGes.

§ 24. Der einjährige Betrag der Nutzung einer Geldsumme[1]) ist zu vier vom Hundert anzunehmen, falls er nicht anderweit feststeht.

1) Der § 24 bezieht sich nur auf die Nutzung einer Geldsumme (Geldkapitals) und trifft Bestimmung für den Fall, daß deren Jahresbetrag nicht anderweit feststeht. Auf andere Nutzungen findet er keine Anwendung. Für diese ist der Betrag der Jahresleistung nach dem gemeinen Werte derselben zu bestimmen. Vgl. Anm. 1d zu § 21 d. Ges. Die Vorschrift des § 24 deckt sich mit der in Preußen bei der Feststellung des steuerpflichtigen Einkommens aus Kapitalvermögen üblichen Praxis. Nach Art. 8 II 3 d. A. z. pr. EinkstGes. wird gleichfalls, wenn der Zinsfuß, zu welchem ein Kapital genutzt wird, nicht genügend bekannt ist, falls nicht ein anderer Zinsfuß notorisch üblich ist, von der Annahme der Nutzung zu dem Zinsfuß von 4 v. H. ausgegangen. Dem Beitragspflichtigen ist der Nachweis einer geringeren Einnahme überlassen. Vgl. OVG. 1 11.

§ 25. Vom Kapitalwert unverzinslicher[1]) befristeter[2]) Forderungen und Schulden kommen für die Zeit bis zu ihrer Fälligkeit vier vom Hundert Jahreszinsen in Abzug.

1) Die Vorschrift des § 25 bezieht sich lediglich auf unverzinsliche Forderungen und Schulden. Darüber, ob bei verzinslichen Forderungen dem Kapitalwert etwa rückständige Zinsen hinzuzurechnen sind, enthält das Gesetz eine Bestimmung ebensowenig wie das pr. ErgstGes., aus dessen denselben Gegenstand behandelndem § 14 bei der Beratung des Entwurfs in der Kommission des Abgeordnetenhauses eine darauf bezügliche Bestimmung herausgestrichen worden ist. Vgl. Anm. 2d zu § 5 d. Ges.

2) Die Vorschrift des § 25 bezieht sich auch nur auf solche unverzinsliche Forderungen und Schulden, bei denen der Augenblick der Fälligkeit zeitlich bestimmt ist. Ist dagegen der Zeitpunkt der Fälligkeit ungewiß, so ist die Forderung oder die Schuld, da

ihre Existenz von einem Ereignis abhängt, das hinsichtlich des Zeitpunkts seines Eintritts ungewiß ist, nach §§ 30, 26 d. Ges. überhaupt unberücksichtigt zu lassen.

§ 26. Vermögen, dessen Erwerb von dem Eintritt einer aufschiebenden[1]) Bedingung abhängt, bleibt bei der Feststellung unberücksichtigt.[2])

1a) Aufschiebend ist eine Bedingung, wenn die Wirkung des Rechtsgeschäfts, dem sie beigefügt ist, erst mit dem Eintritt des künftigen ungewissen Ereignisses eintreten soll. Vgl. § 158 Abs. 1 BGB. Beispielsweise: A verspricht dem B, ihm ein Kapital von 10000 ℳ schenken zu wollen, wenn er sein Haus für 50000 ℳ verkaufen sollte. Die Schenkung wird erst mit dem Eintritt der Bedingung wirksam. Die 10000 ℳ bleiben bei der Vermögensfeststellung des B nach § 26 d. Ges. unberücksichtigt.

1b) Eine Ausnahme von der Regel des § 26, daß Vermögen, dessen Erwerb von dem Eintritt einer aufschiebenden Bedingung abhängt, bei der Feststellung unberücksichtigt zu bleiben hat, bilden die noch nicht fälligen Ansprüche aus Lebens-, Kapital- und Rentenversicherungen, welche nach § 20 Abs. 2 zu bewerten sind. Vgl. § 5 Nr. 6 und § 20 Abs. 2 d. Ges.

2) Das gleiche gilt von Schulden und Lasten, deren Existenz vom Eintritt einer aufschiebenden Bedingung abhängig ist. Siehe § 28 d. Ges. OVG. 5 335.

§ 27. Vermögen, das unter einer auflösenden Bedingung[1]) erworben ist, wird unbeschadet der Vorschriften über die Berechnung des Kapitalwerts der Nutzungen von unbestimmter Dauer (§ 21 Abs. 2, §§ 22, 23)[2]) wie unbedingt erworbenes behandelt.[3])

1) Auflösend ist eine Bedingung wenn die durch das Rechtsgeschäft, dem sie beigefügt ist, begründete Wirkung mit dem Eintritt des künftigen ungewissen Ereignisses wieder fortfallen soll. § 158 Abs. 2 BGB. Beispielsweise: A schenkt dem B 10000 ℳ

unter der Bedingung, daß er (A) sich nicht innerhalb 10 Jahren verheiraten wird. Mit dem Eintritt der Bedingung endigt die Wirkung des Rechtsgeschäfts von selbst, verheiratet sich A binnen 10 Jahren, so wird die Schenkung hinfällig. Nach der Vorschrift im § 27 werden dem B die 10000 ℳ bei der Vermögensfeststellung wie unbedingt erworbenes Vermögen angerechnet.

2) Die hier erfolgte besondere Erwähnung der Vorschriften über die Berechnung des Kapitalwertes der Nutzungen von unbestimmter Dauer ist augenscheinlich übernommen aus § 21 des Reichserbschaftssteuergesetzes. Sie hat hier wohl keine besondere Bedeutung, da hier nicht wie beim Erbschaftssteuergesetz spätere Erstattungen in Frage stehen. Sie will voraussichtlich nur ausdrücken, daß die Berechnung des Kapitalwerts der Nutzungen von unbestimmter Dauer endgültig nach den Vorschriften in den §§ 21 Abs. 2, 22 und 23 erfolgt, ohne Rücksicht auf die spätere tatsächliche Dauer der Nutzung.

3) Das gleiche gilt von Schulden und Lasten, deren Fortbauer von einer noch nicht eingetretenen auflösenden Bedingung abhängt. Siehe § 29 d. Ges.

§ 28. Hängen Lasten, die den Wert des Vermögens vermindern, von dem Eintritt einer aufschiebenden Bedingung ab, so werden sie nicht berücksichtigt.

Den Lasten, die von einer aufschiebenden Bedingung abhängen, stehen zweifelhafte Lasten[1]) gleich.

1) Zweifelhafte Lasten sind solche, bei denen das Bestehen der Last an sich oder die Frage ungewiß ist, ob sie den Beitragspflichtigen treffen. Besteht solche Ungewißheit am 31. Dezember 1913, so bleiben die Lasten unberücksichtigt.

§ 29. Lasten, deren Fortbauer von einer auflösenden Bedingung abhängt, werden wie unbedingte vom Vermögen abgezogen, soweit nicht deren Kapitalwert nach § 21 Abs. 1, §§ 22, 23 zu berechnen ist.[1])

1) Beispielsweise ist eine Rente, die ein Beitragspflichtiger einer Arbeiterin, die in seiner Fabrik verunglückt ist, für den Fall, daß diese sich nicht verheiratet, für 10 Jahre zu bezahlen hat, zwar als unbedingte zu behandeln, aber als auf bestimmte Zeit beschränkte Leistung nach § 21 Abs. 1 zu berechnen. Ebenso wäre die Rente, wenn sie der Arbeiterin für den Fall, daß sie sich nicht verheiratet, auf Lebenszeit zu zahlen wäre, als unbedingt zu behandeln, aber nach den Bestimmungen in § 22 d. Ges. zu berechnen.

§ 30. Die Vorschriften der §§ 26 bis 29 gelten auch, wenn der Erwerb oder die Last von einem Ereignis abhängt, das nur hinsichtlich des Zeitpunkts seines Eintritts ungewiß ist.[1])

Unbeitreibliche Forderungen bleiben außer Ansatz.[2])

1) Es werden also Lasten, die erst bei Eintritt des künftigen, hinsichtlich seines Zeitpunkts noch ungewissen Ereignisses existent werden sollen, ganz außer Ansatz gelassen, dagegen Lasten, deren Wirksamkeit bei Eintritt des künftigen, hinsichtlich seines Zeitpunkts noch ungewissen Ereignisses endigen soll, so behandelt, als ob keinerlei Beschränkung hinsichtlich ihrer Dauer vorhanden wäre, also voll abgezogen. Aber auch hier tritt zutreffendenfalls Berechnung des Kapitalwerts des Erwerbes oder der Last nach den §§ 21 Abs. 1, 22, 23 d. Ges. ein. Beispielsweise: A hat dem B versprochen, ihm 10000 ℳ zu zahlen, wenn sein Vater stirbt. Dem A wird nichts abgerechnet, da § 28 d. Ges. sinngemäße Anwendung findet; ebensowenig wird dem B etwas angerechnet, da für ihn § 26. d. Ges. in Betracht kommt. Oder A hat dem B versprochen, ihm jährlich 1000 ℳ zu zahlen, solange seine Frau lebt. Dem B wird der Wert der Rente nach Maßgabe des § 22 an-, dem A entsprechend abgerechnet, da § 27 bzw. § 29 bzw. § 30 sinngemäße Anwendung zu finden haben.

2) Unbeitreiblich ist eine Forderung nicht bloß nach fruchtloser Zwangsvollstreckung, sondern schon dann, wenn das Beitreibungsverfahren voraussichtlich ohne Erfolg sein würde. Vgl.

OVG. 5 192; 6 306. Bei der Beurteilung der Beitreiblichkeit einer Forderung sind lediglich die Vermögensverhältnisse des Schuldners zu berücksichtigen, bei hypothekarisch gesicherten Forderungen insbesondere die Werte der Pfandgrundstücke und die Höhe der voreingetragenen Schulden. Der Umstand, daß sich der Beitragspflichtige angeblich durch verwandtschaftliche Rücksichten von der gerichtlichen Beitreibung seiner Forderung abhalten läßt, hat außer Betracht zu bleiben. Vgl. OVG. 6 308 f.

§ 31. Als Einkommen[1]) im Sinne des § 1[2]) gilt das auf Grund der Landeseinkommensteuergesetze zuletzt vor oder gleichzeitig mit der Veranlagung des Wehrbeitrags festgestellte steuerpflichtige Einkommen.[3]) Als festgestellt wird das niedrigste Einkommen der Steuerstufe angenommen, in welcher der Steuerpflichtige zur Einkommensteuer veranlagt ist und, falls die Berücksichtigung persönlicher Verhältnisse zu einer Steuerermäßigung geführt hat, das niedrigste Einkommen der Steuerstufe, in welcher der Steuerpflichtige ohne diese Berücksichtigung zu veranlagen gewesen wäre.[4]) In den Bundesstaaten, in denen eine Einkommensteuer nicht eingeführt ist, trifft die Landesregierung Bestimmungen über die Ermittelung des Einkommens.

Von dem festgestellten Einkommen wird ein Betrag abgezogen, der einer Verzinsung von 5 vom Hundert des abgabepflichtigen Vermögens entspricht.[5])

Abgabefrei sind die nach Abs. 1 festgestellten Einkommen, welche den Betrag von fünftausend Mark nicht übersteigen, sowie die nach Abzug des gemäß Abs. 2 abgabefreien Teiles des Einkommens verbleibenden Restbeträge unter eintausend Mark.[6])

Wird nachgewiesen, daß sich das Einkommen zwischen der Erhebung des ersten und des zweiten oder letzten Drittels des Wehrbeitrags um mindestens 40 vom Hundert vermindert hat, so ist auf Antrag eine dem verbliebenen Einkommen entsprechende Ermäßigung der späteren Beitragsteile zu gewähren. Über das Ermäßigungsverfahren trifft der Bundesrat nähere Bestimmungen.[7])

1) Die Heranziehung des Einkommens zum Wehrbeitrag, wie sie die §§ 31, 32 ordnen, beruht auf wesentlich von der Regierungsvorlage abweichenden Beschlüssen des Reichstags. Nach dem Gesetzentwurf sollte bei den subjektiv steuerpflichtigen physischen Personen, die ein Einkommen von 50000 ℳ oder darüber haben, der Wehrbeitrag ohne Rücksicht auf Vorhandensein und Höhe des Vermögens mindestens 2 v. H. ihres Einkommens betragen. Zur Begründung dieses Vorschlags führten die Motive des Gesetzentwurfs folgendes aus:

„Die Höhe des Vermögens gewährt für sich allein keinen unbedingten Maßstab für die geringere oder größere Leistungsfähigkeit des Vermögensinhabers. Diese hängt auch von dem Einkommen des Besitzers, von der Ertragsfähigkeit des Vermögens und von mannigfachen sonstigen Umständen ab. Die eingehende Berücksichtigung der Ertragsfähigkeit und des Einkommens würde aber den Veranlagungsbehörden eine Summe von Mehrarbeit und den Bundesstaaten unverhältnismäßig hohe Veranlagungskosten verursachen. Dieses Mehr an Arbeit und Kosten ist aber schon um deswillen nicht gerechtfertigt, weil es sich nur um eine einmalige Abgabe handelt. Außerdem wäre die Veranlagung des Wehrbeitrags nicht so rasch zum Abschluß zu bringen, daß dem Reiche die Erträge aus dem Wehrbeitrage rechtzeitig zur Verfügung ständen. Man wird sich daher mit einem einfachen Beitragsmaßstabe begnügen müssen. Um Unbilligkeiten zu vermeiden, wenn zwar kleinere Vermögen zu einem Wehrbeitrage herangezogen werden, dagegen unter Umständen Personen mit hohem Einkommen freibleiben, ist in § 1 des Entwurfs weiter bestimmt, daß bei Einkommen von 50000 ℳ und darüber der Wehrbeitrag mindestens 2 v. H. des Einkommens betragen muß. Jemand, der ein Einkommen von 50000 ℳ hat, aber kein Vermögen besitzt, hat danach einen Wehrbeitrag von 1000 ℳ zu zahlen. Jemand, der ein Einkommen von 100000 ℳ und ein Vermögen von ebenfalls 100000 ℳ hat, hat einen Wehrbeitrag nicht in Höhe von 500 ℳ, sondern von 2000 ℳ zu entrichten. Gegen die ergänzungsweise Berücksichtigung niedrigerer Einkommen sprechen die bereits hervorgehobenen Veranlagungsschwierigkeiten. Außerdem ist die ausschließliche Besteuerung der Einkommen durch die Bundesstaaten ein derartig zwingendes Gebot der Selbsterhaltung, daß ihre, wenn auch ausnahmsweise und nur einmal, aber in erheblichem Umfang erfolgende Nutzbarmachung für das Reich grundsätzlichen Bedenken begegnet."

Bei der ersten Lesung in der Kommission des Reichstags wurde beschlossen, als beitragspflichtiges Vermögen auch ein Vielfaches des Einkommens anzurechnen, und zwar sollte Einkommen von nicht mehr als 50000 ℳ mit dem sechsfachen, von mehr als 50000 ℳ aber nicht mehr als 100000 ℳ mit dem achtfachen, von mehr als 100000 ℳ mit dem zehnfachen Betrage als beitragspflichtiges Vermögen angerechnet werden. Diese Regelung ist dann aber in der zweiten Lesung der Kommission zugunsten der in §§ 31, 32 enthaltenen, welche die Billigung des Plenums fand, aufgegeben worden.

2) Nur die nach § 10 beitragspflichtigen physischen Personen werden nach den Regeln der §§ 31, 32 auch vom Einkommen zum Wehrbeitrag herangezogen, nicht auch die nach § 11 d. Ges. beitragspflichtigen nichtphysischen Personen (Aktiengesellschaften und Kommanditgesellschaften auf Aktien), welche nur von den dort angegebenen Vermögensteilen beitragspflichtig sind.

3) Als Einkommen im Sinne der §§ 1 u. 31 des Ges. gilt in Preußen dasjenige Einkommen, das auf den Beitragspflichtigen für das Steuerjahr 1914 veranlagt wird. Maßgebend ist nicht das in der Steuerliste (Einkommensnachweisung) speziell festgestellte steuerpflichtige Einkommen, sondern nach Satz 2 des Abs. 1 des § 31 das niedrigste Einkommen der Steuerstufe, in welcher der Beitragspflichtige zur Landeseinkommensteuer veranlagt ist. Beispielsweise bei einem preußischen Beitragspflichtigen, dessen

Einkommen auf 2050 ℳ in der Steuerliste festgestellt ist, da die Stufe die Einkommen von mehr 1800 ℳ bis 2100 ℳ umfaßt, ein Einkommen von **mehr** als 1800 ℳ. Art. 4 Abs. 1 d. pr. A.

Ist ein Beitragspflichtiger in mehreren Bundesstaaten zur Einkommensteuer veranlagt, so ist das in den einzelnen Bundesstaaten festgestellte Einkommen (§ 31 Abs. 1 Satz 2) zusammenzurechnen. Dies gilt aber nicht für mehrere Einkommensteuerveranlagungen auf Grund der unbeschränkten Steuerpflicht. Vgl. §§ 42, 43 d. A.

4) Der Grund für diese Vorschrift ist darin zu suchen, daß durch § 33 d. Ges. besondere Kinderprivilegien für das Wehrbeitragsgesetz geschaffen sind, weshalb es angemessen erschien, die einzelstaatlichen, das Kinderprivileg berücksichtigenden Ermäßigungen auszuschalten. KommBer. S. 106.

Beispielsweise wird bei einem Beitragspflichtigen, dessen Einkommen bei der Veranlagung der preußischen Einkommensteuer auf mehr als 2400—2700 ℳ festgestellt ist, der aber auf Grund des § 19 des pr. EinkstGes. wegen Unterhalts von drei Kindern um zwei Stufen ermäßigt worden ist, gleichwohl mit einem Einkommen von mehr als 2400 ℳ, bei einem Steuerpflichtigen mit einem Einkommen von mehr als 6000—6500 ℳ, dem auf Grund des § 20 des pr. EinkstGes. wegen beeinträchtigter Leistungsfähigkeit Ermäßigung um drei Stufen zugebilligt worden ist, trotz dieser Ermäßigung mit einem Einkommen von mehr als 6000 ℳ gerechnet.

5) Durch diese Bestimmung soll aus dem Gesamteinkommen dasjenige Einkommen ausgesondert werden, welches vermutlich aus dem Vermögen stammt und schon durch die Heranziehung des Vermögens zum Wehrbeitrag betroffen wird. Zu vgl. § 44 d. A. Die Vorschrift wird auch dann anzuwenden sein, wenn das Vermögen zurzeit ertraglos ist.

6) Ein Beitragspflichtiger, der überhaupt nur ein Einkommen hat, welches den Betrag von 5000 ℳ nicht übersteigt, wird **vom Einkommen** zum Wehrbeitrag nicht herangezogen. Hat ein Beitragspflichtiger zwar mehr als 5000 ℳ Einkommen, sinkt dieses Einkommen aber durch den Abzug

von 5 v. H. des Vermögens (gemäß § 31 Abs. 2) auf nicht mehr als 5000 ℳ, so wird auch das Resteinkommen zum Wehrbeitrag herangezogen, soweit es 1000 ℳ erreicht oder übersteigt.

7) Das zweite und letzte Drittel des Wehrbeitrags vom Einkommen ist je auf Antrag zu ermäßigen, wenn sich das Einkommen des Beitragspflichtigen gegenüber dem für die Veranlagung des Wehrbeitrags gemäß § 31 Abs. 1 des Gesetzes festgestellten Einkommen um mindestens vierzig vom Hundert dieses Betrags vermindert hat. Für die Ermittelung des verminderten Einkommens gelten die gleichen Grundsätze wie für die erste Einkommensfeststellung. Maßgebend ist die landesrechtliche Feststellung des steuerpflichtigen Einkommens für das folgende und nächstfolgende Steuerjahr. Die geschuldeten Wehrbeitragsteile sind in demselben Verhältnis zu ermäßigen, in dem das verminderte Einkommen zu dem früheren steht. Ist das Einkommen unter den Betrag von dreitausend Mark gesunken, so ist der Wehrbeitragsteil ganz in Abgang zu stellen. Eine Ermäßigung findet nicht statt, wenn die Minderung des Einkommens nur durch einen vorübergehenden Wegfall der Einkommensquelle veranlaßt ist.

Im Falle des Todes eines Beitragspflichtigen findet eine Ermäßigung des Wehrbeitrags vom Einkommen auf Antrag der Erben statt, wenn nachweislich das Einkommen, das aus den mit dem Tode des Beitragspflichtigen nicht weggefallenen Einkommensquellen fließt, um mindestens vierzig vom Hundert geringer ist als das der Veranlagung zum Wehrbeitrage zugrundegelegte Einkommen des Beitragspflichtigen. Abs. 1 Satz 4, 5 findet Anwendung. § 47 Ziff. 1, 2 d. A.

Über das Ermäßigungsverfahren vgl. § 47 Ziff. 3, 4 d. A. Zuständig ist in Preußen der Vorsitzende der Veranlagungskommission, vgl. Art. 1 Ziff. 3 der pr. A.

§ 32. Die Abgabe vom Vermögen[1]) beträgt bei einem Vermögen bis zu 50000 Mark und bei größeren Vermögen

von den ersten	50000	Mark	0,15	vom Hundert,
von den nächsten angefangenen oder vollen	50000	„	0,35	„ „
„ „ „	100000	„	0,5	„ „
„ „ „	300000	„	0,7	„ „
„ „ „	500000	„	0,85	„ „
„ „ „	1000000	„	1,1	„ „
„ „ „	3000000	„	1,3	„ „
„ „ „	5000000	„	1,4	„ „
von den höheren Beträgen	. . . . .		1,5	„ „ .

Die Abgabe vom Einkommen[2]) beträgt bei einem Einkommen

von mehr als		bis zu			
		bis zu 10000	Mark	1	vom Hundert des Eink.,
10000	Mark	15000	Mark	1,2	„ „ „ „
15000	„	20000	„	1,4	„ „ „ „
20000	„	25000	„	1,6	„ „ „ „
25000	„	30000	„	1,8	„ „ „ „
30000	„	35000	„	2	„ „ „ „
35000	„	40000	„	2,5	„ „ „ „
40000	„	50000	„	3	„ „ „ „
50000	„	60000	„	3,5	„ „ „ „
60000	„	70000	„	4	„ „ „ „
70000	„	80000	„	4,5	„ „ „ „
80000	„	100000	„	5	„ „ „ „
100000	„	200000	„	6	„ „ „ „
200000	„	500000	„	7	„ „ „ „
500000	„	. . . . . .		8	„ „ „ „ .

Der Unterschied zwischen dem Beitrag, der zu zahlen wäre, wenn das Einkommen nur die vorangehende in Abs. 2 bezeichnete Grenze erreicht hätte, und zwischen dem Beitrag, der nach dem gesetzlichen Satze berechnet ist, wird nur insoweit erhoben, als er aus der Hälfte des jene Grenze übersteigenden Betrags des Einkommens gedeckt werden kann.[3])

1) Für die Abgabe vom Vermögen ergibt sich hiernach folgender Tarif:

Wehrbeitrag-Tarif für Vermögen.

Die Abgabe beträgt:

für Vermögen über 10000 ℳ	15,— ℳ	für Vermögen von und über	
für Vermögen von und über		32000 ℳ	48,— ℳ
		33000 „	49,50 „
11000 ℳ	16,50 „	34000 „	51,— „
12000 „	18,— „	35000 „	52,50 „
13000 „	19,50 „	36000 „	54,— „
14000 „	21,— „	37000 „	55,50 „
15000 „	22,50 „	38000 „	57,— „
16000 „	24,— „	39000 „	58,50 „
17000 „	25,50 „	40000 „	60,— „
18000 „	27,— „	41000 „	61,50 „
19000 „	28,50 „	42000 „	63,— „
20000 „	30,— „	43000 „	64,50 „
21000 „	31,50 „	44000 „	66,— „
22000 „	33,— „	45000 „	67,50 „
23000 „	34,50 „	46000 „	69,— „
24000 „	36,— „	47000 „	70,50 „
25000 „	37,50 „	48000 „	72,— „
26000 „	39,— „	49000 „	73,50 „
27000 „	40,50 „	50000 „	75,— „
28000 „	42,— „	51000 „	78,50 „
29000 „	43,50 „	52000 „	82,— „
30000 „	45,— „	53000 „	85,50 „
31000 „	46,50 „	54000 „	89,— „

Die Abgabe beträgt:

für Vermögen von und über		für Vermögen von über und	
55000 ℳ	92,50 ℳ	86000 ℳ	201,— ℳ
56000 „	96,— „	87000 „	204,50 „
57000 „	99,50 „	88000 „	208,— „
58000 „	103,— „	89000 „	211,50 „
59000 „	106,50 „	90000 „	215,— „
60000 „	110,— „	91000 „	218,50 „
61000 „	113,50 „	92000 „	222,— „
62000 „	117,— „	93000 „	225,50 „
63000 „	120,50 „	94000 „	229,— „
64000 „	124,— „	95000 „	232,50 „
65000 „	127,50 „	96000 „	236,— „
66000 „	131,— „	97000 „	239,50 „
67000 „	134,50 „	98000 „	243,— „
68000 „	138,— „	99000 „	246,50 „
69000 „	141,50 „	100000 „	250,— „
70000 „	145,— „	101000 „	255,— „
71000 „	148 50 „	102000 „	260,-- „
72000 „	152,— „	103000 „	265,— „
73000 „	155,50 „	104000 „	270,— „
74000 „	159,— „	105000 „	275,— „
75000 „	162,50 „	106000 „	280,— „
76000 „	166,— „	107000 „	285,— „
77000 „	169,50 „	108000 „	290,— „
78000 „	173,— „	109000 „	295,— „
79000 „	176,50 „	110000 „	300,— „
80000 „	180,— „	usw. für je 1000 ℳ	je 5 ℳ mehr
81000 „	183,50 „	für Vermögen von	
82000 „	187,— „	und über	
83000 „	190,50 „	120000 ℳ	350,— ℳ
84000 „	194,— „	130000 „	400,— „
85000 „	197,50 „	140000 „	450,— „

Die Abgabe beträgt:

für Vermögen von und über		für Vermögen von und über	
150000 ℳ	500,— ℳ	420000 ℳ	2290,— ℳ
160000 „	550,— „	430000 „	2360,— „
170000 „	600,— „	440000 „	2430,— „
180000 „	650,— „	450000 „	2500,— „
190000 „	700,— „	460000 „	2570,— „
200000 „	750,— „	470000 „	2640,— „
201000 „	757,— „	480000 „	2710,— „
usw. für je 1000 ℳ	je 7 ℳ mehr	490000 „	2780,— „
für Vermögen von und über		500000 „	2850,— „
		501000 „	2858,50 „
210000 ℳ	820,— ℳ	usw. für je 1000 ℳ	je 8,50 ℳ mehr
220000 „	890,— „	für Vermögen von und über	
230000 „	960,— „		
240000 „	1030,— „	600000 ℳ	3700,— ℳ
250000 „	1100,— „	700000 „	4550,— „
260000 „	1170,— „	800000 „	5400,— „
270000 „	1240,— „	900000 „	6250,— „
280000 „	1310,— „	1000000 „	7100,— „
290000 „	1380,— „	1001000 „	7111,— „
300000 „	1450,— „	usw. für je 1000 ℳ	je 11 ℳ mehr
310000 „	1520,— „	für Vermögen von und über	
320000 „	1590,— „		
330000 „	1660,— „	1100000 ℳ	8200,— ℳ
340000 „	1730,— „	1200000 „	9300,— „
350000 „	1800,— „	1300000 „	10400,— „
360000 „	1870,— „	1400000 „	11500,— „
370000 „	1940,— „	1500000 „	12600,— „
380000 „	2010,— „	1600000 „	13700,— „
390000 „	2080,— „	1700000 „	14800,— „
400000 „	2150,— „	1800000 „	15900,— „
410000 „	2220,— „	1900000 „	17000,— „

Die Abgabe beträgt:

für Vermögen von		für Vermögen von	
und über		und über	
2000000 M	18100,— M	6000000 M	71100,— M
2001000 „	18113,— „	7000000 „	85100,— „
usw. für je 1000 M	je 13 M mehr	8000000 „	99100,— „
für Vermögen von		9000000 „	113100,— „
und über		10000000 „	127100,— „
2100000 M	19400,— M	10001000 „	127115,— „
3000000 „	31100,— „	usw. für je 1000 M	je 15 M mehr
4000000 „	44100,— „		
5000000 „	57100,— „		
5001000 „	57114,— „		
usw. für je 1000 M	je 14 M mehr		

2) Folgende Beispiele sollen erläutern, wie hoch sich der Wehrbeitrag vom Vermögen und vom Einkommen im Einzelfalle unter Beachtung der Vorschriften in den §§ 12, 15 Abs. 3, 31, 32, 47 Abs. 3 d. Ges. stellt:

a) Ein Beitragspflichtiger besitzt am 31. Dezember 1913 ein Kapitalvermögen von 35000 M. Zur Einkommensteuer ist er nach einem Einkommen von 2050 M in der Stufe „mehr als 1800 bis 2100 M" veranlagt.

Da sein Einkommen mehr als 2000 M beträgt (der niedrigste Betrag der Stufe ist nur für § 31, nicht auch für § 12 Abs. 2 d. Ges. maßgebend) so ist sein Vermögen, obschon es weniger als 50000 M beträgt, da es 30000 M übersteigt (§ 12 Abs. 2) wehrbeitragspflichtig. Wehrbeitrag vom Einkommen selbst ist nicht zu erheben, da dieses den Betrag von 5000 M nicht übersteigt. Der Wehrbeitrag vom Vermögen beträgt 52 M 50 ₰, abgerundet 51 M.

b) Ein Beitragspflichtiger besitzt am 31. Dezember 1913 ein Kapitalvermögen von 25000 M, ein Grundvermögen von 35000 M, ein gewerbliches Betriebsvermögen von 25000 ℳ und hat abzugsfähige Schulden im Betrage von 20000 ℳ, so daß ein Reinvermögen von 65000 ℳ vorhanden ist. Zur Einkommensteuer ist er nach einem Einkommen von 2100 ℳ veranlagt.

Da das Vermögen mehr als 50000 ℳ beträgt, so ist es ohne Rücksicht auf die Höhe des Einkommens zum Wehrbeitrag nach dem Tarif heranzuziehen. Der Wehrbeitrag vom Vermögen beträgt sonach 127 ℳ 50 ₰ (§ 32 Abs. 1).

Vom Einkommen ist Wehrbeitrag nicht zu erheben, da Einkommen von nicht mehr als 5000 ℳ frei bleibt (§ 31 Abs. 3).

Die zu erhebenden Teilbeträge des Wehrbeitrags von 127 ℳ 50 ₰ sind auf Jahresbeträge von je 42 ℳ abzurunden (§ 47 Abs. 3, § 51).

c) Ein Beitragspflichtiger besitzt ein Kapitalvermögen von 10800 ℳ. Zur Einkommensteuer ist er nach einem Einkommen von 3100 ℳ veranlagt.

Er bleibt vom Wehrbeitrag ganz frei. Das in Betracht zu ziehende Kapitalvermögen beträgt zwar mehr als 10000 ℳ, ist jedoch wehrbeitragsfrei, da das Einkommen nicht mehr als 4000 ℳ beträgt. § 12 Abs. 2. Das Einkommen ist wehrbeitragsfrei, weil es nicht mehr als 5000 ℳ beträgt. § 31 Abs. 3.

d) Ein Beitragspflichtiger hat ein Grundvermögen von 60000 ℳ und darauf eine Schuldenlast von 29500 ℳ, so daß sein Reinvermögen 30500 ℳ beträgt. Zur Einkommensteuer ist er nach einem Einkommen von 3100 ℳ veranlagt.

Da sein Vermögen mehr als 30000 ℳ, das veranlagte Einkommen mehr als 2000 ℳ beträgt, so ist das Vermögen wehrbeitragspflichtig (§ 12 Abs. 2). Zum Wehrbeitrag ist es aber nach dem auf volle Tausende nach unten abgerundeten Betrage also nur mit 30000 ℳ heranzuziehen (§ 15 Abs. 3). Der tarifmäßige Wehrbeitrag beträgt 45 ℳ (§ 32 Abs. 1).

Das Einkommen ist wehrbeitragsfrei, da es 5000 ℳ nicht übersteigt (§ 31 Abs. 3). Die Jahresbeträge des Wehrbeitrags stellen sich auf je 15 ℳ.

e) Ein Beitragspflichtiger hat ein Kapitalvermögen von

25000 ℳ und ist zur Einkommensteuer nach einem Einkommen von 4100 ℳ veranlagt.

Da sein Einkommen mehr als 4000 ℳ beträgt, ist das Vermögen wehrbeitragspflichtig, da es 10000 ℳ übersteigt. Wehrbeitrag tarifmäßig 37 ℳ 50 ₰, abgerundet 36 ℳ. Das Einkommen selbst bleibt wehrbeitragsfrei, da es nicht mehr als 5000 ℳ beträgt. §§ 12 Abs. 1 u. 31 Abs. 3 d. Ges.

f) Ein Beitragspflichtiger hat 12500 ℳ Kapitalvermögen und ist zur Einkommensteuer nach einem Einkommen von 5300 ℳ in der Stufe „mehr als 5000 bis 5500 ℳ" veranlagt.

Das Vermögen ist zum Wehrbeitrag heranzuziehen, da es 10000 ℳ übersteigt und das Einkommen mehr als 4000 ℳ beträgt. Auf den abgerundeten Betrag von 12000 ℳ entfällt ein Wehrbeitrag von 18 ℳ.

Zur Ermittelung des Wehrbeitrags von Einkommen sind zunächst 5 % des wehrbeitragspflichtigen Vermögens (von 12000 ℳ) = 600 ℳ von dem in Betracht kommenden Einkommen von 5000 ℳ abzuziehen (§ 31 Abs. 2). Das verbleibende Einkommen von 4400 ℳ ist nach dem Tarif (§ 32 Abs. 2) mit 1 % wehrbeitragspflichtig, obschon es nach der Kürzung 5000 ℳ nicht übersteigt (§ 31 Abs. 3; siehe auch Anm. 6 zu § 31 d. Ges.). Der Wehrbeitrag vom Einkommen beträgt sonach 44 ℳ. Der Gesamtwehrbeitrag stellt sich auf 18 ℳ + 44 ℳ = 62 ℳ, die abgerundeten Jahresbeträge sind auf je 20 ℳ zu berechnen.

g) Ein Beitragspflichtiger hat ein Grundvermögen von 100000 ℳ und eine darauf lastende Schuld von 18500 ℳ. Zur Einkommensteuer ist er nach einem Einkommen von 5300 ℳ veranlagt.

Auf das beitragspflichtige Reinvermögen von abgerundet 81000 ℳ entfällt tarifmäßig ein Wehrbeitrag von 183 ℳ 50 ₰.

Zur Ermittlung des Wehrbeitrags vom Einkommen sind 5 % von 81000 ℳ = 4050 ℳ vom niedrigsten Einkommen der Steuerstufe = 5000 ℳ zu kürzen. Der Rest von 950 ℳ ist wehrbeitragsfrei, da er unter 1000 ℳ beträgt (§ 31 Abs. 3). Der Gesamtwehrbeitrag stellt sich sonach auf 183 ℳ 50 ₰ und die Jahresbeträge berechnen sich auf je 61 ℳ.

h) Ein Beitragspflichtiger besitzt ein Kapitalvermögen von 350000 ℳ. Zur Einkommensteuer ist er veranlagt nach einem Einkommen von 19000 ℳ in der Stufe von „mehr als 18500 bis 19500 ℳ“.

Vom Vermögen beträgt der Wehrbeitrag tarifmäßig 1800 ℳ (§ 32 Abs. 1). Vom Einkommen von 18500 ℳ (niedrigstes Einkommen der Stufe) sind 5 % des Vermögens = 17500 ℳ zu kürzen. Der Rest von 1000 ℳ ist wehrbeitragspflichtig mit 1 % = 10 ℳ, da er nicht unter 1000 ℳ beträgt (§ 31 Abs. 3).

Der Gesamtwehrbeitrag beträgt 1810 ℳ, die Jahresbeträge berechnen sich auf je 603 ℳ.

i) Ein Beitragspflichtiger hat ein Kapitalvermögen von 8000 ℳ und ist zur Einkommensteuer nach einem Einkommen von 75000 ℳ in der Stufe von „mehr als 74000 bis 76000 ℳ“ veranlagt.

Das Vermögen bleibt wehrbeitragsfrei, weil es 10000 ℳ nicht übersteigt (§ 12 Abs. 1).

Auf das zu berücksichtigende Einkommen von 74000 ℳ (§ 31 Abs. 1) entfällt ein Wehrbeitrag von 4,5 % = 3330 ℳ (§ 32 Abs. 2).

Mithin Gesamtwehrbeitrag 3330 ℳ, Jahresbeträge je 1110 ℳ.

k) Ein Beitragspflichtiger hat ein Kapitalvermögen von 19100 ℳ und ist zur Einkommensteuer veranlagt nach einem Einkommen von 37000 ℳ in der Stufe von „mehr als 36000 bis 38000 ℳ“.

Auf das 10000 ℳ übersteigende, auf 19000 ℳ abzurundende Vermögen entfällt tarifmäßig ein Wehrbeitrag von 28 ℳ 50 ₰.

Von dem niedrigsten Einkommen der Stufe (36000 ℳ) sind 5 % von 19000 ℳ = 950 ℳ zu kürzen, so daß ein Resteinkommen von 35050 ℳ verbleibt.

Auf dieses Resteinkommen würde tarifmäßig 2,5 v. H. Wehrbeitrag entfallen. Es kommt aber § 32 Abs. 3 zur Anwendung. Danach sind nur 2 % von 35000 ℳ = 700 ℳ zu erheben und dazu der Unterschied zwischen dem Beitrag, der zu zahlen wäre, wenn das Einkommen nur die vorangehende Grenze (mehr als 30000 bis 35000 ℳ = 2 % erreicht hätte und zwischen dem Beitrag, der nach dem gesetzlichen Satze berechnet ist, bis zur Hälfte des jene Grenze übersteigenden Betrags des Einkommens, also hier = 50/2 ℳ = 25 ℳ.

Der Wehrbeitrag beträgt sonach im ganzen 28 ℳ 50 ₰ + 700 ℳ + 25 ℳ = 753 ℳ 50 ₰, die Jahresbeträge berechnen sich auf je 251 ℳ.

3) Vgl. das Beispiel in Anm. 2k zu diesem Paragraphen.

§ 33. Gewährt der Beitragspflichtige, dessen Vermögen den Betrag von hunderttausend Mark oder dessen Einkommen den Betrag von zehntausend Mark nicht übersteigt, Kindern[1]) auf Grund gesetzlicher Verpflichtung (§§ 1601 bis 1615 BGB.)[2]) Unterhalt, so ermäßigt sich der Beitrag für das dritte und jedes folgende minderjährige Kind um 5 vom Hundert seines Betrags.[3])

Hat der Beitragspflichtige ein Vermögen von nicht mehr als zweihunderttausend Mark oder ein Einkommen von nicht mehr als zwanzigtausend Mark, so ermäßigt sich der Wehrbeitrag für den dritten und jeden weiteren Sohn, welcher seine gesetzliche Dienstpflicht beim Heere oder der Flotte abgeleistet hat, um je 10 vom Hundert seines Betrags. Die Beitragsermäßigung tritt auch ein, wenn die Ableistung der Dienstpflicht noch in den Jahren 1914, 1915 und 1916 erfolgt. Ist der Wehrbeitrag in diesem Falle bereits voll entrichtet, so ist der entsprechende Betrag dem Beitragspflichtigen auf Antrag zu erstatten.[4])[5])[6])

1) Nur minderjährige Kinder, nicht andere Angehörige kommen in Betracht.

2) Die Vorschriften in §§ 1601—1615 BGB. lauten wie folgt:

„§ 1601. Verwandte in gerader Linie sind verpflichtet, einander Unterhalt zu gewähren.

§ 1602. Unterhaltsberechtigt ist nur, wer außerstande ist, sich selbst zu unterhalten.

Ein minderjähriges unverheiratetes Kind kann von seinen Eltern, auch wenn es Vermögen hat, die Gewährung des Unterhalts insoweit verlangen, als die Einkünfte seines Vermögens und der Ertrag seiner Arbeit zum Unterhalte nicht ausreichen.

§ 1603. Unterhaltspflichtig ist nicht, wer bei Berücksichtigung seiner sonstigen Verpflichtungen außerstande ist, ohne Gefährdung seines standesmäßigen Unterhalts den Unterhalt zu gewähren.

Befinden sich Eltern in dieser Lage, so sind sie ihren minderjährigen unverheirateten Kindern gegenüber verpflichtet, alle verfügbaren Mittel zu ihrem und der Kinder Unterhalte gleichmäßig zu verwenden. Diese Verpflichtung tritt nicht ein, wenn ein anderer unterhaltspflichtiger Verwandter vorhanden ist; sie tritt auch nicht ein gegenüber einem Kinde, dessen Unterhalt aus dem Stamme seines Vermögens bestritten werden kann.

§ 1604. Soweit die Unterhaltspflicht einer Frau ihren Verwandten gegenüber davon abhängt, daß sie zur Gewährung des Unterhalts imstande ist, kommt die dem Manne an dem eingebrachten Gute zustehende Verwaltung und Nutznießung nicht in Betracht.

Besteht allgemeine Gütergemeinschaft, Errungenschaftsgemeinschaft oder Fahrnisgemeinschaft, so bestimmt sich die Unterhaltspflicht des Mannes oder der Frau Verwandten gegenüber so, wie wenn das Gesamtgut dem unterhaltspflichtigen Ehegatten gehörte. Sind bedürftige Verwandte beider Ehegatten vorhanden, so ist der Unterhalt aus dem Gesamtgute so zu gewähren, wie wenn die Bedürftigen zu beiden Ehegatten in dem Verwandtschaftsverhältnisse ständen, auf dem die Unterhaltspflicht des verpflichteten Ehegatten beruht.

§ 1605. Soweit die Unterhaltspflicht eines minderjährigen Kindes seinen Verwandten gegenüber davon abhängt, daß es zur Gewährung des Unterhalts imstande ist, kommt die elterliche Nutznießung an dem Vermögen des Kindes nicht in Betracht.

§ 1606. Die Abkömmlinge sind vor den Verwandten der aufsteigenden Linie unterhaltspflichtig. Die Unterhaltspflicht der Abkömmlinge bestimmt sich nach der gesetzlichen Erbfolgeordnung und dem Verhältnisse der Erbteile.

Unter den Verwandten der aufsteigenden Linie haften die näheren vor den entfernteren, mehrere gleich nahe zu gleichen Teilen. Der Vater haftet jedoch vor der Mutter; steht die Nutznießung an dem Vermögen des Kindes der Mutter zu, so haftet die Mutter vor dem Vater.

§ 1607. Soweit ein Verwandter auf Grund des § 1603 nicht unterhaltspflichtig ist, hat der nach ihm haftende Verwandte den Unterhalt zu gewähren.

Das gleiche gilt, wenn die Rechtsverfolgung gegen einen Verwandten im Inland ausgeschlossen oder erheblich erschwert ist. Der Anspruch gegen einen solchen Verwandten geht, soweit ein anderer Verwandter den Unterhalt gewährt, auf diesen über. Der Übergang kann nicht zum Nachteile des Unterhaltsberechtigten geltend gemacht werden.

§ 1608. Der Ehegatte des Bedürftigen haftet vor dessen Verwandten. Soweit jedoch der Ehegatte bei Berücksichtigung seiner sonstigen Verpflichtungen außerstande ist, ohne Gefährdung seines standesmäßigen Unterhalts den Unterhalt zu gewähren, haften die Verwandten vor dem Ehegatten. Die Vorschriften des § 1607 Abs. 2 finden entsprechende Anwendung.

Das gleiche gilt von einem geschiedenen unterhaltspflichtigen Ehegatten sowie von einem Ehegatten, der nach § 1351 unterhaltspflichtig ist.

§ 1609. Sind mehrere Bedürftige vorhanden und ist der Unterhaltspflichtige außerstande, allen Unterhalt zu gewähren, so gehen unter ihnen die Abkömmlinge den Verwandten der aufsteigenden Linie, unter den Abkömmlingen diejenigen, welche im Falle der gesetzlichen Erbfolge als Erben berufen sein würden, den übrigen Abkömmlingen, unter den Verwandten der aufsteigenden Linie die näheren den entfernteren vor.

Der Ehegatte steht den minderjährigen unverheirateten Kindern gleich; er geht anderen Kindern und den übrigen Verwandten vor. Ein geschiedener Ehegatte sowie ein Ehegatte, der nach § 1351 unterhaltsberechtigt ist, geht den volljährigen oder verheirateten Kindern und den übrigen Verwandten vor.

§ 1610. Das Maß des zu gewährenden Unterhalts bestimmt sich nach der Lebensstellung des Bedürftigen (standesmäßiger Unterhalt).

Der Unterhalt umfaßt den gesamten Lebensbedarf, bei einer der Erziehung bedürftigen Person auch die Kosten der Erziehung und der Vorbildung zu einem Berufe.

§ 1611. Wer durch sein sittliches Verschulden bedürftig geworden ist, kann nur den notdürftigen Unterhalt verlangen.

Der gleichen Beschränkung unterliegt der Unterhaltsanspruch der Abkömmlinge, der Eltern und des Ehegatten, wenn sie sich einer Verfehlung schuldig machen, die den Unterhaltspflichtigen berechtigt, ihnen den Pflichtteil zu entziehen, sowie der Unterhaltsanspruch der Großeltern und der weiteren Voreltern, wenn ihnen gegenüber die Voraussetzungen vorliegen, unter denen Kinder berechtigt sind, ihren Eltern den Pflichtteil zu entziehen.

Der Bedürftige kann wegen einer nach diesen Vorschriften eintretenden Beschränkung seines Anspruchs nicht andere Unterhaltspflichtige in Anspruch nehmen.

§ 1612. Der Unterhalt ist durch Entrichtung einer Geldrente zu gewähren. Der Verpflichtete kann verlangen, daß ihm die Gewährung des Unterhalts in anderer Art gestattet wird, wenn besondere Gründe es rechtfertigen.

Haben Eltern einem unverheirateten Kinde Unterhalt zu gewähren, so können sie bestimmen, in welcher Art und für welche Zeit im voraus der Unterhalt gewährt werden soll. Aus besonderen Gründen kann das Vormundschaftsgericht auf Antrag des Kindes die Bestimmung der Eltern ändern.

Im übrigen finden die Vorschriften des § 760 Anwendung.

§ 1613. Für die Vergangenheit kann der Berechtigte Erfüllung oder Schadensersatz wegen Nichterfüllung nur von der

Zeit an fordern, zu welcher der Verpflichtete in Verzug gekommen oder der Unterhaltsanspruch rechtshängig geworden ist.

§ 1614. Für die Zukunft kann auf den Unterhalt nicht verzichtet werden.

Durch eine Vorausleistung wird der Verpflichtete bei erneuter Bedürftigkeit des Berechtigten nur für den im § 760 Abs. 2 bestimmten Zeitabschnitt oder, wenn er selbst den Zeitabschnitt zu bestimmen hatte, für einen den Umständen nach angemessenen Zeitabschnitt befreit.

§ 1615. Der Unterhaltsanspruch erlischt mit dem Tode des Berechtigten oder des Verpflichteten, soweit er nicht auf Erfüllung oder Schadensersatz wegen Nichterfüllung für die Vergangenheit oder auf solche im voraus zu bewirkende Leistungen gerichtet ist, die zur Zeit des Todes des Berechtigten oder des Verpflichteten fällig sind.

Im Falle des Todes des Berechtigten hat der Verpflichtete die Kosten der Beerdigung zu tragen, soweit ihre Bezahlung nicht von dem Erben zu erlangen ist.

3) Folgende Beispiele dienen zur Erläuterung der Vorschrift in Abs. 1 des § 33:

a) Ein Beitragspflichtiger hat 12500 ℳ Kapitalvermögen und ist zur Einkommensteuer gemäß § 19 d. pr. EinkStGes. nach einem Einkommen von 5300 ℳ, unter Anwendung des § 19 d. pr. EinkSt-Ges., weil er vier minderjährige Kinder zu unterhalten hat, in der Stufe von „mehr als 4200 bis 4500 ℳ" (Ermäßigung um zwei Stufen) veranlagt worden.

Das Vermögen beträgt mehr als 10000 ℳ, das niedrigste Einkommen der Stufe, in welcher der Beitragspflichtige zur Einkommensteuer, ohne Berücksichtigung nach § 19 d. EinkStGes., zu veranlagen gewesen wäre (§ 31 Abs. 1), beträgt mehr als 4000 ℳ. Mithin ist das Vermögen nach § 12 Abs. 2 wehrbeitragspflichtig, und zwar mit der abgerundeten Summe von 12000 ℳ nach dem Tarif mit 18 ℳ.

Von dem für die Feststellung des Wehrbeitrags vom Einkommen in Betracht kommenden Einkommen von mehr als 5000 ℳ sind zunächst (nach § 31 Abs. 2) 5% des abgerundeten Vermögens von 12000 ℳ = 600 ℳ zu kürzen, so daß ein Einkommen von 4400 ℳ verbleibt. Dieses ist nach § 31 Abs. 3 wehrbeitragspflichtig, und zwar mit 1% = 44 ℳ.

Der Gesamtwehrbeitrag beträgt sonach 18 ℳ + 44 ℳ = 62 ℳ.

Nach § 33 Abs. 1 sind aber, da das Vermögen des Beitragspflichtigen den Betrag von 100000 ℳ und überdies sein Einkommen den Betrag von 10000 ℳ nicht übersteigt, davon zu kürzen 5% für das dritte und 5 % für das vierte vom Beitragspflichtigen zu unterhaltende minderjährige Kind, zusammen 10% = 6,20 ℳ. Der Wehrbeitrag ist daher nur auf 62 ℳ weniger 6,20 ℳ = 55 ℳ 80 ₰, jeder Jahresbeitrag auf 18 ℳ festzustellen.

b) Ein Beitragspflichtiger besitzt ein Grundvermögen von 100000 ℳ und eine darauf lastende Schuld von 18500 ℳ. Zur Einkommensteuer ist er nach einem Einkommen von 5300 ℳ unter Anwendung des § 19 d. EinkstGes., weil er fünf minderjährige Kinder zu unterhalten hat, in der Stufe von „mehr als 3900 bis 4200 ℳ" (Ermäßigung um drei Stufen) veranlagt worden.

Auf das beitragspflichtige Reinvermögen von abgerundet 81000 ℳ entfällt tarifmäßig ein Wehrbeitrag von 183 ℳ 50 ₰.

Zur Ermittlung des Wehrbeitrags vom Einkommen sind 5% von 81000 ℳ = 4050 ℳ vom niedrigsten Einkommen der Steuerstufe, in welcher der Beitragspflichtige ohne Berücksichtigung nach § 19 d. EinkstGes. zu veranlagen gewesen wäre (§ 31 Abs. 1), = 5000 ℳ zu kürzen, so daß ein Einkommen von 950 ℳ verbleibt. Dieses Resteinkommen ist wehrbeitragsfrei, da es unter 1000 ℳ beträgt.

Der Wehrbeitrag würde danach insgesamt 183 ℳ 50 ₰ betragen. Er ist aber, da das Vermögen des Beitragspflichtigen den Betrag von 100000 ℳ und überdies sein Einkommen den Betrag von 10000 ℳ nicht übersteigt, für das dritte, vierte und fünfte vom Beitragspflichtigen zu unterhaltende minderjährige Kind um je 5%, zusammen um 15% = 27 ℳ 52 ₰ zu kürzen und beträgt sonach nur 155 ℳ 28 ₰. Die Jahresbeträge berechnen sich auf je 51 ℳ.

4) Hat ein Beitragspflichtiger beispielsweise ein Kapitalvermögen von 10000 ℳ, ein Grundvermögen von 200000 ℳ, ein gewerbliches Betriebsvermögen von 100000 ℳ und eine Schuldenlast von 130000 ℳ, so daß sich sein Reinvermögen auf 180000 ℳ stellt, und ist er zur Einkommensteuer nach einem Einkommen von 20000 ℳ in der Stufe „mehr als 19500 bis 20500 ℳ" veranlagt, so würde sich, wenn zwei Söhne von ihm als Einjährig-Freiwillige gedient haben und zwei andere aktive Offiziere sind, folgende Berechnung des Wehrbeitrags ergeben:

Der Wehrbeitrag vom Vermögen von 180000 ℳ beträgt nach dem Tarif 650 ℳ. Von dem niedrigsten Einkommen der Stufe (19500 ℳ) werden 5% vom Vermögen (180000 ℳ) = 9000 ℳ abgezogen, dadurch ergibt sich ein beitragspflichtiges Einkommen von 10500 ℳ, das nach dem Tarif (§ 32 Abs. 2) mit 1,2% heranzuziehen ist. Der Wehrbeitrag vom Einkommen beträgt hiernach 126 ℳ, der Gesamtwehrbeitrag würde 650 ℳ + 126 ℳ = 776 ℳ betragen. Da der Beitragspflichtige ein beitragspflichtiges Vermögen von nicht mehr als 200000 ℳ und überdies ein Einkommen von nicht mehr als 20000 ℳ hat, so ermäßigt sich der Wehrbeitrag für ihn mit Rücksicht darauf, daß er vier Söhne hat, die ihre gesetzliche Dienstpflicht beim Heer abgeleistet haben, für den dritten und vierten Sohn um je 10%, zusammen um 20% = 155 ℳ 20 ₰ auf 620 ℳ 80 ₰, und die Jahresbeträge sind auf je 206 ℳ abzurunden.

5) Über Ermäßigung des Wehrbeitrags nach § 33 d. Ges. vgl. § 53 d. A.

6) Als Einkommen im Sinne des § 33 gilt nicht das zur (preuß.) Einkommensteuer veranlagte, sondern das tatsächlich vom Steuerpflichtigen bezogene Einkommen. § 53 Ziff. 3 d. A.

§ 34. Für die Veranlagung und Erhebung des Wehrbeitrags ist der Bundesstaat zuständig,[1]) in welchem der Beitragspflichtige seinen Wohnsitz[2]) oder in Ermangelung eines Wohnsitzes seinen gewöhnlichen Aufenthalt hat.

Bei mehrfachem Wohnsitz im Inland ist der dienstliche Wohnsitz[3]) vor einem anderen Wohnsitz, der Wohnsitz in dem Heimatstaate[4]) vor dem Wohnsitz in einem anderen Bundesstaat und, wenn keiner dieser Fälle vorliegt, der Wohnsitz an dem Orte maßgebend, an welchem der Beitragspflichtige sich vorwiegend aufhält.

Beitragspflichtige, welche zur Zeit der Veranlagung im Inland weder einen Wohnsitz noch ihren gewöhnlichen Aufenthalt haben, sind in dem Bundesstaate zu veranlagen, in welchem sie ihren letzten inländischen Wohnsitz oder Aufenthalt gehabt haben.

Der Bundesrat kann weitere Bestimmungen über die Zuständigkeit der Bundesstaaten zur Veranlagung und Erhebung des Wehrbeitrags erlassen. Er entscheidet auch auf Anrufen eines Bundesstaats, wenn zwischen mehreren Bundesstaaten Meinungsverschiedenheit über ihre Zuständigkeit herrscht.[5])

1) Der Wehrbeitrag ist nach dem Gesamtvermögen bzw. Gesamteinkommen einheitlich zu veranlagen. Vgl. §§ 42, 43 d. A. Die Beitragspflicht des einzelnen ist daher nur in einem Bundesstaate begründet, gleichviel ob er noch in anderen Bundesstaaten Vermögen, insbesondere Grund- oder Betriebsvermögen besitzt. Begr. des Ges. Entw. V Abs. 3. Bei der Veranlagung werden die in den verschiedenen Bundesstaaten befindlichen Vermögensteile zusammengerechnet. Vgl. § 2 d. A.

2) Zu vgl. Anm. 5 zu § 10 d. Ges.

3) Zu vgl. Anm. 7 zu § 10 d. Ges.

4) Heimatstaat ist jeder Staat, dessen Angehöriger der Beitragspflichtige ist. Vgl. OVG. 15 1. Besitzt ein Beitragspflichtiger die Staatsangehörigkeit in mehreren Bundesstaaten und besitzt er in jedem von diesen Wohnsitze, von denen keiner ein dienstlicher ist, so würde nach § 34 Abs. 2 derjenige Bundesstaat zur Ver-

anlagung des Wehrbeitrags zuständig sein, an welchem der Beitragspflichtige sich vorwiegend aufhält.

5) Vgl. Art. 76 der Verfassung des Deutschen Reichs.

§ 35. Die Landesregierung bestimmt die für die Veranlagung und Erhebung des Wehrbeitrags zuständigen Behörden.[1]) Sie bestimmt auch, ob und inwieweit zur Mitwirkung bei der Veranlagung und zur Erhebung des Wehrbeitrags Gemeinden und Gemeindeverbände heranzuziehen sind.

Der Bundesrat bestimmt die für die Veranlagung und Erhebung des Wehrbeitrags der Bundesfürsten zuständigen Behörden.

1) In Preußen sind die Einkommensteuer-Veranlagungskommissionen als für die Veranlagung des Wehrbeitrags zuständige Behörde bestimmt worden. Pr. A. Art. 1. Vgl. auch § 3 d. A. Sie sind für die einzelnen Veranlagungsbezirke gebildet. Im allgemeinen bildet jeder Kreis einen Veranlagungsbezirk. Es können aber auch innerhalb desselben Kreises mehrere Veranlagungsbezirke gebildet werden, was indessen bisher nur in wenigen Fällen geschehen ist. Die Veranlagungskommission besteht aus dem Landrat oder in einer Reihe von Fällen aus einem besonderen Kommissar als Vorsitzenden und aus Laienmitgliedern, die teils von der Regierung ernannt, teils von der Kreisvertretung (in Stadtkreisen von der Gemeindevertretung) aus den Einwohnern des Veranlagungsbezirks, unter möglichster Berücksichtigung der verschiedenen Arten des Einkommens auf die Dauer von sechs Jahren gewählt werden.

Die Zahl der ernannten und der gewählten Mitglieder wird für die einzelnen Veranlagungsbezirke mit Rücksicht auf deren Größe und auf die Einkommensverhältnisse der Einwohner von der Regierung in der Art bestimmt, daß die Zahl der ernannten Mitglieder einschließlich des Vorsitzenden die Hälfte der gewählten Mitglieder nicht überschreitet. Alle drei Jahre scheidet je die Hälfte der ernannten und der gewählten Mitglieder, und zwar bei ungerader Zahl das erstemal die größere Hälfte aus und wird durch neue Ernennungen bzw. Wahlen ersetzt; die Ausscheidenden können wieder ernannt bzw. gewählt werden.

Zu vgl. §§ 34, 35 d. pr. EinkStGes.

Die **Erhebung** des Wehrbeitrags ist in Preußen den Gemeinden übertragen worden, denen auch die unentgeltliche Einzelerhebung der Einkommensteuer und der Ergänzungssteuer für ihren Bezirk sowie die Abführung der erhobenen Beträge an die Staatskasse nach der AVO. v. 22. 1. 94 (GesS. S. 5) obliegt. Art. 1 Ziff. 5 d. pr. A.

Beide Anordnungen, sowie auch die Bestimmung der Behörden, die sonst noch für die Ausführung des Wehrbeitragsgesetzes in Funktion zu treten haben werden (z. B. Ermäßigungsverfahren § 31 letzter Absatz, Festsetzung von Geldstrafen zur Erzwingung der Abgabe der Vermögenserklärung, Festsetzung von Zuschlägen bei versäumter Abgabe der Vermögenserklärung § 38, Festsetzung der dem Beitragspflichtigen zur Last fallenden Kosten der Ermittelungen § 44, Rechtsmittelverfahren § 48, Stundungen § 52, Strafverfahren §§ 57 ff.), sind für Preußen durch die Allerhöchste Verordnung vom 7. Aug. 1913 (GesS. S. 371) getroffen worden. Vgl. auch Art. 1 d. pr. A.

§ 36. Zur Abgabe einer Vermögenserklärung ist verpflichtet, wer ein Vermögen von mehr als zwanzigtausend Mark, oder wer bei mehr als viertausend Mark Einkommen mehr als zehntausend Mark Vermögen hat.[1]) Der Bundesrat bestimmt die Fristen zur Abgabe der Vermögenserklärung.[2])

Die Veranlagungsbehörde ist berechtigt, von jedem Beitragspflichtigen (§§ 10 und 11) binnen einer von ihr festzusetzenden Frist, die mindestens zwei Wochen betragen muß, die Abgabe einer Vermögenserklärung zu verlangen.

Die Vermögenserklärung ist unter der Versicherung zu erstatten, daß die Angaben nach bestem Wissen und Gewissen gemacht sind.[3])[4])

1) Der § 36 regelt die Verpflichtung zur Abgabe einer Vermögenserklärung behufs Veranlagung des Wehrbeitrags. Es ist zu unterscheiden zwischen der obligatorischen Vermögenserklärung (Abs. 1) und derjenigen, welche erst auf eine ergehende besondere Aufforderung abzugeben ist (Abs. 2).

a) Die obligatorische Verpflichtung zur Abgabe einer Vermögenserklärung besteht für jeden subjektiv Beitragspflichtigen, der am 31. Dezember 1913 ein Vermögen von mehr als 20000 ℳ besitzt, ganz ohne Rücksicht auf die Höhe seines Einkommens.

Wer zwar weniger als 20000 ℳ, aber doch mehr als 10000 ℳ Vermögen besitzt, ist ebenfalls ohne besondere Aufforderung verpflichtet, eine Vermögenserklärung abzugeben, wenn er ein Einkommen von mehr als 4000 ℳ hat. Und zwar liegt ihm diese Verpflichtung ob, ohne Rücksicht darauf, ob er nach dem Landeseinkommensteuergesetze gehalten ist, eine Steuererklärung für 1914 abzugeben oder nicht, falls er nur tatsächlich ein für das Steuerjahr 1914 steuerpflichtiges Einkommen in Höhe von mehr als 4000 ℳ besitzt. Wer dagegen zwar für das Steuerjahr 1913 nach einem Einkommen von mehr als 4000 ℳ veranlagt ist, dagegen für das Steuerjahr 1914 ein Einkommen von nicht mehr als 4000 ℳ zu versteuern hat, wird zur Abgabe einer obligatorischen Vermögenserklärung nicht gehalten sein, wenn sein Vermögen auch 10000 ℳ, aber nicht 20000 ℳ übersteigt.

Ob die Verpflichtung aus § 36 Abs. 1 sich auch auf Aktiengesellschaften und Kommanditgesellschaften auf Aktien erstrecken soll, erscheint zweifelhaft, da diese weder Vermögen noch Einkommen in dem allgemein gebräuchlichen Sinne haben. Jedenfalls können sie aber nach § 36 Abs. 2 zur Abgabe einer Vermögenserklärung besonders aufgefordert werden.

b) Außerdem kann die Veranlagungsbehörde jede physische oder nichtphysische Person, von der sie voraussetzt, daß sie unter die Vorschriften der §§ 10, 11 über die subjektive Beitragspflicht fällt, zur Abgabe einer Vermögenserklärung besonders auffordern, und zwar ohne Rücksicht darauf, ob bei ihr tatsächlich ein Vermögen oder Einkommen in beitragspflichtiger Höhe vorhanden ist. Komm-Ber. S. 93/94. § 16 Ziff. 2 d. A. Art. 7 d. pr. A.

2) Als Frist für die Abgabe der Vermögenserklärung ist die Zeit vom 2. bis 15. Januar 1914 bestimmt. Die oberste Landesfinanzbehörde kann einen anderen Anfangs- und Endtermin festsetzen, doch muß die Frist mindestens zwei Wochen betragen und mit ihrem Anfang und ihrem Ende in den Monat Januar 1914 fallen. § 13 d. A. Für Preußen ist als Frist die Zeit vom 4. bis 20. Januar 1914 bestimmt. Art. 7 d. pr. A. Wegen Verlängerung der Frist vgl. § 17 d. A. u. Art. 7 Ziff. 9 d. pr. A. Verlängerung der Frist für Abwesende § 14 d. A., für Inhaber eines unter § 15 Abs. 2 d. Ges. fallenden Betriebs § 13 d. A. u. Art. 7 Ziff. 9 d. pr. A.

3) Die Abgabe dieser Versicherung und die unterschriftliche Vollziehung des Formulars der Vermögenserklärung dürfen nicht versäumt werden, da ohne sie die abgegebene Erklärung nicht als gültig angesehen werden wird.

4) Über Abgabe der Vermögenserklärung für einen nach dem 31 Dez. 1913, aber vor Abgabe der Vermögenserklärung verstorbenen Beitragspflichtigen siehe § 18 Ziff. 2 d. A., über Abgabe der Vermögenserklärung für die Ehefrau durch den Ehemann daselbst Ziff. 1.

§ 37. In der Vermögenserklärung hat der Beitragspflichtige seine Vermögensverhältnisse zu dem im § 15 bezeichneten Zeitpunkt klarzulegen und zu diesem Zwecke nach näherer Bestimmung des Bundesrats das gesamte Vermögen getrennt nach seinen einzelnen Bestandteilen unter Angabe ihres Wertes aufzuführen.[1])

Soweit die Vermögenswerte sich nicht aus dem Nenn- oder Kurswert oder dem Betrage der geleisteten Zahlungen ergeben, kann der Beitragspflichtige sich in der Vermögenserklärung auf die tatsächlichen Mitteilungen beschränken, die er behufs Schätzung des Wertes beizubringen vermag.[2])

1) Der Bundesrat hat das Formular vorgeschrieben, nach welchem die Vermögenserklärung abzugeben sein wird. Vgl. S. 186 ff. dieses Buchs und § 19 d. A.

2) In der Vermögenserklärung muß der Beitragspflichtige, insoweit der Wert seines Vermögens aus dem Nenn- oder Kurswert einzelner Vermögensteile hervorgeht, oder insoweit er aus einzelnen geleisteten Zahlungen bestimmbar ist, jedenfalls den Nenn- oder Kurswert und die Höhe der geleisteten Zahlungen angeben. Darüber hinaus aber ist er nur gehalten, diejenigen tatsächlichen Mitteilungen zu machen, die er beizubringen in der Lage ist, um der Veranlagungsbehörde Anhalt für die Schätzung seines Vermögens zu geben. Insoweit ist er also der Notwendigkeit einer eigenen Schätzung enthoben.

§ 38. Der Beitragspflichtige kann zur Abgabe der Vermögenserklärung mit Geldstrafen bis zu fünfhundert Mark angehalten werden.[1])

Dem Beitragspflichtigen, der die ihm nach § 36 obliegende Vermögenserklärung nicht rechtzeitig abgibt, kann ein Zuschlag von 5 bis 10 vom Hundert des geschuldeten Wehrbeitrags auferlegt werden.[2])[3])

1) Die Strafen können als Zwangsstrafen wiederholt werden, bis die Vermögenserklärung abgegeben wird. § 20 Ziff. 3 d. A.; Art. 1 Ziff. 3 d. pr. A.

2) Die Auferlegung des Zuschlags erfolgt unabhängig von der etwa nach Abs. 1 des § 38 festgesetzten Zwangsstrafe. Zuständig ist in Preußen der Vorsitzende der Veranlagungskommission; vgl. Art. 1 Ziff. 3 d. pr. A.

3a) Die Auferlegung wird nicht zu erfolgen haben, wenn die Versäumnis als entschuldbar anzusehen ist, insbesondere wenn die

Einhaltung der Frist durch Naturereignisse oder unabwendbare Zufälle verhindert war.

Ist eine Vermögenserklärung rechtzeitig bei der zuständigen Veranlagungsbehörde eingegangen, aber ihre Annahme wegen der mangelhaften Frankierung der Sendung verweigert worden, so gilt die Frist als gewahrt. Der Vorsitzende hätte, da die Annahme nahe lag, daß der Brief die Vermögenserklärung enthalten werde, den Brief annehmen und das Porto hinterher einziehen lassen sollen. Vgl. MittH. 52 25.

Ein innerhalb der Erklärungsfrist eingetretenes und bis zum Ablauf derselben andauerndes Behindertsein ist nicht deshalb ungeeignet, eine Säumnis entschuldbar erscheinen zu lassen, weil der Pflichtige vor Eintritt des Hindernisses seiner Erklärungspflicht genügen oder weil er die Aufstellung der Vermögenserklärung durch einen anderen bewirken lassen konnte. Vgl. OVG. 1 40.

Hat der Beitragspflichtige gegen die Veranlagung das zulässige Rechtsmittel eingelegt, so ist die Festsetzung des Zuschlags bis zur endgültigen Entscheidung auszusetzen. Maßgebend für die Höhe des Zuschlags ist der im Veranlagungs- oder Rechtsmittelverfahren endgültig festgestellte Wehrbeitrag.

3b) Der Zuschlag ist akzessorischer Natur, er wird daher zu ermäßigen sein, wenn eine Ermäßigung des Wehrbeitrags nach Maßgabe des § 31 Abs. 4 stattfindet. Eine Erhöhung dürfte dagegen nicht stattzufinden haben, wenn der Wehrbeitrag gemäß § 54 Satz 2 auf Grund neuer Unterlagen berichtigt wird. Vgl. MittH. 43 22.

3c) Der Zuschlag kann nur zum Wehrbeitrag des Beitragspflichtigen selbst erfolgen, nicht auch den etwaigen Vertreter des Steuerpflichtigen treffen, wenn dieser auch durch seine Unterlassung den Rechtsnachteil für den Pflichtigen verschuldet hat. Er ist aber aus dem gesamten Wehrbeitrag zu berechnen, nicht bloß aus dem auf das Vermögen entfallenden Teil. § 20 Ziff. 5 d. A.

§ 39. Die Veranlagungsbehörde prüft die Angaben in der Vermögenserklärung und stellt, gegebenenfalls nach

Vornahme der erforderlichen Ermittelungen, die Höhe des Vermögens fest.[1])

1) Ob Veranlassung gegeben ist, über die Angaben der Vermögenserklärung mit dem Beitragspflichtigen in Verhandlungen einzutreten, darüber entscheidet lediglich das Ermessen der Veranlagungsbehörde. Auch ohne Vornahme weiterer Ermittelungen und insbesondere ohne Erörterung der Angaben in der Vermögenserklärung mit dem Beitragspflichtigen kann die Veranlagungsbehörde bei der Feststellung der Höhe des Vermögens von den Angaben der Vermögenserklärung abweichen, ohne daß ihr deswegen ein Verfahrensmangel zur Last gelegt werden darf. Die Stellung der Veranlagungsbehörde gegenüber der Vermögenserklärung ist demnach eine wesentlich freiere als z. B. diejenige der preußischen Steuerbehörde gegenüber der Einkommensteuer-Steuererklärung oder der freiwillig abgegebenen Vermögensanzeige. Hier für den Wehrbeitrag prüft die Veranlagungsbehörde die Angaben der Vermögenserklärung, stellt, wenn und soweit sie es für erforderlich erachtet, Ermittelungen an und befindet dann nach völlig freiem Ermessen über die Höhe des beitragspflichtigen Vermögens, ohne an irgend eine Feststellungs- oder Schätzungsmethode gebunden zu sein. Vgl. § 21 d. A.; Art. 9 Ziff. 1 d. pr. A.

§ 40. Die Veranlagungsbehörde kann Zeugen und Sachverständige uneidlich vernehmen. Das Zeugnis oder Gutachten darf nur unter den Voraussetzungen verweigert werden, welche nach den Vorschriften der Zivilprozeßordnung (§§ 383 bis 385, 407, 408) zur Ablehnung eines Zeugnisses oder Gutachtens berechtigen.[1])[2])

Zeugen und Sachverständige können zur Abgabe des Zeugnisses oder Gutachtens mit Geldstrafen bis zu einhundertfünfzig Mark angehalten werden.[3])

1) Die zitierten Paragraphen der ZPO. haben folgenden Wortlaut:

„§ 383 (Abs. 1). Zur Verweigerung des Zeugnisses sind berechtigt:

1. der Verlobte einer Partei;
2. der Ehegatte einer Partei, auch wenn die Ehe nicht mehr besteht;
3. diejenigen, welche mit einer Partei in gerader Linie verwandt, verschwägert oder durch Adoption verbunden, oder in der Seitenlinie bis zum dritten Grade verwandt oder bis zum zweiten Grade verschwägert sind, auch wenn die Ehe, durch welche die Schwägerschaft begründet ist, nicht mehr besteht;
4. Geistliche in Ansehung desjenigen, was ihnen bei der Ausübung der Seelsorge anvertraut ist;
5. Personen, welchen kraft ihres Amtes, Standes oder Gewerbes Tatsachen anvertraut sind, deren Geheimhaltung durch die Natur derselben oder durch gesetzliche Vorschrift geboten ist, in betreff der Tatsachen, auf welche die Verpflichtung zur Verschwiegenheit sich bezieht.

§ 384. Das Zeugnis kann verweigert werden:

1. über Fragen, deren Beantwortung dem Zeugen oder einer Person, zu welcher derselbe in einem der im § 383 Nr. 1 bis 3 bezeichneten Verhältnisse steht, einen unmittelbaren vermögensrechtlichen Schaden verursachen würde;
2. über Fragen, deren Beantwortung dem Zeugen oder einem der im § 383 Nr. 1 bis 3 bezeichneten Angehörigen desselben zur Unehre gereichen oder die Gefahr strafgerichtlicher Verfolgung zuziehen würde;
3. über Fragen, welche der Zeuge nicht würde beantworten können, ohne ein Kunst- oder Gewerbegeheimnis zu offenbaren.

§ 385. In den Fällen des § 383 Nr. 1 bis 3 und des § 384 Nr. 1 darf der Zeuge das Zeugnis nicht verweigern:

1. über die Errichtung und den Inhalt eines Rechtsgeschäfts, bei dessen Errichtung er als Zeuge zugezogen war;

2. über Geburten, Verheiratungen oder Sterbefälle von Familiengliedern;
3. über Tatsachen, welche die durch das Familienverhältnis bedingten Vermögensangelegenheiten betreffen;
4. über diejenigen auf das streitige Rechtsverhältnis sich beziehenden Handlungen, welche von ihm selbst als Rechtsvorgänger oder Vertreter einer Partei vorgenommen sein sollen.

Die im § 383 Nr. 4, 5 bezeichneten Personen dürfen das Zeugnis nicht verweigern, wenn sie von der Verpflichtung zur Verschwiegenheit entbunden sind.

§ 407. Der zum Sachverständigen Ernannte hat der Ernennung Folge zu leisten, wenn er zur Erstattung von Gutachten der erforderten Art öffentlich bestellt ist oder wenn er die Wissenschaft, die Kunst oder das Gewerbe, deren Kenntnis Voraussetzung der Begutachtung ist, öffentlich zum Erwerbe ausübt oder wenn er zur Ausübung derselben öffentlich bestellt oder ermächtigt ist.

Zur Erstattung des Gutachtens ist auch derjenige verpflichtet, welcher sich zu derselben vor Gericht bereit erklärt hat.

§ 408. Dieselben Gründe, welche einen Zeugen berechtigen, das Zeugnis zu verweigern, berechtigen einen Sachverständigen zur Verweigerung des Gutachtens. Das Gericht kann auch aus anderen Gründen einen Sachverständigen von der Verpflichtung zur Erstattung des Gutachtens entbinden.

Die Vernehmung eines öffentlichen Beamten als Sachverständigen findet nicht statt, wenn die vorgesetzte Behörde des Beamten erklärt, daß die Vernehmung den dienstlichen Interessen Nachteile bereiten würde."

2) Was speziell Bankiers und Bankbeamte anlangt, so sind sie an sich wie jeder andere der Zeugnispflicht nach § 40 d. Ges. unterworfen. Es ist nur fraglich, ob sich die in § 40 angeführten Vorschriften der ZPO. über das Recht zur Verweigerung des Zeugnisses auch auf Fälle beziehen, in denen der Bankier oder Bankbeamte über die Verhältnisse der Kunden der Bank vor der Steuer-

behörde Zeugnis ablegen soll. In der Rechtsprechung ist diese Frage endgültig noch nicht entschieden. Zu vgl. KommBer. S. 94.

3) Es wird keinem Bedenken unterliegen, daß diese als Zwangsstrafen aufzufassenden Geldstrafen wiederholt werden können, bis die Abgabe des Zeugnisses oder Gutachtens erfolgt. Über Zuständigkeit in Preußen siehe Art. 1 Ziff. 3 d. pr. A.

§ 41. Der Beitragspflichtige hat auf Erfordern die Höhe seines Vermögens nachzuweisen. Er ist insbesondere verpflichtet, der Veranlagungsbehörde Wirtschafts- oder Geschäftsbücher, Verträge, Schuldverschreibungen, Zinsquittungen, Abrechnungen von Banken oder ähnlichen Unternehmungen und andere Schriftstücke, welche für die Veranlagung von Bedeutung sind, zur Einsicht und Prüfung vorzulegen.[1])

Die Einsichtnahme und Prüfung der Bücher und Schriftstücke des Beitragspflichtigen soll tunlichst[2]) in dessen Wohnung oder Geschäftsräumen erfolgen.

1) Diese Vorschrift bezweckt möglichste Sicherung der Veranlagung des Wehrbeitrags. Eine Strafvorschrift ist zu ihrer Durchführung aber nicht gegeben. Auch die vom Gesetzentwurf vorgesehene Ermächtigung der Veranlagungsbehörde, den Beitragspflichtigen die Richtigkeit und Vollständigkeit der Vermögenserklärung oder einzelner Angaben über seine Vermögensverhältnisse oder die Vollständigkeit der beigebrachten Beweismittel an Eides Statt versichern zu lassen, ist nicht in das Gesetz übergegangen. Der Beitragspflichtige kann, wenn er auch im Veranlagungsverfahren der Aufforderung, die bezeichneten Beweismittel vorzulegen, nicht nachgekommen ist und daraufhin eine Abweichung von den Angaben seiner Vermögenserklärung stattgefunden hat, jedenfalls im Rechtsmittelverfahren die Vorlegung ohne Schaden für sich nachholen. Versäumt er sie auch dann, so wird er sich allerdings die Abweisung seines Rechtsmittels selbst zuzuschreiben haben.

2) Die Bestimmung bezweckt, daß die Veranlagungsbehörde

in dieser Hinsicht **möglichst** schonend gegenüber den Beitragspflichtigen vorgehen soll. Schon von den Antragstellern, welche den Zusatz des Abs. 2 des § 41 in das Gesetz gebracht haben, ist aber nicht verkannt worden, daß für die Veranlagungsbehörde zwingende Gründe vorliegen können, die Bücher und Schriftstücke näher durchzusehen und zu prüfen, und daß sie dann verlangen kann, daß die Bücher usw. ihr in Verwahrung gegeben werden. Stenogr. Ber. über die 170. Sitzung des Reichstags v. 26. 6. 13 S. 5815.

§ 42. Die Vorstände oder Geschäftsführer der im § 19 bezeichneten Gesellschaften, die ihren Sitz im Inland haben oder Vermögen im Inland besitzen, haben dem Beitragspflichtigen die erforderlichen Mitteilungen über den Wert seiner Aktien oder Gesellschaftsanteile zu machen.[1])

Sie sind außerdem verpflichtet, der Veranlagungsbehörde auf Verlangen binnen einer Frist von vier Wochen eine Nachweisung einzureichen, welche enthält:

1. die Höhe des Grundkapitals oder der Stammeinlagen,
2. den Betrag der in den vorausgegangenen drei Jahren jährlich verteilten Gewinne,
3. die tatsächlichen Mitteilungen, die sie zur Schätzung des Wertes der Aktien, Anteile oder Kuxe beizubringen vermögen.

Die Nachweisung ist mit der Versicherung zu versehen, daß die Angaben nach bestem Wissen und Gewissen gemacht sind.

Die Verpflichteten können zur Abgabe der Nachweisung mit Geldstrafen bis zu fünfhundert Mark angehalten werden.[2])

1) Die im ersten Absatz des § 42 festgestellte Pflicht der Vorstände und Geschäftsführer zu Mitteilungen **gegenüber dem Beitragspflichtigen** ist durch eine Strafvorschrift nicht gesichert. Unterlassen aber die Vorstände und Geschäftsführer die Mitteilung gegenüber dem Beitragspflichtigen, so kann dieser Mangel dadurch

ergänzt werden, daß sie von der Veranlagungsbehörde zur Einreichung einer Nachweisung nach Abs. 2 des § 42 aufgefordert werden, die durch Geldstrafen (§ 42 Abs. 3) erzwungen werden kann. Selbstverständlich kann die Veranlagungsbehörde die Einreichung dieser Nachweisung auch fordern, wenn zuvor der Beitragspflichtige seinerseits kein Verlangen nach Abs. 1 des § 42 an die Vorstände oder Geschäftsführer gestellt hat, bzw. wenn seinem darauf gerichteten Verlangen von diesen bereits entsprochen worden ist.

2) Zuständig in Preußen ist der Vorsitzende der Veranlagungskommission, vgl. Art. 1 Ziff. 3 b. pr. A.

§ 43. Die Vorschriften der §§ 36 bis 38, 41 gelten auch für den gesetzlichen Vertreter des Beitragspflichtigen hinsichtlich des seiner Verwaltung unterliegenden Vermögens.[1])

1a) Demnach ist also der gesetzliche Vertreter in den in § 36 vorgesehenen Fällen verpflichtet, die schuldige Vermögenserklärung für die von ihm vertretene Person abzugeben und kann auch nach § 38 Abs. 1 dazu mit Geldstrafen angehalten werden. Der Zuschlag aus § 38 Abs. 2 wegen versäumter Abgabe der Vermögenserklärung trifft aber nicht das Vermögen des Vertreters, sondern dasjenige des Beitragspflichtigen selbst. Vgl. Anm. 3c zu § 38.

1b) Als gesetzliche Vertreter kommen namentlich in Betracht für minderjährige unter elterlicher Gewalt stehende Kinder der Vater, wenn der Mutter die elterliche Gewalt zusteht, diese und im Falle des § 1693 BGB. auch der der Mutter bestellte Beistand. Für Personen, welche unter Pflegschaft oder Vormundschaft stehen, ist der Pfleger oder der Vormund der gesetzliche Vertreter. Für die nach § 11 d. Ges. beitragspflichtigen nichtphysischen Personen sind die zur Vertretung derselben nach außen berechtigten Vorstandsmitglieder (Repräsentanten) gesetzliche Vertreter. Die Erfüllung der Vermögenserklärungspflicht seitens eines von mehreren Vertretern befreit die übrigen Verpflichteten von ihrer Verbindlichkeit.

§ 44. Die Kosten der Ermittelungen[1]) fallen dem Beitragspflichtigen zur Last, wenn der endgültig festgestellte Vermögenswert den vom Beitragspflichtigen angegebenen Wert um mehr als ein Drittel übersteigt[2]) oder wenn sich seine Angaben[3]) in wesentlichen Punkten als unrichtig erweisen oder wenn er trotz ergangener Aufforderung keine oder nur ungenügende Angaben über seine Vermögensverhältnisse gemacht hat.[4])

1) Es werden namentlich Kosten in Betracht kommen an Porto, Zeugen- oder Sachverständigengebühren und andere bare Auslagen. Es stehen hier nur Kosten des Veranlagungsverfahrens, nicht auch diejenigen des Rechtsmittelverfahrens in Frage. Das dürfte erstens die Stellung des § 44 im Gesetz ergeben und ferner auch daraus folgen, daß das Reichsgesetz das Rechtsmittelverfahren überhaupt nicht selbst geordnet, dessen Regelung vielmehr nach § 48 Abs. 2 den Landesregierungen überlassen hat. Auch § 66 d. Ges. rechnet zu den in § 44 in Frage kommenden Kosten augenscheinlich nicht solche, welche im Rechtsmittelverfahren entstehen. Die Auferlegung der Kosten erfolgt in Preußen durch den Vorsitzenden der Veranlagungskommission, gegen dessen Entscheidung dem Beitragspflichtigen innerhalb vier Wochen die Beschwerde an den Vorsitzenden der Berufungskommission offen steht. Art. 1 Ziff. 3 d. pr. A.

2) Also auch wenn die Differenz in der Schätzung oder in der rechtlichen Auffassung liegt, würden dem Beitragspflichtigen die Kosten der angestellten Ermittelungen auferlegt werden können, falls der endgültig festgestellte Vermögenswert den von ihm in der Vermögenserklärung oder in den Verhandlungen über eine solche angegebenen Wert um mehr als ⅓ übersteigt. Hiervon wird jedenfalls nur mit gehöriger Vorsicht Gebrauch zu machen sein, da sonst vom Gesetzgeber nicht beabsichtigte Beschwerungen des Beitragspflichtigen die Folge sein könnten.

3) Auch wenn die Voraussetzung, daß der endgültig festgestellte Vermögenswert den vom Beitragspflichtigen angegebenen Wert um mehr als ⅓ übersteigt, nicht gegeben ist, können dem Pflichtigen

dennoch die Kosten der Ermittelungen auferlegt werden, wenn sich seine Angaben in wesentlichen Punkten als unrichtig erweisen. Hierbei werden aber im Gegensatz zu Anm. 2 nur tatsächliche Angaben, nicht aber Schätzungen oder verschiedene rechtliche Auffassungen in Betracht kommen können.

4) Auch wenn der Pflichtige überhaupt keine oder nur ungenügende Angaben über seine Vermögensverhältnisse gemacht hat, können ihm, ohne Rücksicht auf die Differenz zwischen seinen Angaben und der endgültigen Feststellung, die Kosten der Ermittelungen auferlegt werden.

§ 45. Die Reichs-, Staats- und Gemeindebehörden sind verpflichtet, den Veranlagungsbehörden auf Ersuchen aus Büchern, Akten, Urkunden usw. Auskunft über die Vermögensverhältnisse des Beitragspflichtigen zu erteilen oder ihnen Einsicht in solche, die Vermögensverhältnisse betreffenden Bücher, Akten, Urkunden usw. zu gestatten.

Den Notaren liegt diese Pflicht nur ob hinsichtlich der einen Nachlaß betreffenden Verhandlungen oder soweit sie durch sonstige reichs- oder landesrechtliche Vorschriften begründet ist.

Eine Auskunftspflicht besteht nicht für die Postbehörden, für die Verwaltung der Schuldbücher öffentlicher Körperschaften sowie für die Verwaltung öffentlicher Sparkassen und anderer mit der Verwaltung und Verwahrung fremden Vermögens befaßter öffentlicher Anstalten.[1])

1) Der § 45 Abs. 3 bezieht sich lediglich auf die Auskunftspflicht öffentlicher Behörden, auf Sparkassen demnach nur, weil und soweit sie öffentliche Behörden sind, die ohne diese Ausnahmevorschrift der allgemeinen Verpflichtung zur Auskunftserteilung aus § 45 Abs. 1 unterliegen würden. KommBer. S. 94. Über Auskunftspflicht von privaten Bankinstituten u. dgl. vgl. § 40 d. Ges. und Anm. 2 dazu.

§ 46. Beamte, Angestellte und ehrenamtliche Mitglieder von Behörden, welche im Verfahren zur Veranlagung des Wehrbeitrags dienstlich Kenntnis von den Vermögens-, Erwerbs- oder Einkommensverhältnissen eines Beitragspflichtigen erhalten, sind zu ihrer Geheimhaltung verpflichtet.[1]) Die Vermögenserklärungen sind unter Verschluß aufzubewahren und dürfen ebenso wie die sonstigen Verhandlungen im Veranlagungsverfahren nur zur Kenntnis der durch Eid zu ihrer Geheimhaltung Verpflichteten gelangen. Sie dürfen anderen Behörden nur zum Zwecke der Veranlagung und Erhebung von öffentlichen Abgaben mitgeteilt werden.[2]) Bestehen für Landessteuern gleiche oder ähnliche Vorschriften, so steht dies der Mitteilung von Veranlagungsmerkmalen an die mit der Veranlagung des Wehrbeitrags betrauten Behörden nicht entgegen.

1) Strafvorschrift s. § 62 d. Ges.

2) Die Vorschriften der StPO. hinsichtlich der Mitteilung der Akten an die Strafverfolgungsbehörden werden durch diese Vorschrift nicht berührt. Begr. d. RegEntw. V letzter Absatz. Nach § 96 d. StPO. darf für die Zwecke des Strafverfahrens die Vorlegung oder Auslieferung von Akten oder anderen in amtlicher Verwahrung befindlichen Schriftstücken von Behörden und öffentlichen Beamten nur dann nicht gefordert werden, wenn die oberste Dienstbehörde erklärt, daß das Bekanntwerden des Inhalts dieser Akten oder Schriftstücke dem Wohle des Reichs oder eines Bundesstaats Nachteil bereiten würde.

§ 47. Die Veranlagungsbehörde erteilt dem Beitragspflichtigen einen Bescheid über den Gesamtbetrag des zu zahlenden Wehrbeitrags und über die für eine spätere Veranlagung zur Besitzsteuer maßgebende Vermögensfeststellung (Veranlagungsbescheid).[1]) Ergibt sich bei einem zur Abgabe der Vermögenserklärung Verpflichteten nur ein beitragsfreies Vermögen, so ist ihm ein Bescheid über den für eine künftige Veranlagung zur Besitzsteuer maßgebenden Vermögensstand zu erteilen (Feststellungsbescheid).[2])

Der Veranlagungs- und der Feststellungsbescheid enthält eine Belehrung über die zulässigen Rechtsmittel, der Veranlagungsbescheid enthält außerdem eine Anweisung zur Entrichtung des Wehrbeitrags in den gesetzlichen Teilbeträgen innerhalb der vorgeschriebenen Zahlungsfristen. Dem Beitragspflichtigen ist mitzuteilen, in welchen Punkten von der Vermögenserklärung abgewichen worden ist.[3])

Die nach § 51 zu zahlenden Teilbeträge sind auf die volle Mark nach unten abzurunden.

1) Vgl. § 55 d. A.

2) Die Fassung des § 47 ist erfolgt im Hinblick auf das Besitzsteuergesetz. Es erschien erwünscht, daß möglichst alle Vermögen, welche später der Zuwachssteuer unterworfen werden sollen, jetzt durch rechtskräftige Entscheidung festgestellt werden, damit der so festgestellte Vermögensstand seinerzeit ohne weitere Nachprüfung der Berechnung des Zuwachses zugrunde gelegt werden kann. Im Hinblick auf § 13 des Besitzsteuergesetzes ist es nötig, eine Reihe von Vermögen auch dann festzustellen, wenn ein Wehrbeitrag davon nicht erhoben wird. Deshalb ist hier neben dem Veranlagungsbescheid auch ein besonderer Feststellungsbescheid eingeführt, der den gleichen Rechtsmitteln wie jener unterliegt. Vgl. KommBer. S. 121 u. § 56 d. A.

3) Die Bestimmung des letzten Satzes im zweiten Absatz des § 15 beruht auf einem Antrage des Abg. v. Trampczynski bei der zweiten Lesung des Gesetzentwurfs im Plenum des Reichstags. Sie bringt den Behörden ohne zwingende Notwendigkeit eine erhebliche Arbeitsbelastung. Vgl. die Bemerkungen des Staatssekr. des Reichsschatzamts, StenBer. über die 170. Sitzung des Reichstags v. 26. 6. 13 S. 5816. Siehe § 55 Ziff. 2 d. A.

§ 48. Gegen den Veranlagungs- und den Feststellungsbescheid sind die Rechtsmittel zulässig, die den Steuerpflichtigen[1]) nach Landesrecht gegen die Heranziehung zu direkten Staatssteuern zustehen.

Die Landesregierung bestimmt das Nähere.[2])

Wird keine oder eine falsche Rechtsmittelbelehrung erteilt, so wird die Rechtsmittelfrist nicht in Lauf gesetzt, doch ist ein von dem Beitragspflichtigen eingelegtes Rechtsmittel nicht aus diesem Grunde unzulässig.[3])

1) Dem Vorsitzenden der Veranlagungskommission ist bei der Veranlagung des Wehrbeitrags kein Rechtsmittel gegen den Veranlagungs- oder Feststellungsbescheid gegeben. Art. 18 Ziff. 1 d. pr. A.

2) Für Preußen sind durch königliche Verordnung vom 7. Aug. 1913 (GesS. S. 371) die Rechtsmittel so geordnet worden, daß dem Beitragspflichtigen gegen den Veranlagungs- oder Feststellungsbescheid die Berufung an die für die Einkommensteuer gebildete Berufungskommission und gegen deren Entscheidung die Beschwerde an das Königliche Oberverwaltungsgericht zustehen. Auf das Rechtsmittelverfahren finden die Vorschriften der §§ 44, 49 bis 54 des Einkommensteuergesetzes Anwendung. Art. 1 d. pr. A.

Die Berufungskommission ist für den Regierungsbezirk gebildet und besteht unter dem Vorsitz eines vom Finanzminister zu ernennenden Regierungskommissars aus Laienmitgliedern, die teils von der Regierung ernannt, teils vom Provinzialausschuß aus den Einwohnern des Regierungsbezirks, unter möglichster Berücksichtigung der verschiedenen Arten des Einkommens auf die Dauer von sechs Jahren gewählt werden.

Das Rechtsmittel der Beschwerde an das Oberverwaltungsgericht in Berlin ist beschränkter Natur. Es kann nur darauf gestützt werden:

1. daß die angefochtene Entscheidung auf der Nichtanwendung oder auf der unrichtigen Anwendung des bestehenden Rechtes, insbesondere auch der von den Behörden innerhalb ihrer Zuständigkeit erlassenen Verordnungen beruhe;
2. daß das Verfahren an wesentlichen Mängeln leide.

In der Beschwerde ist anzugeben, worin die behauptete Nichtanwendung oder unrichtige Anwendung des bestehenden Rechtes, oder worin die behaupteten Mängel des Verfahrens gefunden werden. Die Anführung neuer Tatsachen oder Beweismittel in der Beschwerdeschrift ist unwirksam. Vgl. OVG. 1 188.

3) Die Erteilung einer Belehrung über die zulässigen Rechtsmittel im Veranlagungs- oder Feststellungsbescheide ist durch § 47 Abs. 2 d. Ges. vorgeschrieben. Wird die Belehrung nicht oder unrichtig erteilt, so wird die Frist für Anbringung des Rechtsmittels überhaupt nicht in Lauf gesetzt, der Beitragspflichtige kann daher in solchem Falle die Frist weder verlieren, wenn er sie im Rahmen der falschen Belehrung versäumt, noch wenn er auch gegen den Inhalt der falschen Belehrung verstoßen hat. KommBer. S. 96. Legt aber der Beitragspflichtige ein Rechtsmittel ein, so darf es nicht deshalb zurückgewiesen werden, weil die Frist zur Anbringung des Rechtsmittels infolge der Unterlassung der Rechtsmittelbelehrung oder infolge der unzutreffenden Erteilung derselben nicht in Lauf gesetzt sei.

§ 49. Wohnt weder der Beitragspflichtige noch ein Vertreter des Beitragspflichtigen im Inland, so ist dieser gehalten, eine im Inland wohnende Person zum Empfange der für ihn bestimmten Schriftstücke zu bevollmächtigen. Ist die Benennung eines Zustellungsbevollmächtigten unterblieben, so gilt die Zustellung eines Schriftstücks mit der Aufgabe zur Post als bewirkt, selbst wenn die Sendung als unbestellbar zurückkommt.

§ 50. Durch die Einlegung eines Rechtsmittels wird die Erhebung des veranlagten Wehrbeitrags zu den gesetzlichen Zahlungsfristen nicht aufgehalten. Die auf Grund rechtskräftiger Entscheidung zu erstattenden Beträge sind mit 4 vom Hundert für das Jahr zu verzinsen.[1])

1) Die dem bisherigen Recht sowohl für die Reichssteuergesetzgebung wie auch für die preußischen Steuern fremde Bestimmung im zweiten Satze des § 50 beruht auf einem in der Kommission des Reichstags gestellten Antrage. KommBer. S. 122.

Zu vgl. § 73 d. A.

§ 51. Der einmalige Wehrbeitrag ist zu einem Drittel mit der Zustellung des Veranlagungsbescheids fällig und binnen drei Monaten zu entrichten. Das zweite Drittel ist bis zum 15. Februar 1915, das letzte Drittel bis zum 15. Februar 1916 zu entrichten.

Den Beitragspflichtigen steht es frei, die späteren Teilbeträge zum voraus zu zahlen.[1]) Erfolgt die Zahlung mindestens drei Monate vor dem gesetzlichen Zahlungstage, so ist der Beitragspflichtige berechtigt, 4 vom Hundert Jahreszinsen vom Tage der Einzahlung bis zum gesetzlichen Zahlungstag in Abzug zu bringen.

1) Wird ein vorausbezahlter Betrag später ermäßigt, so wird die Summe, um die er ermäßigt ist, unter entsprechender Berechnung zurückgezahlt. KommBer. S. 98. Vgl. § 64 d. A.

§ 52. Würde die Einziehung des Wehrbeitrags zu den gesetzlichen Zahlungsfristen mit einer erheblichen Härte[1]) für den Beitragspflichtigen verbunden sein, so kann der Betrag bis auf drei Jahre gestundet, auch die Entrichtung in Teilbeträgen gestattet werden.[2])

Die Stundung kann von einer angemessenen Sicherheitsleistung abhängig gemacht werden.[3])[4])

Die Stundungsbewilligung wird zurückgenommen, wenn die Voraussetzungen hierfür weggefallen sind oder wenn eine nachträglich verlangte Sicherheit nicht geleistet wird.

1) Mit einer gewissen Härte ist im allgemeinen die Einziehung jeder Steuer oder Abgabe verbunden, es handelt sich hier aber nur um solche Fälle, in denen gegenüber den besonderen Verhältnissen des Beitragspflichtigen die augenblickliche Einziehung des Beitrags mit einer erheblichen Härte verbunden sein würde. Ob diese Voraussetzung vorliegt, muß von Fall zu Fall erwogen werden. In vielen Fällen wird sich einer Härte dadurch vorbeugen lassen, daß die Entrichtung in Teilbeträgen genehmigt wird.

2) Die Entrichtung in Teilbeträgen ist an die Bedingung zu knüpfen, daß bei dem Ausbleiben auch nur einer Teilzahlung die sofortige Beitreibung der ganzen noch rückständigen Beitragsschuld erfolgen werde. § 66 Ziff. 6 d. A. Bleibt dann aber die Teilzahlung aus, so wird zunächst Mahnung zur Entrichtung der fälligen Teilzahlung und, erst wenn diese erfolglos bleibt, Beitreibung des ganzen Restes zu erfolgen haben.

3) Sicherheitsleistung muß nicht in jedem Falle gefordert werden; die Forderung von Sicherheitsleistung wird aber doch bei Stundung oder Bewilligung von Teilzahlungen regelmäßig angebracht sein. Vgl. § 66 Ziff. 5 d. A. Eine Verzinsung des gestundeten Wehrbeitrags findet nicht statt. § 66 Ziff. 7 d. A.

4) Über Zuständigkeit in Preußen siehe Art. 1 Ziff. 3 d. pr. A.

§ 53. Zum Zwecke der Einziehung des Wehrbeitrags ist die Zwangsversteigerung[1]) eines Grundstücks[2]) ohne Zustimmung des Beitragspflichtigen nicht zulässig.

1) Zulässig ist dagegen die Zwangsverwaltung. Anträge auf Zwangsverwaltung eines Grundstücks sind aber in Preußen nach § 51 Abs. 2 d. VO. v. 15. 11. 99, betr. das Verwaltungszwangsverfahren wegen Beitreibung von Geldbeträgen (GesS. S. 545) nur zulässig, sobald feststeht, daß durch Pfändung die Beitreibung des Geldbetrags nicht erfolgen kann. Außerdem würde

gemäß § 866 ZPO. die Eintragung einer Sicherheitshypothek für die Forderung des Staats auf den Wehrbeitrag in Frage kommen, und zwar, da die Zwangsversteigerung wegen der Forderung nicht zulässig ist, auch ungeachtet einer Verschuldungsgrenze (§ 3 Nr. 2 d. Ges. v. 20. 8. 06, GesS. S. 389). Eine Sicherheitshypothek darf aber nur für eine den Betrag von 300 ℳ übersteigende Forderung eingetragen werden. § 866 Abs. 3 ZPO. Auch wegen der Sicherheitshypothek kann mit Rücksicht auf die allgemeine Vorschrift in § 53 d. Wehrbeitragsgesetzes eine Zwangsversteigerung nicht herbeigeführt werden, und zwar auch dann nicht, wenn die Eintragung der Sicherheitshypothek auf Antrag des Schuldners erfolgt ist.

2) Den Grundstücken stehen nach § 3 d. Ges. Berechtigungen gleich, für welche die sich auf Grundstücke beziehenden Vorschriften des bürgerlichen Rechtes gelten.

§ 54. Ist die Veranlagung zu Unrecht unterblieben, so wird dadurch die Pflicht zur Zahlung des Wehrbeitrags nicht berührt.[1]) Eine Neuveranlagung hat zu erfolgen, wenn nachträglich neue Tatsachen und Beweismittel bekannt werden, die eine höhere Veranlagung des Beitragspflichtigen rechtfertigen.[2])

1) Ist die Veranlagung zum Wehrbeitrag zu Unrecht ganz unterblieben, so kann sie innerhalb der im § 55 festgesetzten Verjährungsfrist von vier Jahren, die mit dem Schlusse des Kalenderjahrs 1916 beginnt, nachgeholt werden. Voraussetzung ist aber, daß die Veranlagung zu Unrecht, d. h. entgegen den Vorschriften des Wehrbeitragsgesetzes, unterblieben ist. Dieser Fall liegt vor, wenn ein nach dem Gesetz Beitragspflichtiger übersehen worden ist, ebenso aber auch, wenn ihm versehentlich ein beitragspflichtiges Vermögen oder Einkommen nicht beigemessen, oder ihm aus sonstigen Gründen Beitragsfreiheit beigelegt worden ist.

2a) Ist ein Beitragspflichtiger formell ordnungsmäßig veranlagt, jedoch den Vorschriften des Gesetzes entgegen zu einem zu niedrigen Betrage, so kann eine Berichtigung der Veranlagung nur herbeigeführt werden, wenn mit Bezug auf die Einkommens- oder Vermögensverhältnisse des Beitragspflichtigen nachträglich neue Tatsachen oder Beweismittel, welche eine höhere Veranlagung begründen, bekannt werden.

Diese Voraussetzung trifft beispielsweise zu, wenn nach bereits geschehener Veranlagung durch den Inhalt einer späteren Steuererklärung bzw. Vermögensanzeige oder infolge einer anderen nachträglichen Mitteilung des Beitragspflichtigen oder infolge Offenlegung der Einkommens- und Vermögensverhältnisse eines verstorbenen Steuerpflichtigen gelegentlich der Nachlaßregulierung ein höheres als das bei der Veranlagung durch Schätzung ermittelte Einkommen oder Vermögen dargetan wird.

Auch für die Berichtigung der zu niedrigen Veranlagung gilt die Verjährungsfrist von vier Jahren, beginnend mit dem Schlusse des Kalenderjahrs 1916.

2b) Für die Beurteilung der Frage, welche Tatsachen oder Rechtsverhältnisse bei der ursprünglichen Veranlagung bekannt waren, ist ein späterer Wechsel in der Person des Vorsitzenden oder der Mitglieder der Veranlagungskommission ohne Bedeutung. Vgl. OVG. 11 377.

2c) Nur Beitragspflichtige, welche entgegen den Vorschriften des Gesetzes unrichtig veranlagt worden sind, dürfen zu einer entsprechenden Nachsteuer veranlagt werden; eine dazu erforderliche objektive Feststellung neuer, früher nicht bekannter tatsächlicher Unterlagen wird durch subjektive Schätzung, die von der früheren abweicht, nicht etwa gewährt, wohl aber infolge einer späteren Ermittelung, welche die Ersetzung der früheren, sich als zu niedrig erweisenden Schätzung durch zahlenmäßige Berechnung ermöglicht. Vgl. OVG. 4 52; 6 243; 9 332; 11 372.

Eine von der früheren Rechtsauffassung abweichende rechtliche Beurteilung rechtfertigt eine Berichtigung der Veranlagung nach § 54 d. Ges. nicht.

§ 55. Der Anspruch der Staatskasse auf den Wehrbeitrag[1]) verjährt in vier Jahren. Die Frist beginnt mit dem Schlusse des Jahres,[2]) in welchem die Beträge fällig geworden sind, im Falle der Sicherheitsleistung[3]) für den Wehrbeitrag jedoch nicht vor dem Ablauf des Jahres, in welchem die Sicherheit erlischt. Ist die Veranlagung zum Wehrbeitrage zu Unrecht unterblieben, so beginnt die Frist mit dem Schlusse des Kalenderjahrs 1916.[4])

1) Gemeint ist hier offenbar der Anspruch der Staatskasse auf zur Hebung gestellte Beträge des Wehrbeitrags.

2) D. h. mit dem Schlusse des Etatsjahres, also mit dem letzten März 1914, 1915, 1916 usw., in welchem die Beträge fällig geworden sind.

3) Vgl. § 52 d. Ges.

4) Die Bestimmung im letzten Satze des § 55 ist jedenfalls sowohl auf solche Fälle zu beziehen, wo die Veranlagung zum Wehrbeitrag zu Unrecht ganz unterblieben, als auch auf solche, wo zwar eine Veranlagung erfolgt ist, aber zu einem unrichtigerweise zu niedrig festgestellten Betrage. In beiden Fällen kann eine Nachveranlagung bzw. eine Berichtigung der zu niedrigen Veranlagung nur bis äußerstenfalls zum 31. Dezember 1920 nachgeholt werden.

§ 56. Wer als Beitragspflichtiger oder als Vertreter eines Beitragspflichtigen wissentlich der Veranlagungsbehörde unrichtige oder unvollständige Angaben macht, die geeignet sind, eine Verkürzung des Wehrbeitrags herbeizuführen, wird mit einer Geldstrafe bis zum zwanzigfachen Betrage des gefährdeten Wehrbeitrags bestraft.[1])

1a) Zum Tatbestand des § 56 gehört die Absicht der Hinterziehung des Wehrbeitrags. Sind die unrichtigen oder unvollständigen Angaben zwar wissentlich, aber nicht in der Absicht, den

Wehrbeitrag zu hinterziehen, gemacht, so liegt der Tatbestand des § 58 vor. Für die Anwendung von § 56 und § 57 ist die Wissentlichkeit gleichfalls Voraussetzung. Eine strafbare Handlung liegt überhaupt nur vor, wenn der Beitragspflichtige die Unrichtigkeit oder Unvollständigkeit seiner tatsächlichen Angaben zur Zeit, als er seine Erklärung abgab, gekannt hat. Daß die Absicht eines Beitragspflichtigen, der wissentlich eine unrichtige oder unvollständige Angabe gemacht hat, gleichwohl nicht auf Hinterziehung des Wehrbeitrags gerichtet war, wird in der Regel nicht zu vermuten sein. Vgl. Art. 92 Ziff. 5b d. A. z. pr. ErgstGes.

1b) Die Strafbarkeit beschränkt sich nur auf unrichtige oder unvollständige Angaben, welche Tatsachen betreffen. Unzutreffende Urteile (Schätzungen) sind im allgemeinen darunter nicht zu verstehen. Wohl aber gehören hierher vom Beitragspflichtigen gelieferte unzutreffende Schätzungsunterlagen.

Die Strafbarkeit beschränkt sich auch nur auf unrichtige oder unvollständige Angaben über das wehrbeitragspflichtige Vermögen, während unrichtige oder unvollständige Angaben über das Einkommen, auch wenn sie zu einer Verkürzung des Wehrbeitrags führen, nur nach den Landessteuergesetzen bestraft werden können. Der § 56 ist auf Angaben über das Einkommen nicht anwendbar, da der dort bezeichneten Veranlagungsbehörde nur Angaben über das Vermögen zu machen sind.

1c) Die Angaben müssen, um strafbar zu erscheinen, geeignet sein, eine Verkürzung des Wehrbeitrags herbeizuführen. Eine Verkürzung liegt nur dann vor, wenn infolge der strafbaren Angabe im Veranlagungs- oder Rechtsmittelverfahren ein geringerer Wehrbeitrag festgestellt worden ist, als bei richtiger Angabe hätte festgestellt werden müssen bzw. ein geringerer Wehrbeitrag festgestellt worden wäre, wenn dem Beitragspflichtigen die beabsichtigte Hinterziehung gelungen wäre.

1d) Der „gefährdete" Wehrbeitrag ist, wenn die Hinterziehung gelungen ist, derjenige Betrag, um den der Wehrbeitrag niedriger festgestellt worden ist, als er bei richtiger Angabe hätte festgestellt werden müssen, bzw. wenn dem Beitragspflichtigen die

Hinterziehung ganz oder teilweise nicht gelungen ist, derjenige Betrag, um den der Wehrbeitrag niedriger als bei richtiger Angabe festgestellt worden wäre, wenn die Behörde die unrichtige oder unvollständige Angabe als zutreffend angenommen hätte.

1e) Ein nach § 56 zu bestrafender Vertreter des Beitragspflichtigen haftet nur mit seinen eigenen Mitteln für die Strafe, das Vermögen des Vertretenen selbst kann dafür nicht in Anspruch genommen werden. KommBer. S. 99.

§ 57. In den Fällen des § 56 kann neben der Geldstrafe auf Gefängnis bis zu sechs Monaten erkannt werden, wenn die unrichtigen oder unvollständigen Angaben in der Absicht, den Wehrbeitrag zu hinterziehen, gemacht worden sind, und wenn der gefährdete Betrag nicht weniger als 10 vom Hundert des geschuldeten Wehrbeitrags, mindestens aber dreihundert Mark ausmacht,[1]) oder wenn der Beitragspflichtige Vermögen vom Inland ins Ausland verbracht hat in der Absicht, dieses Vermögen der Veranlagungsbehörde zu verheimlichen.

Bei einer Beitragsgefährdung der im Abs. 1 bezeichneten Art kann im Urteil angeordnet werden, daß die Bestrafung auf Kosten des Verurteilten öffentlich bekanntzumachen ist.[2])

Besteht der Verdacht, daß eine Beitragsgefährdung der im Abs. 1 bezeichneten Art vorliegt, so hat die Veranlagungsbehörde die Sache an die zuständige Staatsanwaltschaft abzugeben. Findet die Staatsanwaltschaft in einer an sie abgegebenen Sache, daß dieser Verdacht nicht hinreichend begründet ist, so kann sie die Sache zur weiteren Erledigung im Verwaltungsstrafverfahren an die Verwaltungsbehörde abgeben.

1) Es soll damit ausgedrückt werden, daß solche Kontraventionsfälle als erheblicher und schwerer zu ahndende betrachtet werden können, bei denen sich die Absicht der Hinterziehung auf einen so

großen Teil des Wehrbeitrags gerichtet hat. Mit der Einführung der Grenze von 300 ℳ hat die Anwendung des Paragraphen auf solche Fälle ausgeschlossen werden sollen, wo es sich um an sich geringfügige Beträge handelt. Vgl. KommBer. S. 99 u. 124.

2) Auf öffentliche Bekanntmachung kann nur vom Gericht erkannt werden, aber in allen Fällen, in denen der Tatbestand des § 57 Abs. 1 vorliegt, also nicht nur neben der Gefängnisstrafe, sondern auch, wenn allein auf Geldstrafe erkannt ist. KommBer. S. 123.

§ 58. Ist nach den obwaltenden Umständen anzunehmen, daß die unrichtigen oder unvollständigen Angaben, die geeignet sind, eine Verkürzung des Wehrbeitrags herbeizuführen, nicht in der Absicht gemacht worden sind, den Wehrbeitrag zu hinterziehen, so tritt an Stelle der im § 56 vorgesehenen Strafe eine Ordnungsstrafe bis zu fünfhundert Mark.[1])

1) „Wissentlichkeit" ist auch für § 58 eine notwendige Voraussetzung des Tatbestandes. Nach Analogie der preußischen Praxis werden unter § 58 besonders die Fälle des sog. Rechtsirrtums fallen. Beispielsweise ist also § 58 anwendbar, wenn der Beitragspflichtige zwar weiß, daß er noch ein Vermögensobjekt besitzt, welches er in seiner Vermögenserklärung nicht aufgeführt hat, aber dieses Vermögensobjekt aus Rechtsirrtum als nicht zum beitragspflichtigen Vermögen gehörig betrachtet und lediglich deshalb weggelassen hat. Es empfiehlt sich deshalb für die Beitragspflichtigen, in Fällen solcher Zweifel das Vermögensobjekt in der Vermögenserklärung zu erwähnen und näher darzulegen, aus welchen Gründen man es nicht für anrechnungsfähig hält. Fehlt das Moment der Wissentlichkeit, so liegt überhaupt keine strafbare Handlung vor und kann auch eine Ordnungsstrafe nach § 58 nicht in Frage kommen.

§ 59. Straffrei bleibt, wer seine unrichtigen oder unvollständigen Angaben, bevor eine Anzeige erstattet oder eine Untersuchung gegen ihn eingeleitet ist,[1]) bei der Behörde berichtigt oder ergänzt und den gefährdeten Wehrbeitrag, soweit er bereits fällig gewesen ist, entrichtet.

1) Als Einleitung einer Untersuchung gilt die erste, in klar erkennbarer Form zu den Akten festgestellte Maßregel, welche der Vorsitzende der Veranlagungskommission zur Feststellung des Tatbestandes ergreift. Darauf, ob der Schuldige Kenntnis von der Anzeige oder der Einleitung der Untersuchung erlangt hat, kommt es nicht an. Vgl. Art. 92 Nr. 1 d. A. z. pr. Einkst.- u. ErgstGes., MittH. 52, 53.

§ 60. Wer in der nach § 42 Abs. 2 einzureichenden Nachweisung wissentlich unrichtige oder unvollständige Angaben macht, die geeignet sind, das Aufkommen an Wehrbeiträgen zu gefährden, wird mit einer Geldstrafe bis zu dreitausend Mark bestraft.

Straffrei bleibt, wer seine unrichtigen oder unvollständigen Angaben, bevor eine Anzeige erstattet oder eine Untersuchung gegen ihn eingeleitet ist,[1]) bei der Behörde berichtigt oder ergänzt.

1) Vgl. Anm. 1 zu § 59 d. Ges.

§ 61. Die Einziehung des Wehrbeitrags erfolgt neben und unabhängig von der Bestrafung.[1])

1a) Hiermit soll zum Ausdruck gebracht werden, daß die Einziehung des Wehrbeitrags auch erfolgt, obwohl eine Bestrafung nicht mehr herbeigeführt werden kann, weil die Strafverfolgung verjährt ist (vgl. Anm. 4 zu § 62 d. Ges.), oder weil der Zuwiderhandelnde vor Einleitung des Strafverfahrens oder vor Verhängung einer Strafe verstorben ist, oder weil der Zuwiderhandelnde nach § 59 d. Ges. straffrei bleibt.

1b) Erfolgt im Strafverfahren eine Freisprechung, weil der Tatbestand einer strafbaren Hinterziehung des Wehrbeitrags nicht hat festgestellt werden können, so unterbleibt natürlich auch insoweit die Einziehung des Wehrbeitrags.

1c) Über die Verjährung der Ansprüche des Reichs auf hinterzogene Wehrbeitragsteile enthält das Gesetz keine Vorschrift. Die Bestimmung in § 55 d. Ges. bezieht sich jedenfalls nur auf zur Hebung gestellte Wehrbeitragsbeträge, bzw. auf solche Fälle, wo die Veranlagung unterblieben ist oder zu niedrig erfolgt ist, ohne daß eine strafbare Hinterziehung vorliegt. Es werden daher hier, da allgemeine öffentlichrechtliche Vorschriften über die Verjährung von Reichssteuern fehlen, die bürgerlichrechtlichen Bestimmungen über die Verjährung von Ansprüchen Platz greifen müssen. Danach würde die Verjährungsfrist die dreißigjährige aus § 195 BGB. sein, während die Strafverfolgung allerdings bereits nach drei Jahren verjährt ist. Vgl. Anm. 4 zu § 63 d. Ges. Auch über den Übergang der Verpflichtung zur Entrichtung des hinterzogenen Wehrbeitrags auf die Erben des Kontravenienten trifft das Gesetz keine Bestimmung, dieser wird sich daher gleichfalls nach den allgemeinen Vorschriften des bürgerlichen Rechts (§§ 1987 ff. BGB.) regeln.

§ 62. Beamte, Angestellte und ehrenamtliche Mitglieder von Behörden sowie Sachverständige werden, wenn sie die zu ihrer dienstlichen oder amtlichen Kenntnis gelangten Vermögens-, Erwerbs- oder Einkommensverhältnisse eines Beitragspflichtigen, insbesondere auch den Inhalt einer Vermögenserklärung oder der über sie gepflogenen Verhandlungen unbefugt offenbaren, mit Geldstrafe bis zu fünfzehnhundert Mark oder mit Gefängnis bis zu drei Monaten bestraft.

Die Strafverfolgung tritt nur ein auf Antrag der zuständigen Landesbehörde oder des Beitragspflichtigen, dessen Interesse an der Geheimhaltung verletzt ist.

§ 63. Hinsichtlich des Verwaltungsstrafverfahrens,[1]) der Strafmilderung und des Erlasses der Strafe im Gnadenwege[2]) sowie hinsichtlich der Strafvollstreckung[3]) und der Verjährung der Strafverfolgung[4]) kommen, auch für die von der Zollgrenze ausgeschlossenen Gebietsteile,[5]) die sich auf Zollstrafen beziehenden Vorschriften mit der Maßgabe zur Anwendung, daß an die Stelle der Hauptzollämter und Zolldirektivbehörden die durch die Landesregierung hierzu bestimmten Behörden treten.

Bei Zuwiderhandlungen gegen die Geheimhaltungspflicht (§ 62) findet die Strafverfolgung nur im gerichtlichen Verfahren statt.[6])

1) Für Preußen kommt hinsichtlich des Strafverfahrens das Gesetz, betreffend das Verwaltungsstrafverfahren bei Zuwiderhandlungen gegen die Zollgesetze usw. v. 26. 7. 97 (GesS. S. 237) in Betracht. Zuständig sind in den Fällen der §§ 38 Abs. 1, 40 Abs. 2, 42 Abs. 4 die Vorsitzenden der Einkommensteuer-Veranlagungskommissionen und im Beschwerdeverfahren die Vorsitzenden der Berufungskommissionen, in allen übrigen Fällen die Regierungen. Art. 27 d. pr. A. u. Allerh. Order v. 7. Aug. 1913 GesS. S. 371. Der Beschuldigte kann sich der in dem mit ihm aufzunehmenden Protokolle festzusetzenden Strafe, unter Verzicht auf Erlaß eines Strafbescheids, sofort unterwerfen. Andernfalls ergeht, nachdem die strafbare Handlung näher festgestellt worden ist, ein Strafbescheid, gegen welchen Beschwerde im Verwaltungswege binnen einer Woche nach Bekanntmachung des Strafbescheides oder innerhalb derselben Frist Antrag auf gerichtliche Entscheidung zulässig ist (§ 459 StO.).

2) Nach dem Art. 18 des Zollvereinigungsvertrages, der durch die RVU. nicht abgeändert worden und daher in Kraft geblieben ist, bleibt das Begnadigungs- und Strafverwandlungsrecht hinsichtlich der Zollstrafen jedem Vereinsstaate, also jedem Bundesstaate, in seinem Gebiete vorbehalten. Dies gilt nach § 63 auch für gnadenweise Strafmilderung bzw. gnadenweisen Erlaß der Strafe für Zuwiderhandlungen gegen das Wehrbeitragsgesetz. Für Preußen sind durch Allerhöchsten Erlaß v. 26. 9. 97 (GesS. S. 402) die Strafniederschlagungs- und Strafmilderungsbefugnisse in Zollstrafsachen

dem Finanzminister mit Delegationsbefugnis (vgl. Allgem. Verf. d. FM. v. 6. 10. 97, III 12757, ZBl. S. 408) übertragen.

3) Die Strafvollstreckung ist für Preußen geregelt durch die §§ 52 ff. des in Anm. 1 zitierten Ges. v. 26. 7. 97.

4) Die Strafverfolgung von Zollvergehen verjährt nach § 164 d. Vereinszollgesetzes v. 1. 7. 69 in drei Jahren, von dem Tage an gerechnet, an welchem die Straftat begangen ist. Die gleiche Frist gilt nach § 63 für Kontraventionen gegen das Wehrbeitragsgesetz. Der Erlaß eines Strafbescheides wirkt nach § 459 Abs. 3 d. StPO. in betreff der Unterbrechung der Verjährung wie eine richterliche Handlung. Auf die Zustellung des Strafbescheids kommt es nicht an.

5) Hierzu gehören das Freihafengebiet von Hamburg, die Hafenanlage in Kuxhafen und die Hafenanlagen in Bremerhaven, sowie die Insel Helgoland.

6) In diesen Fällen unterbleibt also das Verwaltungsstrafverfahren, auch wenn der Beschuldigte bereit ist, sich ihm zu unterwerfen.

§ 64. Die festgesetzten Geldstrafen fallen der Staatskasse des Bundesstaats zu, von dessen Behörde die Strafentscheidung getroffen ist.[1])

1) Leistet der Beitragspflichtige, welcher Wehrbeitrag, Strafe und Kosten zu entrichten hat, nur einen Teil der geschuldeten Gesamtsumme, so ist der eingezogene Betrag nach § 56 d. VerwStrafGes. zunächst auf die verwirkte Strafe, alsdann auf die Kosten des Verfahrens zu verrechnen. Beigetriebene Teilbeträge sind zunächst auf die Kosten der Beitreibung, im übrigen wie Teilzahlungen zu verrechnen.

§ 65. Die Umwandlung einer nicht beizutreibenden Geldstrafe in eine Freiheitsstrafe findet nicht statt.

§ 66. Das Verfahren in Wehrbeitragsangelegenheiten ist vorbehaltlich der Vorschrift des § 44 kosten-, gebühren-

und stempelfrei. Für das Rechtsmittel- und Strafverfahren bewendet es bei den sonst geltenden Vorschriften.[1])

1) Vollmachten zur Einlegung von Rechtsmitteln in Wehrbeitragssachen sind stempelpflichtig.

§ 67. Die Reichsbevollmächtigten für Zölle und Steuern[1]) haben bei der Ausführung dieses Gesetzes die gleichen Befugnisse und Pflichten, die ihnen hinsichtlich der Zölle und Verbrauchssteuern beigelegt sind. Der Umfang und die Art der Tätigkeit der Reichsbevollmächtigten werden vom Reichskanzler im Einvernehmen mit den Bundesregierungen geregelt.

Unter Zustimmung des Bundesrats kann der Reichskanzler die Wahrnehmung der Geschäfte der Reichsbevollmächtigten für den Wehrbeitrag anderen Beamten übertragen.

1a) Vgl. Art. 36 d. RVU. Dort wird bestimmt:

„Der Kaiser überwacht die Einhaltung des gesetzlichen Verfahrens durch Reichsbeamte, welche er den Zoll- oder Steuerämtern und den Direktivbehörden der einzelnen Staaten, nach Vernehmung des Ausschusses des Bundesrats für Zoll- und Steuerwesen, beiordnet.

Die von diesen Beamten über Mängel bei der Ausführung der gemeinschaftlichen Gesetzgebung (Art. 35) gemachten Anzeigen werden dem Bundesrate zur Beschlußnahme vorgelegt."

1b) Die Reichsbevollmächtigten werden gewöhnlich aus anderen Bundesstaaten entnommen. Sie unterstehen dem Reichsschatzamt. Ihre Rechte sind näher umschrieben in Art. 20 d. Zollvereinigungsvertrags v. 8. 7. 67. Sie haben die Befugnis, von allen vorkommenden Geschäften Kenntnis zu nehmen und Ausstellungen zu erheben, Anweisungen dürfen sie dagegen nicht erteilen. Führen ihre Ausstellungen nicht zum gewünschten Erfolg, so haben sie an das Reichsschatzamt zu berichten. Dieses kann entweder die Ausstellung als erledigt ansehen, oder sie zur Kenntnis der obersten Landesfinanzbehörde bringen. Verständigt sich diese nicht mit dem Reichsschatzamt, so wird die Anzeige gemäß Art. 36 d. RVU. dem Bundesrat zur Beschlußnahme vorgelegt, dessen Entscheidung gemäß Art. 7 Nr. 3 d. RVU. für die Landesbehörde maßgebend ist.

§ 68. Gibt ein Beitragspflichtiger bei der Veranlagung zum Wehrbeitrag oder in der Zwischenzeit seit dem Inkrafttreten dieses Gesetzes bei der Veranlagung zu einer direkten Staats- oder Gemeindesteuer Vermögen oder Einkommen an, das bisher der Besteuerung durch einen Bundesstaat oder eine Gemeinde entzogen worden ist, so bleibt er von der landesgesetzlichen Strafe und der Verpflichtung zur Nachzahlung der Steuer für frühere Jahre frei.[1][2])

1a) Zu dem hier ausgesprochenen Generalpardon bemerkt die Begründung des Gesetzentwurfs folgendes: „Damit nicht die Furcht vor Strafe, Vermögens- und sonstigen Nachteilen die Beitragspflichtigen abhalte, ihr Vermögen wahrheitsgemäß anzugeben, ist im § 68 vorgesehen, daß Beitragspflichtige, die bisher Vermögen als solches oder als Ertragsquelle der direkten Besteuerung durch Bundesstaat oder Gemeinden entzogen haben, von der landesgesetzlichen Strafe und der Verpflichtung zur Nachzahlung der Steuer für frühere Jahre frei bleiben."

1b) Die Straffreiheit tritt nicht nur in solchen Fällen ein, in denen der Beitragspflichtige gelegentlich der Veranlagung zum Wehrbeitrag selber die früher gemachten falschen Angaben berichtigt, sondern es soll ihm Freiheit von Strafe und Nachsteuer auch dann zukommen, wenn er nach dem Inkrafttreten des Wehrbeitragsgesetzes bis zur Veranlagung zum Wehrbeitrag bei Veranlagungsverhandlungen, welche eine direkte einzelstaatliche Steuer oder eine Gemeindesteuer betreffen, die Berichtigung vornimmt. KommBer. S. 100 u. 124. Da Reichsgesetze nach Art. 2 der Reichsverfassung, mangels besonderer Anordnung in dem Gesetze selbst, mit dem 14. Tage nach Ablauf desjenigen Tages, an welchem das betreffende Stück des Reichsgesetzblatts in Berlin ausgegeben worden ist, in Kraft treten, das Wehrbeitragsgesetz aber besondere Bestimmungen über sein Inkrafttreten nicht enthält, und das Stück des Reichsgesetzblatts, in welchem das Wehrbeitragsgesetz verkündet worden ist, in Berlin am 12. Juli 1913 ausgegeben ist, so ist das Gesetz mit dem 26. Juli 1913 in Kraft getreten.

1c) Der § 66 findet auch dann Anwendung, wenn die früheren falschen Angaben sich auf Einkommen oder Ertrag eines Vermögens bezogen, das nunmehr zum Wehrbeitrag heranzuziehen ist. Es bleibt also beispielsweise in Preußen ein Wehrbeitragspflichtiger von Strafe und Nachsteuer frei, der keine Vermögensanzeige abgegeben, aber in der Steuererklärung das Einkommen aus Kapitalvermögen oder aus einer andern, zum Wehrbeitrag heranzuziehenden Quelle zu niedrig angegeben hat und nunmehr diese falschen Angaben berichtigt. Begr. d. Ges. Entw. VII und KommBer. S. 100.

2) Die Zusicherung der Freiheit von Strafe und Nachsteuer bezieht sich nicht auf solche bisher verheimlichten Vermögens- und Einkommensbeträge, hinsichtlich deren bereits auf Grund der Landesgesetze ein Strafverfahren oder eine Steuerneuveranlagung oder Nachveranlagung eingeleitet worden ist. § 15 d. A.

§ 69. Die Einnahme aus dem Wehrbeitrage zuzüglich freiwilliger Beiträge ist ausschließlich zur Deckung der Kosten für die auf Grund der Vorlage an den Reichstag vom 28. März 1913 beschlossene Verstärkung der Wehrmacht zu verwenden. Als solche Kosten gelten die einmaligen Ausgaben und die fortdauernden Ausgaben der Jahre 1913 bis 1916, soweit diese nicht aus dem Ertrage der erlassenen oder noch zu erlassenden Deckungsgesetze oder aus laufenden Einnahmen bestritten werden können.

Wenn nach dem Voranschlage für das Jahr 1915 die Einnahme aus dem Wehrbeitrage die Ausgaben, zu deren Deckung sie bestimmt ist, überschreitet, ist der Mehrbetrag zur Kürzung des letzten Drittels des Wehrbeitrags nach Maßgabe des Reichshaushaltsgesetzes bereitzustellen.[1])

1) Die bei der Beratung des Gesetzentwurfs gestellten Anträge, einen etwaigen Überschuß des Wehrbeitrags über 990 Millionen

Mark zur außerordentlichen Schuldentilgung zu verwenden, bzw. die die Summe von 1000 Millionen Mark übersteigenden Einnahmen aus dem Wehrbeitrag für bestimmte sozialpolitische Zwecke (Veteranenfürsorge, Mutterschaftsfürsorge, Unterstützung des gemeinnützigen Wohnungsbaues, Bekämpfung von Krankheiten) festzulegen, sind abgelehnt worden. Der Wehrbeitrag soll ausschließlich bestimmt sein zur Deckung der Kosten der Militärvorlage. Deshalb erscheint es gerechtfertigt, den dafür nicht erforderlichen Ertrag, der sich aus etwaigen Überschüssen ergibt, bei Erhebung der dritten Rate zurückzuerstatten. Da man aber noch nicht übersehen kann, ob und in welcher Weise die Erstattung möglich sein wird, ist das Nähere hierüber dem Reichshaushaltsgesetz vorbehalten worden. Zu den Kosten der Militärvorlage in diesem Sinne gehören auch diejenigen Fehlbeträge, die sich in den Jahren 1913 bis 1916 an den fortlaufenden Ausgaben ergeben werden, soweit sie nicht aus laufenden Einnahmen und aus dem Ertrage der erlassenen oder noch zu erlassenden Deckungsgesetze ihre Deckung finden. KommBer. S. 125.

§ 70. Die Ausführungsbestimmungen zu diesem Gesetz erläßt der Bundesrat. Er bestimmt auf Antrag der Landesregierung, ob und mit welcher Maßgabe die Unterlagen der landesrechtlichen Steuerveranlagung bei der Feststellung des Wehrbeitrags benutzt werden können.[1])

Urkundlich unter Unserer Höchsteigenhändigen Unterschrift und beigedrucktem Kaiserlichen Insiegel.

Gegeben Kiel, den 3. Juli 1913.

(L. S.) Wilhelm.

von Bethmann Hollweg.

1) Durch die Bestimmung in Satz 2 des § 70 wird die einheitliche Anwendung der Vorschriften des Gesetzes über den Umfang der Steuerpflicht und über das Veranlagungsverfahren nicht berührt. Begr. d. Ges. Entw. VII, Abs. 2.

Anhang I.

Tabelle

über den gegenwärtigen Kapitalwert einer Rente oder Nutzung im Werte von 1 ℳ auf eine bestimmte Anzahl von Jahren behufs Berechnung des davon zu entrichtenden Wehrbeitrags.

(Zu § 21 Abs. 1 d. Ges.)

Anzahl der Jahre	Kapitalwert ℳ	Kapitalwert ₰	Anzahl der Jahre	Kapitalwert ℳ	Kapitalwert ₰	Anzahl der Jahre	Kapitalwert ℳ	Kapitalwert ₰
1	1	0,0	30	17	98,4	59	23	43,0
2	1	96,2	31	18	29,0	60	23	52,8
3	2	88,6	32	18	58,9	61	23	62,4
4	3	77,5	33	18	87,4	62	23	71,5
5	4	63,0	34	19	14,8	63	23	80,3
6	5	45,1	35	19	41,1	64	23	88,7
7	6	24,2	36	19	66,5	65	23	96,9
8	7	00,2	37	19	90,8	66	24	04,7
9	7	73,3	38	20	14,3	67	24	12,2
10	8	43,5	39	20	36,8	68	24	19,4
11	9	11,1	40	20	58,5	69	24	26,4
12	9	76,0	41	20	79,3	70	24	33,0
13	10	38,5	42	20	99,3	71	24	39,5
14	10	98,6	43	21	18,6	72	24	45,6
15	11	56,3	44	21	37,1	73	24	51,6
16	12	11,8	45	21	54,9	74	24	57,3
17	12	65,2	46	21	72,0	75	24	62,8
18	13	16,6	47	21	88,5	76	24	68,0
19	13	65,9	48	22	04,3	77	24	73,1
20	14	13,4	49	22	19,5	78	24	78,0
21	14	59,0	50	22	34,2	79	24	82,7
22	15	02,9	51	22	48,2	80	24	87,2
23	15	45,1	52	22	61,8	81	24	91,5
24	15	85,7	53	22	74,8	82	24	95,7
25	16	24,7	54	22	87,3	83	24	99,7
26	16	62,2	55	22	99,3	84	25	00,0
27	16	98,3	56	23	10,9	und		
28	17	33,0	57	23	22,0	mehr		
29	17	66,3	58	23	32,7			

Ausführungsbestimmungen

zum

Gesetz über einen einmaligen außerordentlichen Wehrbeitrag vom 3. Juli 1913.

Vom 6. November 1913.

(RGBl. S. 1088 ff.)

Veranlagungsbehörden und Oberbehörden.

§ 1. (1) Die mit der Veranlagung des Wehrbeitrags betrauten Behörden (Veranlagungsbehörden) und die ihnen übergeordneten Behörden (Oberbehörden) werden von den Landesregierungen bestimmt und öffentlich bekanntgemacht. Ein Verzeichnis der Veranlagungsbehörden und Oberbehörden ist unter Angabe ihrer Amtsbezirke dem Reichskanzler zur Veröffentlichung im Zentralblatt für das Deutsche Reich mitzuteilen.

(2) Die Landesregierung kann die Erhebung des Wehrbeitrags anderen Stellen als den Veranlagungsbehörden übertragen. Sie bestimmt auch, ob und inwieweit andere Behörden als Hilfsstellen der Veranlagungsbehörden beim Veranlagungsgeschäfte mitzuwirken haben. In diesem Falle sind die zur Regelung des Geschäftsverkehrs erforderlichen besonderen Bestimmungen zu treffen.

(3) Befugnisse, die in den nachstehenden Vorschriften den Veranlagungsbehörden übertragen sind, können von der obersten Landesfinanzbehörde im Einverständnis mit dem Reichskanzler (Reichsschatzamt) den Oberbehörden übertragen werden.

Zuständigkeit.

§ 2. (1) Für die Zuständigkeit der Bundesstaaten zur Veranlagung und Erhebung des Wehrbeitrags sind maßgebend die Wohnsitz- oder Aufenthaltsverhältnisse des Beitragspflichtigen am 31. Dezember 1913.

(2) Hat der Beitragspflichtige erst nach dem 31. Dezember 1913, aber noch innerhalb der in § 13 bezeichneten Frist im Reiche seinen Wohnsitz begründet oder seinen gewöhnlichen Aufenthalt genommen, so ist der Bundesstaat zuständig, in dem er seinen Wohnsitz begründet oder seinen Aufenthalt genommen hat.

(3) Hat der Beitragspflichtige weder am 31. Dezember 1913 noch innerhalb der in § 13 bezeichneten Frist in einem Bundesstaat einen Wohnsitz oder seinen gewöhnlichen Aufenthalt, so ist der Bundesstaat zuständig, in welchem er seinen letzten inländischen Wohnsitz oder Aufenthalt gehabt hat. Hat der Beitragspflichtige auch früher keinen inländischen Wohnsitz oder Aufenthalt gehabt, so ist der Bundesstaat zuständig, in dessen Gebiete sich das beitragspflichtige Vermögen befindet, und, wenn das Vermögen sich in mehreren Bundesstaaten befindet, der Bundesstaat, in dessen Gebiete sich der größere Teil des Vermögens befindet.

§ 3. Die Vorschriften über die Zuständigkeit der Bundesstaaten gelten auch entsprechend für die Zuständigkeit der bundesstaatlichen Veranlagungsbehörden. Die oberste Landesfinanzbehörde des für die Veranlagung des Wehrbeitrags zuständigen Bundesstaats kann jedoch die Abgrenzung der Zuständigkeit seiner Veranlagungsbehörden anderweit regeln.

Ermittelung der beitragspflichtigen Personen und deren Eintragung in die Wehrbeitragslisten.

§ 4. (1) Vor der öffentlichen Aufforderung zur Abgabe der Vermögenserklärungen (§ 15) sind für jeden Veranlagungsbezirk die Personen zu ermitteln und in die Wehrbeitragsliste einzutragen, die für die Veranlagung zum Wehrbeitrag in Frage kommen (§ 5).

(2) Die Wehrbeitragsliste ist nach Anleitung der Muster 1

und 2* einzurichten. Das Muster 1 ist für natürliche Personen (Wehrbeitragsliste A), das Muster 2 für Aktiengesellschaften und Kommanditgesellschaften auf Aktien (Wehrbeitragsliste B) bestimmt.

§ 5. In die Wehrbeitragsliste A sind jedenfalls die natürlichen Personen aufzunehmen, welche die Voraussetzungen der subjektiven Beitragspflicht erfüllen und von denen zu vermuten ist, daß sie ein Vermögen von mehr als zehntausend Mark oder ein Einkommen von mehr als viertausend Mark haben.

§ 6. (1) In die Wehrbeitragsliste eines Veranlagungsbezirkes sind die Personen aufzunehmen, die in diesem Bezirke zu veranlagen sind.

(2) Bestehen Zweifel darüber, ob die Veranlagungsbehörde zur Veranlagung eines Beitragspflichtigen zuständig ist und können diese Zweifel vor der öffentlichen Aufforderung zur Abgabe der Vermögenserklärungen nicht beseitigt werden, so ist eine solche Person in jedem Veranlagungsbezirke, der für die Veranlagung des Wehrbeitrags in Frage kommt, in die Wehrbeitragsliste aufzunehmen. Dies gilt abgesehen von Beitragspflichtigen mit mehrfachem Wohnsitz insbesondere für solche Personen, die in dem Veranlagungsbezirke Grund- oder Betriebsvermögen besitzen und die im Inland keinen der Behörde bekannten Wohnsitz oder Aufenthalt haben.

§ 7. Ist der Veranlagungsbehörde bekannt oder haben die eingeleiteten Verhandlungen ergeben, daß ein Beitragspflichtiger, der in ihrem Bezirke Grund- oder Betriebsvermögen besitzt, in einem anderen Veranlagungsbezirke zum Wehrbeitrage zu veranlagen ist, so ist der zuständigen Veranlagungsbehörde hiervon unter Mitteilung etwaiger landesrechtlicher Veranlagungsmerkmale Nachricht zu geben.

---

* Die Muster sind nicht mit abgedruckt.

§ 8. Hat eine Person in einem Veranlagungsbezirke Grund- oder Betriebsvermögen, ohne in diesem Veranlagungsbezirke zugleich einen Wohnsitz oder Aufenthalt zu haben, so darf die Aufnahme in die Wehrbeitragsliste (§ 6) oder die Benachrichtigung der zuständigen Veranlagungsbehörde (§ 7) unterbleiben, wenn der Behörde die Vermögensverhältnisse des Inhabers dieses Grund- oder Betriebsvermögens genügend bekannt sind und danach feststeht, daß er ein beitragspflichtiges Gesamtvermögen von mehr als zehntausend Mark nicht besitzt.

§ 9. (1) Inländische Aktiengesellschaften und Kommanditgesellschaften auf Aktien sind in die Wehrbeitragsliste B des Veranlagungsbezirkes aufzunehmen, in dem sie ihren Sitz haben.

(2) Hinsichtlich der Aufnahme der ausländischen Aktiengesellschaften und Kommanditgesellschaften auf Aktien in die Wehrbeitragsliste gelten die Bestimmungen in den §§ 6 bis 8 entsprechend.

§ 10. Die näheren Bestimmungen über die Ermittelung der in die Wehrbeitragsliste aufzunehmenden Personen erläßt die oberste Landesfinanzbehörde.

§ 11. Die Wehrbeitragsliste wird abgeschlossen, sobald die Veranlagung (§§ 21 ff.) in der Hauptsache durchgeführt und ihr Ergebnis darin eingetragen ist. Bis dahin ist sie fortlaufend zu ergänzen und zu berichtigen. Sind Personen zu streichen, so ist der Grund der Streichung in der Bemerkungsspalte ersichtlich zu machen.

§ 12. Personen, deren Beitragspflicht erst nach Abschluß der Wehrbeitragsliste festgestellt wird, sowie Personen, die bei Wechsel des Wohnorts der Veranlagungsbehörde des neuen Wohnorts zum Zwecke der Erhebung des Wehrbeitrags überwiesen werden (§ 68), sind in eine Zugangsliste aufzunehmen, die ebenso einzurichten ist wie die Wehrbeitragsliste.

Vermögenserklärung.

§ 13. (1) Als Frist für die Abgabe der Vermögenserklärung (§ 36 Abs. 1 des Gesetzes) wird die Zeit vom 2. bis 15. Januar 1914 bestimmt. Die oberste Landesfinanzbehörde kann einen anderen Anfangs- und Endtermin festsetzen; doch muß die Frist mindestens zwei Wochen betragen und mit ihrem Anfang und ihrem Ende in den Monat Januar 1914 fallen. Für Beitragspflichtige, die Inhaber eines unter § 15 Abs. 2 des Gesetzes fallenden Betriebs sind und die ihrer Vermögenserklärung den Abschluß für den 31. Dezember 1913 zugrunde legen, kann nach näherer Bestimmung der obersten Landesfinanzbehörde die Frist zur Abgabe der Vermögenserklärung bis zum 15. April 1914 verlängert werden.

(2) Der Reichskanzler (Reichsschatzamt) ist ermächtigt, für solche Bundesstaaten, in denen die Aufstellung der Wehrbeitragslisten (§§ 4 ff.) bis Ende Dezember 1913 sich nicht als ausführbar erweist, auf Antrag der obersten Landesfinanzbehörde eine spätere als die in Abs. 1 bestimmte Frist, die sich aber nicht über den 31. Mai 1914 hinaus erstrecken darf, festzusetzen.

§ 14. Die in § 13 bezeichnete Frist verlängert sich für die in außereuropäischen Ländern und Gewässern Abwesenden auf sechs Monate, für die im europäischen Ausland Abwesenden auf sechs Wochen.

Öffentliche Aufforderung zur Abgabe der Vermögenserklärung.

§ 15. (1) Mindestens eine Woche vor Beginn der in § 13 bezeichneten Frist erläßt die Veranlagungsbehörde oder die Oberbehörde in den für amtliche Bekanntmachungen der unteren Verwaltungsbehörden bestimmten Tagesblättern eine öffentliche Aufforderung zur Abgabe der Vermögenserklärungen zum Zwecke der Veranlagung des Wehrbeitrags. Die oberste Landesfinanzbehörde kann anordnen, daß die Aufforderung außerdem in sonst ortsüblicher Weise bekanntgemacht wird. In dieser Aufforderung, die mit öffentlichen Bekanntmachungen über die Veranlagung von Landessteuern verbunden werden kann, sind die Beitragspflichtigen über ihre Pflicht zur Abgabe einer Vermögenserklärung, über die Vorschriften der §§ 56, 57 und 38, 68 des Gesetzes zu belehren. In der Aufforderung ist ferner auf die Vorschrift in § 51 Abs. 2 des Gesetzes über Vorauszahlung des Wehrbeitrags sowie darauf hinzuweisen, daß freiwillige Wehrbeiträge angenommen werden.

(2) Die Zusicherung der Freiheit von Strafe und Nachsteuer in § 68 des Gesetzes bezieht sich nicht auf solche bisher verheimlichten Vermögens- und Einkommensbeträge, hinsichtlich deren bereits auf Grund der Landesgesetze ein Strafverfahren oder eine Steuerneuveranlagung oder Nachveranlagung eingeleitet worden ist.

Besondere Aufforderung zur Abgabe der Vermögenserklärung.

§ 16. (1) Gleichzeitig mit der öffentlichen Aufforderung (§ 15) und noch vor Beginn der in § 13 bezeichneten Frist ist den Personen, von denen die Veranlagungsbehörde annimmt, daß sie zur Abgabe einer Vermögenserklärung nach § 36 Abs. 1 des Gesetzes verpflichtet sind, ein Vordruck für diese nebst einem Abdruck der öffentlichen Bekanntmachung zu übersenden; alle anderen in die Wehrbeitragsliste aufgenommenen Personen sind gemäß § 36 Abs. 2 des Gesetzes unter Beifügung eines Vordrucks besonders aufzufordern, eine Vermögenserklärung binnen der in § 13 bezeichneten oder einer auf mindestens 14 Tage zu bemessenden besonderen Frist abzugeben. Die oberste Landesfinanzbehörde kann im Einverständnis mit dem Reichskanzler (Reichsschatzamt) ein anderes Verfahren vorschreiben.

(2) Ein Beitragspflichtiger, der von mehreren Behörden zur Abgabe einer Vermögenserklärung aufgefordert wird, ist nur verpflichtet, einer Behörde die Vermögenserklärung ab-

zugeben. Macht er von dieser Möglichkeit Gebrauch, so hat er den anderen Behörden mitzuteilen, daß und welcher Behörde er eine Vermögenserklärung abgegeben hat.

§ 17. Die Veranlagungsbehörde kann einem Beitragspflichtigen, der glaubhaft macht, daß ihm die Abgabe der Vermögenserklärung innerhalb der in § 13 bezeichneten Frist nicht möglich ist, die Frist zur Abgabe der Vermögenserklärung angemessen verlängern.

§ 18. (1) Die Vermögenserklärung des Ehemanns hat das Vermögen der Ehefrau mitzuumfassen, sofern die Ehegatten nicht dauernd voneinander getrennt leben.

(2) Für einen nach dem 31. Dezember 1913, aber vor Abgabe der Vermögenserklärung verstorbenen Beitragspflichtigen ist die Vermögenserklärung, wenn ein ohne Beschränkung der Verwaltungsbefugnis auf einzelne Gegenstände bestellter Testamentsvollstrecker oder ein Nachlaßpfleger die Verwaltung des Nachlasses übernommen hat, von diesen Personen, andernfalls von den Erben abzugeben. Sind mehrere Verpflichtete vorhanden und gibt ein Verpflichteter die Vermögenserklärung ab, so werden die anderen dadurch von der Verpflichtung befreit. Hat von mehreren Erben einer der Veranlagungsbehörde gegenüber die Erfüllung der den Erben in Ansehung des Wehrbeitrags obliegenden Pflichten übernommen, so ist die Aufforderung zur Abgabe der Vermögenserklärung nur an ihn, andernfalls nach dem Ermessen der Veranlagungsbehörde an einen von ihnen zu richten.

§ 19. (1) Die Vermögenserklärung ist nach Anleitung der Muster 3 und 4* zu gestalten.

(2) Vordrucke für die Vermögenserklärung sind dem Beitragspflichtigen kostenlos zu verabfolgen.

(3) Die oberste Landesfinanzbehörde kann bestimmen, daß die Vermögenserklärung auch mündlich bei der Veranlagungs-

---

* s. S. 186—194.

behörde abgegeben werden kann; der hiernach ausgefüllte Vordruck ist vom Beitragspflichtigen und vom Veranlagungsbeamten zu unterzeichnen.

(4) Sofern in der Vermögenserklärung nur Angaben zu wiederholen wären, die in einer für das laufende oder das kommende Steuerjahr in Landessteuersachen abgegebenen Vermögensanzeige gemacht worden sind, so genügt es, wenn hierauf mit der ausdrücklichen Erklärung Bezug genommen wird, daß die dort gemachten Angaben dem Vermögensstande vom 31. Dezember 1913 entsprechen.

(5) Ebenso kann, wenn für Landessteuerzwecke zuverlässige Darstellungen des gesamten im Bundesstaate gelegenen Grundbesitzes der einzelnen Steuerpflichtigen bestehen und fortgeführt werden, die Aufführung der einzelnen Grundstücke unterbleiben und ihr Steuerwert im ganzen angegeben werden. Doch muß das in anderen Bundesstaaten gelegene Grundvermögen besonders aufgeführt werden.

§ 20. (1) Die Abgabe der Vermögenserklärung ist nötigenfalls durch vorher anzudrohende Geldstrafen bis zu fünfhundert Mark zu erzwingen.

(2) Gleichzeitig mit der Straffestsetzung auf Grund des § 38 Abs. 1 des Gesetzes ist dem Säumigen eine angemessene weitere Frist zur Abgabe der Vermögenserklärung zu setzen.

(3) Die Geldstrafe kann so lange wiederholt werden, bis der Beitragspflichtige seiner Verpflichtung zur Abgabe der Vermögenserklärung nachgekommen ist.

(4) Durch die fortgesetzte Weigerung des Beitragspflichtigen, eine Vermögenserklärung abzugeben, wird seine Veranlagung zum Wehrbeitrag auf Grund einer schätzungsweisen Feststellung des Vermögens nicht gehindert.

(5) Von der Auferlegung eines Zuschlags zu dem geschuldeten Wehrbeitrage (§ 38 Abs. 2 des Gesetzes) bei nicht rechtzeitiger Abgabe der Vermögenserklärung soll dann abgesehen werden, wenn die Umstände des Einzelfalls das Versäumnis

als entschuldbar erscheinen lassen. Der Zuschlag ist stets aus dem gesamten Wehrbeitrag zu berechnen, nicht bloß aus dem auf das Vermögen entfallenden Teil.

Prüfung der Vermögenserklärung.

§ 21. Die Veranlagungsbehörde hat die Angaben in den Vermögenserklärungen auf ihre Richtigkeit und Vollständigkeit zu prüfen.

Ermittelung des Vermögenswerts.

§ 22. (1) Der Ermittelung des Vermögenswerts ist, soweit das Gesetz nichts anderes vorschreibt, der Stand des Vermögens und der gemeine Wert seiner einzelnen Bestandteile am 31. Dezember 1913 zugrunde zu legen.

(2) Der gemeine Wert (Verkaufs- oder Verkehrswert) wird durch den Preis bestimmt, der im gewöhnlichen Geschäftsverkehre nach der Beschaffenheit des Gegenstandes ohne Rücksicht auf ungewöhnliche oder lediglich persönliche Verhältnisse zu erzielen ist.

(3) Ein Vermögensbestandteil, dessen Wert im ganzen zu ermitteln ist, umfaßt alle Gegenstände, die in einem wirtschaftlichen Zusammenhange zueinander stehen.

§ 23. (1) Nach § 15 Abs. 2 des Gesetzes kann der Beitragspflichtige, unbeschadet der Nachprüfung nach § 41 des Gesetzes, verlangen, daß das in einem Betriebe, für welchen regelmäßige jährliche Abschlüsse stattfinden, angelegte Vermögen nach dem Bestand und Werte am Schlusse des letzten Wirtschafts- oder Rechnungsjahrs festgestellt wird.

(2) Die Anwendung des § 15 Abs. 2 des Gesetzes setzt eine ordnungsmäßige Buchführung voraus, ist aber nicht davon abhängig, daß der Beitragspflichtige zur Führung von Handelsbüchern gesetzlich verpflichtet ist. Als in dem Betrieb angelegt gilt dasjenige Vermögen, auf welches die Buchführung sich erstreckt.

Ermittelung des Ertragswerts.

§ 24. (1) Zu den Grundstücken, die dauernd land- oder forstwirtschaftlichen oder gärtnerischen Zwecken zu dienen bestimmt sind (§ 17 des Gesetzes), sind land- oder forstwirtschaftlich oder gärtnerisch genutzte Grundstücke nicht mehr zu rechnen, deren gemeiner Wert jetzt schon durch ihre Lage als Bauland oder als Land zu Verkehrszwecken bestimmt wird, oder bei denen nach den sonstigen Umständen, z. B. nach ihrer Lage und Beschaffenheit, ihrem Erwerbspreis oder ihrer Belastung, anzunehmen ist, daß sie in absehbarer Zeit anderen als land- oder forstwirtschaftlichen oder gärtnerischen Zwecken dienen werden.

(2) Bebaute Grundstücke, die Wohnzwecken oder gewerblichen Zwecken zu dienen bestimmt sind, fallen nur dann unter § 17 des Gesetzes, wenn ihre gegenwärtige Bebauung und Benutzung der ortsüblichen Bebauung und Benutzung entspricht. Dies ist dann zu verneinen, wenn die Art der Benutzung und die Höhe der Aufwendungen für die Herstellung und Unterhaltung von baulichen und sonstigen Anlagen erkennen lassen, daß ein Grundstück außergewöhnlichen Zwecken, insbesondere dem Luxus des Besitzers, zu dienen bestimmt ist, oder wenn der gemeine Wert eines Grundstücks durch eine wirtschaftliche Verwertbarkeit bestimmt wird, die eine wesentlich andere Bebauung und Benutzung als die gegenwärtige voraussetzt.

a) Bei land- oder forstwirtschaftlichen oder Gärtnereigrundstücken.

§ 25. Bei der Ermittelung des Ertragswerts von land- oder forstwirtschaftlichen oder Gärtnereigrundstücken sind die der Land- oder Forstwirtschaft oder der Gärtnerei einschließlich etwaiger Nebenbetriebe dienenden Gebäude und Betriebsmittel mitzuberücksichtigen. Hierbei wird ein angemessener Bestand an lebendem und totem Inventar und an sonstigem Betriebskapitale vorausgesetzt. Ein Mehr- oder Minderwert der dem Grundstückseigentümer gehörenden Gebäude und Betriebsmittel gegenüber einem wirtschaftlich normalen Bestand ist dem Ertragswert hinzu- oder von ihm abzurechnen, insoweit er geeignet ist, den Ertrag zu beeinflussen.

§ 26. (1) Der Berechnung des Ertragswerts bei landwirtschaftlich oder gärtnerisch genutzten Grundstücken ist der Reinertrag zugrunde zu legen, den ein ordentlicher Unternehmer von den Grundstücken nach ihrer bisherigen wirtschaftlichen Bestimmung bei gemeinüblicher Bewirtschaftung und unter gewöhnlichen Verhältnissen im Durchschnitt einer Reihe von Jahren für ein Wirtschaftsjahr erzielen kann.

(2) Bei Grundstücken, bei denen die Ergebnisse des Wirtschaftsbetriebs dem Boden unmittelbar entnommen werden, wie bei Sand-, Lehm-, Tongruben, Stein-, Schiefer-, Kalk- oder Kreidebrüchen, Torfstichen usw., deren Ausbeutung in unmittelbarer Verbindung mit einem land- oder forstwirtschaftlichen oder Gärtnereibetrieb erfolgt, ist die Jahresgewinnung um einen der fortschreitenden Erschöpfung des Bodens entsprechenden Betrag zu kürzen.

(3) Sind Grundstücke zu einer wirtschaftlichen Einheit verbunden, so ist der Reinertrag unter Berücksichtigung dieser Zusammengehörigkeit von den Grundstücken als einheitlichem Ganzen zu berechnen.

§ 27. (1) In die zur Ermittelung des Reinertrags vom Rohertrag abzuziehenden Bewirtschaftungskosten sind alle Kosten einzurechnen, die aufzuwenden sind, um mit entlohnten fremden Arbeitskräften den Rohertrag zu erzielen. Ist bei Zugrundelegung der Verhältnisse einer ordnungsmäßigen Bewirtschaftung zur Oberleitung des gesamten Betriebs eine besondere Arbeitskraft für erforderlich zu erachten, so ist bei selbstbewirtschafteten Betrieben der Wert der Tätigkeit des Selbstbewirtschafters vom Rohertrag insoweit in Abzug zu bringen, als diese Tätigkeit des Selbstbewirtschafters eine solche besondere Arbeitskraft ersetzt und der dafür angesetzte Wertbetrag die angemessene Entlohnung einer solchen Arbeitskraft nicht übersteigt.

(2) Zum Rohertrag ist auch der Mietwert der vom Eigentümer oder vom Pächter und deren Angehörigen selbst bewohnten oder zur Führung des Haushalts benutzten Gebäude zu rechnen.

(3) Was zur Bestreitung des Haushalts des Besitzers aus den Ergebnissen des Wirtschaftsbetriebs zu entnehmen ist, darf aus dem Rohertrage nicht ausgeschieden werden.

§ 28. Bei Forsten (Holzungen) ist, soweit eine ordnungsmäßige Bewirtschaftung auf Grund eines nach forstwirtschaftlichen Grundsätzen aufgestellten Bewirtschaftungsplans stattgefunden hat und außergewöhnliche, nicht innerhalb der regelmäßigen Nutzung liegende Abtriebe nicht vorgekommen sind, zunächst der Gesamtreinertrag während des vorangegangenen, der Zahl der Jahre der Wirtschaftsperiode entsprechenden Zeitraums zu berechnen. Hierbei sind in Einnahme zu stellen der Erlös für die in dem maßgebenden Zeitraum aus dem regelmäßigen Abtrieb sowie den Zwischen- und Nebennutzungen erzielten Erzeugnisse, in Ausgabe als Bewirtschaftungskosten die Aufwendungen für Aufsicht und Verwaltung, Schlagen, Aufbereitung, Rücken und Flößen der Hölzer, für Aufforstung sowie für Unterhaltung der Baulichkeiten (Forsthäuser, Brücken, Wege usw.). Der Berechnung des Ertragswerts ist der Reinertrag zugrunde zu legen, der durchschnittlich auf ein Jahr des der Berechnung des Gesamtreinertrags zugrunde gelegten Zeitraums entfällt. Von der Berechnung des Ertragswerts nach dem wirklichen Reinertrage sind diejenigen Flächen auszuscheiden, auf denen während des maßgebenden Zeitraums Neubeforstungen behufs Erweiterung des Forstbestandes oder Abtriebe behufs Änderung der Kulturart stattgefunden haben.

§ 29. Soweit nicht in § 28 etwas anderes bestimmt ist, ist der Reinertrag schätzungsweise zu ermitteln. Eine Berechnung des Ertragswerts aus dem von den Grundstücken wirklich erzielten Reinertrage findet nicht statt.

b) **Bei bebauten Grundstücken, die Wohnzwecken oder gewerblichen Zwecken dienen.**

§ 30. Bei bebauten Grundstücken, die Wohnzwecken oder gewerblichen Zwecken zu dienen bestimmt sind, wird der Berechnung des Ertragswerts der Miet- oder Pachtreinertrag zugrunde gelegt, der im Durchschnitt der letzten drei Jahre erzielt worden ist oder im Falle der Vermietung oder Verpachtung hätte erzielt werden können. Der Miet- oder Pachtreinertrag ergibt sich aus dem Miet- oder Pachtrohertrage nach Abzug von einem Fünftel des Rohertrags für Nebenleistungen und Instandhaltungskosten oder von dem als erforderlich nachgewiesenen höheren Betrage für Nebenleistungen und Instandhaltungskosten.

§ 31. (1) Ist das Grundstück vermietet oder verpachtet gewesen, so ist der durchschnittliche Jahresmiet- oder -pachtrohertrag aus dem Miet- oder Pachterlöse zu berechnen, der auf Grund der Miet- oder Pachtverträge in den letzten drei Jahren zu erzielen war. Ausfälle an Miet- oder Pachtgeldern infolge Zahlungsunfähigkeit des Schuldners oder aus anderen Gründen dürfen nicht berücksichtigt werden. Soweit das Grundstück zum Teil oder zeitweise nicht vermietet oder nicht verpachtet war, ist für den vom Eigentümer selbst benutzten oder aus einem anderen Grunde unvermietet oder unverpachtet gebliebenen Teil des Grundstücks ein dem Nutzungswerte dieses Teiles und des vermieteten oder verpachteten Teiles entsprechender oder ein dem Zeitraum entsprechender Verhältnisbetrag dem erzielten Miet- oder Pachtpreis zuzurechnen.

(2) Ist das Grundstück in den letzten drei Jahren überhaupt nicht oder nur zu einem unwesentlichen Teile oder für einen unwesentlichen Zeitraum vermietet oder verpachtet gewesen, so ist der Miet- oder Pachtertrag nach den ortsüblichen

Miet- oder Pachtpreisen für gleiche oder ähnliche Grundstücke zu berechnen.

§ 32. (1) Beansprucht der Beitragspflichtige einen höheren Abzug als ein Fünftel von dem Miet- oder Pachtrohertrage, so hat er den erforderlichen tatsächlichen Aufwand für Nebenleistungen und Instandhaltungskosten der Veranlagungsbehörde nachzuweisen. Soweit für Nebenleistungen und für die Instandhaltung des Grundstücks die eigene Arbeitskraft des Eigentümers oder die seiner Angehörigen in Anspruch genommen worden ist, kann der Beitragspflichtige für diese Tätigkeit einen angemessenen Betrag ansetzen, den er aufzuwenden gehabt hätte, wenn er die Arbeiten durch entlohnte fremde Arbeitskräfte hätte verrichten lassen. Abzugsfähig sind nur die Kosten, die durch die ordnungsmäßige Instandhaltung des Grundstücks notwendig geworden sind, nicht dagegen die Kosten für außergewöhnliche Maßnahmen, für Umbauten, Erweiterungsbauten usw.

(2) Ist das Grundstück durch solche außergewöhnliche Maßnahmen, Umbauten, Erweiterungs- oder Neubauten wesentlich geändert worden, so kommt für die Berechnung des Miet- oder Pachtertrags nur der neue Zustand des Grundstücks in Betracht.

§ 33. Im Falle des § 31 Abs. 2 bleiben bei der Berechnung des Ertragswerts für bebaute Grundstücke, die gewerblichen Zwecken dienen, Betriebsmittel, die nicht herkömmlicherweise mit dem Grundstück mitvermietet oder mitverpachtet werden, unberücksichtigt. Diese Betriebsmittel sind besonders mit ihrem gemeinen Werte anzusetzen.

§ 34. Ist im Falle des § 31 Abs. 2 der Grundstückseigentümer zu einer zuverlässigen Angabe des Ertragswerts außerstande und stehen der Veranlagungsbehörde ortsübliche Miet- oder Pachtpreise für gleiche oder ähnliche Grundstücke nicht zu Gebote, so ist als Ertragswert der gemeine Wert zugrunde zu legen.

Benutzung landesrechtlicher Einschätzungen für die Ermittelung des Ertragswerts der Grundstücke.

§ 35. In den Bundesstaaten, in denen eine Einschätzung der Grundstücke nach dem Reinertrag oder dem Nutzungswerte zu steuerlichen Zwecken stattgefunden hat und aktenmäßig festgestellt ist, können als Hilfsmittel bei der Ermittelung der Ertragswerte die landesrechtlichen Einschätzungen benutzt werden, sofern die Beschaffenheit des Grundstücks sich nicht wesentlich geändert hat und entweder anzunehmen ist, daß die landesrechtliche Schätzung den gegenwärtigen Ertragsverhältnissen noch entspricht, oder ausreichende Anhaltspunkte vorhanden sind, um aus ihnen den gegenwärtigen Ertragswert zu ermitteln.

Veranlagung nach dem gemeinen Werte an Stelle des Ertragswerts.

§ 36. (1) Beantragt ein Beitragspflichtiger gemäß § 17 Abs. 5 des Gesetzes, daß statt des Ertragswerts der gemeine Wert der Veranlagung zugrunde gelegt wird, so bleibt er an diesen Antrag gebunden.

(2) Wird ein solcher Antrag noch rechtzeitig (§ 17 Abs. 5 Satz 2 des Gesetzes) nach Zustellung des Veranlagungs- oder des Feststellungsbescheids gestellt, so ist die Veranlagung zunächst zu berichtigen. In diesem Falle wird mit der Zustellung des berichtigten Veranlagungs- oder Feststellungsbescheids oder der Mitteilung, daß die Zugrundelegung des gemeinen Wertes das Veranlagungsergebnis nicht ändere, eine neue Rechtsmittelfrist eröffnet.

Wertermittelung bei dem sonstigen Vermögen.

§ 37. Rechte der in § 5 Nr. 6 des Gesetzes bezeichneten Art sind dem beitragspflichtigen Vermögen dann nicht zuzurechnen, wenn nach Eintritt des Versicherungsfalls § 6 des Gesetzes Anwendung finden würde.

§ 38. (1) Bringt der Beitragspflichtige von dem Werte seiner mit Dividendenschein gehandelten Wertpapiere einen Gewinnbetrag in Abzug (§ 18 Abs. 2 des Gesetzes), so hat er die Wertpapiere, für welche der Abzug begehrt wird, nach Stückzahl oder Nennbetrag und Gattung besonders zu bezeichnen.

(2) Auf Wertpapiere, die Bestandteil eines Betriebsvermögens sind, findet die Vorschrift des § 18 Abs. 2 des Gesetzes keine Anwendung.

§ 39. Der Gesamtwert der auf bestimmte Zeit beschränkten Nutzungen oder Leistungen (§ 21 Abs. 1 des Gesetzes) ist nach der beigefügten Hilfstafel zu ermitteln.*

Wehrbeitrag vom Einkommen.

§ 40. Mit ihrem Einkommen beitragspflichtig sind diejenigen natürlichen Personen, welche die Voraussetzungen der subjektiven Beitragspflicht nach § 10 des Gesetzes erfüllen, sofern sie auf Grund der Landeseinkommensteuergesetze (§ 31 Abs. 1 Satz 1 des Gesetzes) oder der Bestimmungen der Landesregierung (§ 31 Abs. 1 Satz 3 des Gesetzes) mit einem steuerpflichtigen Einkommen von zusammen mehr als fünftausend Mark veranlagt oder zu veranlagen sind.

§ 41. (1) Wird in einem Bundesstaate gleichzeitig mit der Veranlagung des Wehrbeitrags eine landesrechtliche Einkommensteuerveranlagung durchgeführt, so ist für die Berechnung des Wehrbeitrags vom Einkommen diese Veranlagung maßgebend. Trifft dies nicht zu, so ist die letzte vor der Veranlagung des Wehrbeitrags liegende landesrechtliche Einkommensteuerveranlagung zugrunde zu legen.

(2) War ein unter § 10 Nr. I des Gesetzes fallender Beitragspflichtiger zuletzt vor der Veranlagung des Wehrbeitrags

---

* Hilfstafel (Anlage 1) siehe S. 148.

in keinem Bundesstaat auf Grund unbeschränkter Steuerpflicht zu veranlagen, so ist die für das Rechnungsjahr 1914 gültige Einkommensteuerveranlagung für seine Veranlagung zum Wehrbeitrag maßgebend. Eine für spätere Jahre gültige Einkommensteuerveranlagung ist nur für das Ermäßigungsverfahren (§ 31 Abs. 4 des Gesetzes) zu berücksichtigen.

§ 42. Ist ein Beitragspflichtiger in mehreren Bundesstaaten zur Einkommensteuer veranlagt, so ist das in den einzelnen Bundesstaaten festgestellte Einkommen (§ 31 Abs. 1 Satz 2 des Gesetzes) zusammenzurechnen. Dies gilt nicht für mehrere Einkommensteuerveranlagungen auf Grund der unbeschränkten Steuerpflicht (vgl. § 43).

§ 43. Ist ein Beitragspflichtiger in mehreren Bundesstaaten mit seinem gesamten steuerbaren, nach den Vorschriften des Doppelsteuergesetzes vom 22. März 1909 (Reichs-Gesetzbl. S. 331) der Landesbesteuerung nicht entzogenen Einkommen zur Einkommensteuer veranlagt, so ist die Einkommensteuerveranlagung in dem Bundesstaate maßgebend, der für die Veranlagung des Wehrbeitrags zuständig ist. Zu dem hiernach maßgebenden Einkommen ist das Einkommen hinzuzurechnen, das in Gemäßheit des Doppelsteuergesetzes der ausschließlichen Besteuerung in dem anderen Bundesstaate vorbehalten ist.

§ 44. (1) Sind in dem festgestellten Einkommen eines Beitragspflichtigen die Erträgnisse der Nutznießung des Vermögens von anderen Familienangehörigen als dem Ehegatten mitenthalten, so ist der in § 31 Abs. 2 des Gesetzes vorgesehene Abzug vom Einkommen außer nach dem eigenen abgabepflichtigen Vermögen auch nach dem der Nutznießung unterliegenden fremden Vermögen zu berechnen, sofern von diesem Vermögen ebenfalls ein Wehrbeitrag zu entrichten ist und soweit der Betrag einer fünfprozentigen Verzinsung des Vermögens nicht von dem eigenen Einkommen des Vermögensinhabers in Abzug gebracht werden kann.

(2) Wenn das Vermögen der Ehegatten zusammenzurechnen ist, so ist von dem Einkommen des Ehemanns der Betrag einer fünfprozentigen Verzinsung des zusammengerechneten abgabepflichtigen Vermögens der Ehegatten abzuziehen. Ist jedoch die Ehefrau neben dem Ehemann auf Grund der Landeseinkommensteuergesetze mit einem Einkommen von mehr als fünftausend Mark veranlagt, so ist von dem Einkommen der Ehefrau der Betrag einer fünfprozentigen Verzinsung ihres eigenen abgabepflichtigen Vermögens abzuziehen, sofern das Einkommen aus dem Ertrage dieses Vermögens herrührt. Das Vermögen der Ehefrau, auf Grund dessen von ihrem Einkommen der Betrag einer fünfprozentigen Verzinsung abgerechnet worden ist, scheidet für die Berechnung des Abzugs vom Einkommen des Ehemanns aus.

§ 45. (1) Erfolgt die landesrechtliche Einkommensteuerveranlagung durch eine andere Behörde als durch die für die Veranlagung des Wehrbeitrags zuständige Behörde, so hat die Einkommensteuerveranlagungsbehörde dieser die maßgebende Einkommensfeststellung mitzuteilen.

(2) Falls das steuerpflichtige Einkommen nicht gemäß § 31 Abs. 1 Satz 3 des Gesetzes von der für die Veranlagung des Wehrbeitrags zuständigen Behörde ermittelt ist, kann die Feststellung des steuerpflichtigen Einkommens nicht durch die in § 48 des Gesetzes vorgesehenen Rechtsmittel, sondern nur durch die gegen die landesrechtliche Einkommensveranlagung an sich zulässigen Rechtsbehelfe angefochten werden.

(3) Wird die landesrechtliche Einkommensveranlagung im Rechtsmittelverfahren geändert, so ist die Veranlagung des Wehrbeitrags von Amts wegen entsprechend zu berichtigen.

(4) Wird die landesrechtliche Einkommensveranlagung im Verwaltungswege berichtigt, so kann nach näherer Bestimmung der obersten Landesfinanzbehörde eine entsprechende Berichtigung der Veranlagung zum Wehrbeitrage verfügt werden.

§ 46. Würde die Verbindung der Abgabepflicht vom Vermögen und Einkommen nach der Ansicht der Veranlagungsbehörde zu einer vom Gesetze nicht gewollten Doppelbesteuerung führen, so kann die Veranlagungsbehörde zu deren Vermeidung die Erhebung eines entsprechenden, auf das Einkommen entfallenden Abgabebetrags vorläufig aussetzen und dem Beitragspflichtigen anheimstellen, binnen einem Monat den Erlaß dieses Betrags aus Billigkeitsgründen beim Bundesrate zu beantragen. Derartige Anträge sind bei der Veranlagungsbehörde anzubringen und von dieser unter Darstellung des Sachverhalts durch Vermittelung der obersten Landesfinanzbehörde dem Reichskanzler (Reichsschatzamt) vorzulegen.

§ 47. (1) Das zweite und letzte Drittel des Wehrbeitrags vom Einkommen ist je auf Antrag zu ermäßigen, wenn sich das Einkommen des Beitragspflichtigen gegenüber dem für die Veranlagung des Wehrbeitrags gemäß § 31 Abs. 1 des Gesetzes festgestellten Einkommens um mindestens vierzig vom Hundert dieses Betrags vermindert hat. Für die Ermittelung des verminderten Einkommens gelten die gleichen Grundsätze wie für die erste Einkommensfeststellung. Maßgebend ist die landesrechtliche Feststellung des steuerpflichtigen Einkommens für das folgende und nächstfolgende Steuerjahr. Die geschuldeten Wehrbeitragsteile sind in demselben Verhältnis zu ermäßigen, in dem das verminderte Einkommen zu dem früheren steht. Ist das Einkommen unter den Betrag von dreitausend Mark gesunken, so ist der Wehrbeitragsteil ganz in Abgang zu stellen. Eine Ermäßigung findet nicht statt, wenn die Minderung des Einkommens nur durch einen vorübergehenden Wegfall der Einkommensquelle veranlaßt ist.

(2) Im Falle des Todes eines Beitragspflichtigen findet eine Ermäßigung des Wehrbeitrags vom Einkommen auf Antrag der Erben statt, wenn nachweislich das Einkommen,

das aus den mit dem Tode des Beitragspflichtigen nicht weggefallenen Einkommensquellen fließt, um mindestens vierzig vom Hundert geringer ist als das der Veranlagung zum Wehrbeitrage zugrundegelegte Einkommen des Beitragspflichtigen. Abs. 1 Satz 4, 5 findet Anwendung.

(3) Der Antrag ist nicht mehr zu berücksichtigen, wenn er erst nach Ablauf von drei Monaten nach dem gesetzlichen Zahlungstage gestellt wird. Steht die für den Ermäßigungsanspruch maßgebende Einkommensteuerveranlagung am gesetzlichen Zahlungstage noch nicht rechtskräftig fest, so beginnt die Frist erst mit dem Tage nach Eintritt der Rechtskraft dieser Veranlagung. In Bundesstaaten, in denen ein bestimmter Zeitpunkt für die Rechtskraft der Einkommensteuerveranlagung nicht festgestellt werden kann, beginnt die Frist mit dem Fälligkeitstage des ersten Teiles der ermäßigten Einkommensteuer. Im Falle des § 31 Abs. 1 Satz 3 des Gesetzes wird der Beginn der Frist durch die oberste Landesfinanzbehörde bestimmt.

(4) Über den Ermäßigungsantrag hat die Veranlagungsbehörde zu entscheiden. Wird dem Antrag nicht oder nicht in vollem Umfang entsprochen, so steht dem Antragsteller nur die Anrufung der übergeordneten Verwaltungsbehörden offen. Die oberste Landesfinanzbehörde bestimmt das Nähere.

Veranlagung von inländischen Gesellschaften.

§ 48. (1) Zu den wirklichen Reservekontenbeträgen, von denen die inländischen Aktiengesellschaften und Kommanditgesellschaften auf Aktien zuzüglich etwaiger Gewinnvorträge, jedoch ausgenommen die Fonds für Wohlfahrtszwecke, den Wehrbeitrag zu entrichten haben, gehören nur solche Bilanzposten, die ausweislich der Bilanz eine Kapitalsansammlung über den Betrag des Grundkapitals hinaus darzustellen bestimmt sind (z. B. der gesetzliche Reservefonds, freiwillige Reservefonds, Dividendenausgleichsfonds, Rückstellungen für künftige, möglicherweise eintretende Verluste oder Ausgaben), dagegen u. a. nicht Posten, die einen Ausgleich für die Wertminderung von Vermögensgegenständen der Gesellschaft darstellen sollen (z. B. Erneuerungsfonds) oder die zur Deckung bereits begründeter Verpflichtungen eingestellt sind (z. B. Talonsteuerreserven, Reserven für den Fall des ungünstigen Ausganges eines anhängigen oder bevorstehenden Rechtsstreits), bei Versicherungsgesellschaften die Rücklagen für die Versicherungssummen und für die den Versicherten selbst als sogenannte Dividende zurückzugewährenden Prämienüberschüsse.

(2) Für die Beitragspflicht ist nicht die Benennung des Postens in der Bilanz, sondern seine aus dem Gesetze, der Satzung oder den Generalversammlungsbeschlüssen zu entnehmende Bestimmung maßgebend.

(3) Der Vermögenserklärung ist die Bilanz nebst Gewinn- und Verlustrechnung für das letzte Betriebsjahr beizufügen.

Veranlagung von ausländischen Gesellschaften und von beschränkt beitragspflichtigen natürlichen Personen.

§ 49. (1) Aktiengesellschaften und Kommanditgesellschaften auf Aktien, die ihren Sitz im Ausland haben, im Inland aber Grund- oder Betriebsvermögen besitzen, sind ebenso wie die beschränkt beitragspflichtigen natürlichen Personen (§ 10 Nr. II des Gesetzes) mit ihrem inländischen Grund- und Betriebsvermögen beitragspflichtig, wobei nur die in einer wirtschaftlichen Beziehung zu diesen Vermögensteilen stehenden Schulden und Lasten, nicht dagegen die entsprechenden Anteilbeträge am Aktienkapital abzugsfähig sind. Sofern nicht besondere Umstände eine gegenteilige Annahme rechtfertigen, ist eine wirtschaftliche Beziehung zu dem in Grundstücken bestehenden Vermögen anzuerkennen, wenn die Schulden und Lasten auf den betreffenden Grundstücken ruhen.

(2) Zu dem nach § 10 Nr. II, § 11 Abs. 1 Nr. 2 des Gesetzes beitragspflichtigen inländischen Grund- und Betriebsvermögen gehört außer dem im Gebiete des Deutschen Reichs

liegenden Grund- und Gebäudebesitz alles Vermögen, das gewidmet ist der Ausübung eines stehenden Gewerbes in einer innerhalb des Reichsgebiets befindlichen Betriebsstätte (§ 3 Abs. 2 des Doppelsteuergesetzes).

Rechtshilfe.

§ 50. Die Veranlagungsbehörden haben sich bei der Veranlagung des Wehrbeitrags gegenseitig Rechtshilfe zu leisten. Das gilt insbesondere für die Ermittelung des Wertes des in auswärtigen Veranlagungsbezirken befindlichen Grund- und Betriebsvermögens eines Beitragspflichtigen.

Freistellung vom Wehrbeitrage.

§ 51. (1) Vermögen, die den Betrag von zehntausend Mark nicht übersteigen, sind beitragsfrei.

(2) Beitragspflichtige, die ein Vermögen von mehr als zehntausend, aber nicht mehr als dreißigtausend Mark besitzen, sind freizustellen, wenn sich ergibt, daß ihr Jahreseinkommen nicht mehr als viertausend Mark beträgt. Beitragspflichtige, die ein Vermögen von mehr als dreißigtausend, aber nicht mehr als fünfzigtausend Mark besitzen, sind freizustellen, wenn sich ergibt, daß ihr Jahreseinkommen nicht mehr als zweitausend Mark beträgt. Dies gilt jedoch nicht für die nach § 11 des Gesetzes beitragspflichtigen Gesellschaften.

(3) Als Einkommen im Sinne des § 12 Abs. 2 des Gesetzes gilt das gesamte Einkommen einer Person, gleichviel, ob es in einem Bundesstaate steuerpflichtig ist oder nicht.

§ 52. (1) Aktiengesellschaften oder Kommanditgesellschaften auf Aktien, welche die Befreiung vom Wehrbeitrag in Anspruch nehmen wollen, haben einen hierauf gerichteten Antrag bei der zuständigen Veranlagungsbehörde zu stellen und hierbei diejenigen Tatsachen nachzuweisen, die eine Freistellung nach § 11 Abs. 2 Nr. 1 oder 2 des Gesetzes begründen.

(2) Soweit die Befreiung nach § 11 Abs. 2 Nr. 1 des Gesetzes beansprucht wird, ist der Antrag mit einer gutacht-

lichen Äußerung der Oberbehörde durch Vermittelung der obersten Landesfinanzbehörde dem Bundesrate vorzulegen. Die oberste Landesfinanzbehörde kann ohne Vorlegung des Antrags an den Bundesrat die Befreiung bewilligen, wenn bereits früher auf Grund der Befreiungsbestimmungen unter Nr. 1 der Tarifnummer 1 des Reichsstempelgesetzes eine Entscheidung des Bundesrats über Befreiung der Gesellschaft von den Stempelabgaben ergangen ist und sich seit der Entscheidung die für die Befreiung maßgebend gewesenen Verhältnisse nicht geändert haben.

(3) Über den Anspruch auf Freistellung nach § 11 Abs. 2 Nr. 2 des Gesetzes entscheidet die Veranlagungsbehörde.

Ermäßigung des Wehrbeitrags.

§ 53. (1) Der Anspruch auf eine Ermäßigung des Wehrbeitrags gemäß § 33 Abs. 1 des Gesetzes ist nach den Verhältnissen am 31. Dezember 1913 zu beurteilen.

(2) Für die Ermäßigung des Wehrbeitrags nach § 33 Abs. 2 des Gesetzes sind vorbehaltlich einer späteren weiteren Ermäßigung zunächst nur diejenigen Söhne zu berücksichtigen, die ihre gesetzliche Dienstpflicht beim Heere oder bei der Flotte zur Zeit der Veranlagung bereits abgeleistet haben. Der Antrag auf eine weitere Ermäßigung oder auf Erstattung des entsprechenden Betrags nach erfolgter Zahlung des ganzen Wehrbeitrags ist innerhalb eines Jahres nach Ableistung der Dienstpflicht bei der Veranlagungsbehörde anzubringen.

(3) Als Einkommen im Sinne des § 33 des Gesetzes gilt das gesamte Einkommen einer Person, gleichviel, ob es in einem Bundesstaate steuerpflichtig ist oder nicht.

Berechnung des Wehrbeitrags.

§ 54. (1) Nach Abschluß der Ermittelungen über das Vermögen und Einkommen des Beitragspflichtigen ist der Wehrbeitrag zu berechnen und das Ergebnis der Veranlagung in die Wehrbeitragsliste einzutragen.

(2) Zum Grundvermögen (Spalte 3 (4) der Wehrbeitrags-

liste A (B)) sind zu rechnen alle im Inland belegenen Grundstücke eines Beitragspflichtigen einschließlich der unter § 3 des Gesetzes fallenden Berechtigungen, soweit sie nicht dem Betriebe eines Bergbaues oder eines Gewerbes dienen, mit allem Zubehör.

(3) Zum Betriebsvermögen (Spalte 4 (5) der Wehrbeitragsliste A (B)) gehört das gesamte dem inländischen Betriebe der Land- oder Forstwirtschaft, des Bergbaues oder eines Gewerbes dienende Vermögen eines Beitragspflichtigen. Das dem Betriebe der Land- oder Forstwirtschaft auf eigenen selbstbewirtschafteten Grundstücken und zugepachteten Grundstücken dienende Vermögen ist jedoch in Spalte 3 (4), die dem Betriebe des Bergbaues oder eines Gewerbes dienenden Grundstücke und unter § 3 des Gesetzes fallende Berechtigungen sind in Spalte 4 (5) der Wehrbeitragsliste A (B) nachzuweisen. Der Betrieb der Gärtnerei gilt, je nachdem die Bodenbewirtschaftung überwiegt oder nicht, als landwirtschaftlicher oder als gewerblicher Betrieb.

(4) Alles sonstige Vermögen eines Beitragspflichtigen ist als Kapitalvermögen in Spalte 5 der Wehrbeitragsliste A aufzuführen.

(5) Zur Berechnung der Abgabe vom Vermögen dient die beigefügte Hilfstafel.*

Veranlagungsbescheid.

§ 55. (1) Dem Beitragspflichtigen ist ein Veranlagungsbescheid nach Anleitung des Musters 5** zu erteilen. Er hat zu enthalten

den Gesamtbetrag des zu zahlenden Wehrbeitrags,

die Höhe des Vermögens, von dem der Wehrbeitrag berechnet und dessen Feststellung für eine spätere Veranlagung zur Besitzsteuer maßgebend ist,

---

* Die Hilfstafel (Anlage 2) ist abgedruckt S. 99—102.

** Das Muster 5 ist nicht mit abgedruckt.

die Höhe des Einkommens, von dem der Wehrbeitrag berechnet ist,
eine Belehrung über die zulässigen Rechtsmittel unter Angabe der Rechtsmittelfristen und Bezeichnung der Behörden, bei denen die Rechtsmittel einzulegen sind,
die Anweisung zur Entrichtung des Wehrbeitrags in gesetzlichen Teilbeträgen innerhalb der vorgeschriebenen Zahlungsfristen,
einen Hinweis auf die Zulässigkeit der Vorauszahlung der späteren Teilbeträge gegen Gewährung von Zinsenvergütung,
die Bezeichnung der zur Empfangnahme der Zahlung zuständigen Kassenstelle.

(2) In dem Veranlagungsbescheid ist anzugeben, in welchen Punkten bei der Feststellung des beitragspflichtigen Vermögens von der Vermögenserklärung abgewichen worden ist. Eine Begründung der Abweichungen ist nicht erforderlich.

(3) Dem Inhaber eines Lehens, Fideikommisses oder Stammguts (§ 8 des Gesetzes) hat die Veranlagungsbehörde auf Verlangen den Unterschied zwischen dem geschuldeten Wehrbeitrag und dem Betrage mitzuteilen, der sich ergäbe, wenn nur der nach § 22 des Gesetzes berechnete Kapitalwert der Nutzung des Inhabers der Vermögensfeststellung zugrunde gelegt würde.

Feststellungsbescheid.

§ 56. (1) Den zur Abgabe einer Vermögenserklärung Verpflichteten (§ 10, § 36 Abs. 1 des Gesetzes), die gemäß § 12 Abs. 2 des Gesetzes freizustellen sind, ist ein Bescheid über die Feststellung ihres Vermögens, die für eine künftige Veranlagung zur Besitzsteuer maßgebend ist, zu erteilen.

(2) Der Feststellungsbescheid, für den das Muster 6* als

* Muster 6 ist nicht mit abgedruckt.

Anhalt dient, hat wie der Veranlagungsbescheid eine Belehrung über die zulässigen Rechtsmittel und eine Bezeichnung der Punkte zu enthalten, in welchen bei der Feststellung des Vermögens von der Vermögenserklärung abgewichen worden ist.

§ 57. (1) Der Veranlagungsbescheid oder der Feststellungsbescheid ist dem Pflichtigen oder seinem gesetzlichen oder bevollmächtigten Vertreter zuzustellen. Ist der Beitragspflichtige vor Zustellung des Veranlagungsbescheids gestorben, so ist dieser Bescheid, der dann eine Feststellung des für eine künftige Veranlagung zur Besitzsteuer maßgebenden Vermögensstandes nicht mehr zu enthalten hat, den in § 18 Abs. 2 bezeichneten Personen zuzustellen.

(2) Die Zustellung hat nach den in dem betreffenden Bundesstaate für amtliche Zustellungen in Landessteuersachen maßgebenden Vorschriften zu erfolgen.

§ 58. Ist den in die Wehrbeitragsliste aufgenommenen, nach § 11 des Besitzsteuergesetzes steuerpflichtigen Personen gemäß § 47 Abs. 1 des Wehrbeitragsgesetzes weder ein Veranlagungs- noch ein Feststellungsbescheid zu erteilen, so ist das für sie ermittelte Vermögen in der Wehrbeitragsliste zu vermerken.

Erhebung des Wehrbeitrags.

§ 59. Über die Erhebung des Wehrbeitrags werden zwei Bücher geführt, ein Wehrbeitrags-Sollbuch und ein Wehrbeitrags-Einnahmebuch. Das Sollbuch umfaßt die Erhebung aller drei Teilbeträge des Wehrbeitrags, das Einnahmebuch den Zeitraum des Rechnungsjahrs.

§ 60. (1) Das Sollbuch ist nach dem Muster 7* zu führen. Durch das Sollbuch ist zugleich der rechtzeitige Eingang der fälligen Teilbeträge des geschuldeten Wehrbeitrags sowie der

---

* Die Muster 7—12 sind nicht mit abgedruckt.

gestundeten und der in Teilzahlungen zu entrichtenden Beträge zu überwachen.

(2) Die Veranlagungsbehörde hat nach der Veranlagung zum Wehrbeitrag alsbald auf Grund der festgestellten Wehrbeitragslisten A und B für jeden Erhebungsbezirk ein Sollbuch unter Ausfüllung der Spalten 1 bis 4 aufzustellen. Das Sollbuch ist in Spalte 4 aufzurechnen und auf dem Titelblatte mit Feststellungsbescheinigung zu versehen.

(3) Die Erhöhung oder Herabsetzung des zum Soll gestellten Wehrbeitrags im Rechtsmittel-, Ermäßigungs-, Berichtigungs- oder Neuveranlagungsverfahren (§ 48 Abs. 1, § 31 Abs. 4, § 33 Abs. 2, § 54 Satz 2 des Gesetzes) kommt in den Spalten 5 und 6 zur Darstellung. Die Inabgangstellung des Sollbetrags infolge Überweisung des Wehrbeitrags bei Verlegung des Wohnsitzes des Beitragspflichtigen (§ 67) erfolgt in Spalte 7. Die Ausfüllung dieser Spalten geschieht durch die Hebestelle. Die Spalte 8 (Berichtigtes Soll) ist erst beim Abschluß des Sollbuchs auszufüllen.

(4) Erfolgt bei Vorauszahlung veranlagter noch nicht fälliger Teilbeträge die Zahlung mindestens drei Monate vor dem gesetzlichen Zahlungstage (15. Februar 1915 und 15. Februar 1916), so sind auf Antrag 4 vom Hundert Jahreszinsen vom Tage der Einzahlung bis zum gesetzlichen Zahlungstage von dem geschuldeten Betrag in Abzug zu bringen. Der nach Abzug der Zinsen zu zahlende Betrag ist in die Spalte 10, die Zinsenvergütung in die Spalte 12 des Sollbuchs einzutragen. In dem Einnahmebuch (§ 62) ist nur der wirklich gezahlte Betrag in Spalte 5 zu buchen.

(5) Das Sollbuch wird am 31. März 1917 durch die Hebestelle in den Spalten 5 flg. aufgerechnet und abgeschlossen. Die nach Spalte 14 verbliebenen Rückstände werden in die Restnachweisung (§ 75) übernommen. Unter dem Abschluß des Sollbuchs ist von einem an der Kassenführung nicht beteiligten Beamten zu bescheinigen, daß die nach Spalte 14 verbliebenen Rückstände sämtlich in die Restnachweisung übertragen worden sind.

§ 61. Die oberste Landesfinanzbehörde kann im Einverständnisse mit dem Reichskanzler (Reichsschatzamt) anordnen, daß von der Führung eines besonderen Sollbuchs abzusehen ist. In diesem Falle ist die Wehrbeitragsliste mit dem Sollbuch durch Aufnahme der Spalten 5 flg. des Sollbuchs zu verbinden.

§ 62. (1) Das Einnahmebuch ist nach dem Muster 8 für je ein Rechnungsjahr zu führen und am 31. März jedes Jahres abzuschließen. Abweichungen von dem Muster 8 sind mit Zustimmung des Reichskanzlers (Reichsschatzamt) zulässig.

(2) In dem Einnahmebuche für das Rechnungsjahr 1913 und — soweit das Sollbuch noch nicht vorliegt — auch in dem Einnahmebuche für das Rechnungsjahr 1914 sind zunächst nur die Spalten 1, 2, 4 bis 7 auszufüllen. Die Ausfüllung der Spalten 3, 8 und 9 geschieht nach Veranlagung des Wehrbeitrags und Aufstellung des Sollbuchs.

Freiwillige Beiträge.

§ 63. (1) Freiwillige Beiträge sind anzunehmen. Über solche Beträge ist eine von zwei Beamten auszustellende Quittung zu erteilen. Ist die Hebestelle nur mit einem Kassenbeamten besetzt und die sofortige Zuziehung eines anderen Beamten nicht angängig, so hat der Kassenbeamte zunächst eine als solche zu bezeichnende vorläufige Bescheinigung zu erteilen. Demnächst ist eine vorschriftsmäßige Quittung zu übersenden. Die oberste Landesfinanzbehörde bestimmt das Nähere.

(2) Eine Aufnahme der freiwilligen Beiträge in die Wehrbeitragsliste oder in das Sollbuch findet nicht statt.

(3) Freiwillige Beiträge sind auf Antrag auf den Wehrbeitrag anzurechnen.

Vorauszahlung von Wehrbeiträgen.

§ 64. (1) Will ein Beitragspflichtiger vor Veranlagung den Wehrbeitrag oder einen Teil hiervon im voraus zahlen, so ist der angebotene Betrag anzunehmen. § 63 Abs. 1 findet Anwendung.

(2) Nach Veranlagung des Wehrbeitrags und dessen Insollstellung ist der vorausgezahlte Betrag auf den festgestellten Wehrbeitrag unter Ausfüllung der Spalte 10 des Sollbuchs und der Spalte 8 des Einnahmebuchs anzurechnen. Übersteigt der festgestellte Wehrbeitrag den vorausgezahlten Betrag, so ist die gezahlte Summe auf die zuerst fälligen Teilbeträge zu verrechnen. Bleibt der geschuldete Wehrbeitrag hinter dem zum voraus gezahlten Betrage zurück, so ist der Mehrbetrag als freiwilliger Beitrag anzusehen, falls er nicht zurückgefordert wird. Die Bestimmung in § 60 Abs. 4 Satz 1 und 2 findet mit der Maßgabe Anwendung, daß für das erste Drittel keine Zinsen zu vergüten sind.

§ 65. Freiwillige Beiträge und Vorauszahlungen auf den gesetzlichen Wehrbeitrag sind in dem bei Bedarf alsbald anzulegenden Einnahmebuch in Spalte 6 zu vereinnahmen.

Stundung, Teilzahlung und Sicherstellung.

§ 66. (1) Stundungen oder andere als die gesetzlichen Teilzahlungen kann die Veranlagungsbehörde auf Antrag bewilligen, wenn die sofortige Einziehung des Wehrbeitrags zu den gesetzlichen Zahlungsfristen mit erheblichen Härten für den Beitragspflichtigen verbunden sein würde, oder soweit im Falle der Anfechtung eines Veranlagungsbescheids das Rechtsmittelverfahren voraussichtlich zu einer Aufhebung oder Herabsetzung des Wehrbeitrags führen wird.

(2) Die oberste Landesfinanzbehörde kann im Einverständnisse mit dem Reichskanzler (Reichsschatzamt) die Bewilligung von Stundung oder Teilzahlung der Erhebungsbehörde übertragen.

(3) Die Stundung des Wehrbeitrags erfolgt für Rechnung und Gefahr der Reichskasse.

(4) Die Stundung des Wehrbeitrags oder dessen Entrichtung in anderen als den gesetzlichen Teilzahlungen darf

nur bis zu drei Jahren, von der Fälligkeit des einzelnen gesetzlichen Teilbetrags an gerechnet, bewilligt werden.

(5) Stundung oder Bewilligung von Teilzahlungen ist in allen für eine Sicherheitsleistung geeigneten Fällen nur gegen eine solche zulässig. In welcher Art für gestundeten Wehrbeitrag Sicherheit zu leisten ist, richtet sich nach den landesrechtlichen Bestimmungen. Zur Stundung eines fünfhundert Mark übersteigenden Betrags oder für länger als sechs Monate nach Fälligkeit der einzelnen Teilbeträge ist die Genehmigung der Oberbehörde oder einer anderen von der obersten Landesfinanzbehörde bestimmten Behörde erforderlich.

(6) Die Gewährung von Teilzahlungen ist an die Bedingung zu knüpfen, daß bei dem Ausbleiben auch nur einer Teilzahlung die sofortige Beitreibung des ganzen noch rückständigen Teilbetrags des Wehrbeitrags erfolgen würde.

(7) Eine Verzinsung des gestundeten Wehrbeitrags findet nicht statt.

(8) Stundung und Entrichtung von Teilzahlungen sind durch das Sollbuch und nach dessen Abschluß durch die Restnachweisung (§ 75) zu überwachen.

(9) Die kassen- und rechnungsmäßige Behandlung der hinterlegten Sicherheiten erfolgt nach den landesrechtlichen Bestimmungen.

Überweisung des Wehrbeitrags bei Verlegung des Wohnsitzes des Beitragspflichtigen.

§ 67. (1) Verlegt der Beitragspflichtige seinen Wohnsitz in den Bezirk einer anderen Veranlagungsbehörde, so hat die Erhebung des Wehrbeitrags durch die für den neuen Wohnort zuständige Hebestelle zu erfolgen.

(2) Die bisherige Hebestelle stellt den noch rückständigen Teil des Wehrbeitrags in Spalte 7 des Sollbuchs in Abgang und übersendet ihrer Veranlagungsbehörde unter Angabe der Wohnsitzänderung einen Auszug aus dem Sollbuch (Spalte 1 bis 13, 16, 17) in zweifacher Ausfertigung.

§ 68. (1) Die bisherige Veranlagungsbehörde hat den noch nicht gezahlten Wehrbeitrag der für den neuen Wohnort zuständigen Veranlagungsbehörde unter Übersendung je eines Auszugs aus der Wehrbeitragsliste A und aus dem Sollbuch zur Einziehung zu überweisen. Beizufügen sind die den Beitragspflichtigen betreffenden Verhandlungen. Die Überweisung ist in der Bemerkungsspalte der Wehrbeitragsliste zu vermerken und der überwiesene Betrag ist am Schlusse der Wehrbeitragsliste in Spalte 17 von dem aufgerechneten Gesamtwehrbeitrag abzusetzen.

(2) Die Veranlagungsbehörde des neuen Wohnorts hat den überwiesenen Wehrbeitrag in eine Zugangsliste zur Wehrbeitragsliste (§ 12) aufzunehmen.

(3) Die neue Veranlagungsbehörde übersendet der nunmehr zuständigen Hebestelle den Auszug aus dem Sollbuch unter Angabe der Nummer der Zugangsliste. Die Hebestelle trägt den Wehrbeitrag in das Wehrbeitrags-Sollbuch unter einer neuen Abteilung mit der Überschrift „Dritte Abteilung: Zugänge an Wehrbeiträgen" ein. Daß dies geschehen, ist der Veranlagungsbehörde unter Angabe der Nummer des Sollbuchs alsbald anzuzeigen. Die Mitteilung der Veranlagungsbehörde wird Beleg zum Sollbuch.

(4) Demnächst bestätigt die Veranlagungsbehörde (unter Angabe der Nummer ihrer Zugangsliste) der bisherigen Veranlagungsbehörde die Übernahme des Wehrbeitrags. Letztere teilt der bisherigen Hebestelle die erfolgte Überweisung mit; die Mitteilung wird Beleg zum Sollbuch.

(5) Gleichzeitig setzt die neue Veranlagungsbehörde den Beitragspflichtigen von der Überweisung mit der Aufforderung in Kenntnis, weitere Zahlungen an die neue Hebestelle zu leisten.

(6) Für die Überweisung innerhalb eines Bundesstaats kann die oberste Landesfinanzbehörde Abweichendes bestimmen.

§ 69. Die Bestimmungen in den §§ 67, 68 finden auf Aktiengesellschaften und Kommanditgesellschaften auf Aktien keine Anwendung.

Ableben des Beitragspflichtigen.

§ 70. (1) Ist der Beitragspflichtige nach Veranlagung und Insollstellung des Wehrbeitrags gestorben, so ist der noch nicht gezahlte Wehrbeitrag von den Erben einzuziehen. Die Hebestelle hat das Ableben des Beitragspflichtigen der Veranlagungsbehörde anzuzeigen.

(2) War dem Verstorbenen eine Stundung des Wehrbeitrags oder dessen Entrichtung in Teilbeträgen bewilligt worden, so erlischt die Bewilligung mit seinem Ableben.

(3) Im Falle des Todes eines Beitragspflichtigen findet eine Überweisung des Wehrbeitrags zur Einziehung nicht statt.

Niederschlagung.

§ 71. Zur Niederschlagung von Wehrbeiträgen wegen Uneinbringlichkeit sind nur die Oberbehörden zuständig. Die Niederschlagung darf nur dann erfolgen, wenn keine Aussicht zur Einziehung des geschuldeten Beitrags mehr besteht. Die Niederschlagung ist in der Wehrbeitragsliste zu vermerken und der Hebestelle mitzuteilen. Die Mitteilung wird Beleg zum Sollbuch.

Erstattung.

§ 72. (1) Über Anträge auf Erstattung zu Unrecht gezahlten Wehrbeitrags entscheidet die Oberbehörde der Veranlagungsbehörde, welche den Wehrbeitrag festgesetzt hat.

(2) Dem Antrag auf Erstattung des Wehrbeitrags ist nur zu entsprechen, wenn er innerhalb eines Jahres vom Zeitpunkt der Zahlung oder Beitreibung des Beitrags ab gestellt worden ist. Wird der Antrag auf Tatsachen gestützt, die erst nach der Zahlung oder Beitreibung eingetreten sind, so beginnt die einjährige Frist mit dem Tage, an dem der Antragsteller von diesen Tatsachen Kenntnis erhalten hat.

(3) Eine Erstattung des Wehrbeitrags hat auch von Amts wegen zu erfolgen, wenn die Berechnung oder Erhebung des Wehrbeitrags auf einem offenbaren Versehen beruht und die Überhebung mindestens fünf Mark beträgt.

(4) Die Erstattung ist in der Wehrbeitragsliste zu vermerken.

(5) Die näheren Bestimmungen über das Verfahren trifft die oberste Landesfinanzbehörde.

§ 73. Die nach § 50 Satz 2 des Gesetzes zu vergütenden Zinsen für die auf Grund rechtskräftiger Entscheidung zu erstattenden Beträge sind wie Erstattungen an Wehrbeitrag zu Lasten der Reichskasse zu verrechnen.

Anderweite Veranlagung des Wehrbeitrags.

§ 74. (1) Wird im Rechtsmittel-, Ermäßigungs-, Berichtigungs- oder Neuveranlagungsverfahren (§ 48 Abs. 1, § 31 Abs. 4, § 33 Abs. 2, § 54 Satz 2 des Gesetzes) der Wehrbeitrag anderweit veranlagt, so hat die Veranlagungsbehörde die Eintragungen in den Spalten 3 flg. der Wehrbeitragsliste (Zugangsliste) mit roter Tinte zu berichtigen.

(2) Die Erhöhung oder Herabsetzung des Wehrbeitrags (Zugang oder Abgang) ist der Hebestelle behufs Eintragung in die Spalten 5 und 6 des Sollbuchs mitzuteilen. Die Mitteilung wird Beleg zum Sollbuch.

Rückstände von Wehrbeiträgen und Restnachweisung.

§ 75. (1) Sind am 31. März 1917 beim Abschluß des Sollbuchs die zum Soll gestellten Wehrbeiträge noch nicht oder nicht vollständig zur Hebung gelangt, so sind die Rückstände in die Restnachweisung einzutragen und dort weiter abzuwickeln.

(2) Die Restnachweisung wird nach dem Muster 9 geführt. Von einem an der Kassenführung nicht beteiligten Beamten ist auf dem Titelblatte der Restnachweisung zu bescheinigen, daß die beim Abschluß des Sollbuchs rückständig gebliebenen Wehrbeiträge in die Restnachweisung übertragen worden sind.

(3) Einzahlungen auf diese Reste sind im Einnahmebuche zu buchen.

(4) Eine Überweisung der in die Restnachweisung übernommenen Beträge findet im Falle des Wegzugs des Beitragspflichtigen in einen anderen Bezirk nicht statt.

Unterbliebene Veranlagung des Wehrbeitrags.

§ 76. (1) Wehrbeiträge, welche wegen zu Unrecht unterbliebener Veranlagung erst später veranlagt werden, sind in der Zugangsliste zur Wehrbeitragsliste und in dem Wehrbeitrags-Sollbuch (Abteilung III) oder nach dessen Abschluß in der Restnachweisung nachzuweisen. Die Bestimmungen in § 68 Abs. 2, 3 finden sinngemäße Anwendung.

(2) Sind die in § 51 Abs. 1 des Gesetzes vorgesehenen gesetzlichen Zahlungsfristen bereits verstrichen, so ist der Wehrbeitrag binnen vier Wochen nach Zustellung des Veranlagungsbescheids zu entrichten.

Kosten.

§ 77. (1) Das Verfahren in Wehrbeitragsangelegenheiten ist, soweit nicht hinsichtlich der Kosten in den §§ 66, 44 des Gesetzes ein anderes bestimmt ist, kosten-, gebühren- und stempelfrei.

(2) Zu den Kosten des Verfahrens ist auch die Postgebühr zu rechnen, welcher die Sendungen der Veranlagungsbehörden und Hebestellen an die Beitragspflichtigen unterliegen; sie fällt daher den letzteren nicht zur Last. Dagegen haben die Beitragspflichtigen die Postgebühr für die von ihnen an die bezeichneten Behörden zu richtenden Sendungen zu tragen.

Aktenführung.

§ 78. Über jeden einzelnen in die Wehrbeitragslisten aufgenommenen Beitragspflichtigen sind Akten anzulegen, in welche alle auf die Veranlagung zum Wehrbeitrage bezüglichen Mitteilungen, Vermögenserklärungen, Anträge und sonstigen Schriftstücke nach der Zeitfolge geordnet aufzunehmen sind. Die Akten sind derart zu führen, daß sich eine Nachprüfung nach ihrem Inhalt ermöglichen läßt.

Aufbewahrungsfristen.

§ 79. (1) Die Wehrbeitragslisten B, die Wehrbeitragsakten der Gesellschaften und die Kassenbücher sind nach Abschluß des Veranlagungsverfahrens noch 15 Jahre aufzubewahren.

(2) Die Bestimmung der Frist für die Aufbewahrung der Wehrbeitragslisten A und der Akten der natürlichen Personen bleibt den Ausführungsbestimmungen zum Besitzsteuergesetze vorbehalten.

Prüfungsverfahren.

§ 80. (1) Die über die Veranlagung und Erhebung des Wehrbeitrags geführten Bücher sind durch die Oberbehörden nachzuprüfen. Zu diesem Zwecke sind die Bücher nebst den dazu gehörigen Belegen nach Ablauf des Rechnungsjahrs 1916 der Oberbehörde einzureichen. Die Einreichung der Restnachweisung und der hierzu gehörigen Einnahmebücher hat alsbald nach vollständiger Abwickelung der Reste zu geschehen. Die oberste Landesfinanzbehörde kann abweichend von der Bestimmung in Satz 2 anordnen, daß die Nachprüfung der Bücher und Belege an den Amtssitzen der Veranlagungsbehörden und Hebestellen durch abgeordnete Beamte der Oberbehörde stattzufinden hat.

(2) Inwieweit sich die Prüfung der Oberbehörde auch auf die einzelnen Veranlagungen zum Wehrbeitrage zu erstrecken hat, bestimmt die oberste Landesfinanzbehörde.

(3) Die Landesregierung kann die Prüfung anderen Behörden als den nach § 1 Abs. 1 bestimmten Oberbehörden übertragen. Die Behörden sind unter Angabe ihrer Amtsbezirke dem Reichskanzler (Reichsschatzamt) mitzuteilen.

Abrechnung über den Wehrbeitrag und Aufstellung der Einnahmeübersichten.

§ 81. Über den aufgekommenen Wehrbeitrag einschließlich der Nacherhebungen und abzüglich der Erstattungen haben die Landeskassen mit der Reichshauptkasse monatlich nach Maßgabe der §§ 1 bis 3 der Bestimmungen vom 23. Juni 1910 (Zentralblatt für das Deutsche Reich S. 352) abzurechnen.

§ 82. Die an die Reichskasse abzuführenden Beträge an Wehrbeitrag sind auf Grund von Anweisungen der den Erhebungsbehörden (Hebestellen) übergeordneten Oberbehörden (§ 1) in die Monatsabrechnungen der Landeskassen (Muster I der Bestimmungen vom 23. Juni 1910) unter den etatsmäßigen Einnahmen der Reichshauptkasse auf besonderer Linie einzusetzen.

§ 83. (1) Zum Zwecke der Anweisung (§ 82) ist von den Hebestellen das Ergebnis der Einnahme an Wehrbeitrag nach den am Schlusse jedes Kalendermonats abzuschließenden Einnahme- und Kassenbüchern den übergeordneten Oberbehörden mittels Übersichten anzuzeigen, deren Form von den obersten Landesfinanzbehörden vorzuschreiben ist.

(2) Die Oberbehörden haben auf Grund der Übersichten der nachgeordneten Hebestellen

für die Monate April, Mai, Juli, August, Oktober, November, Januar und Februar Monats-Einnahmeübersichten nach Muster 10,

nach Ablauf der Monate Juni, September, Dezember und März Vierteljahrs-Einnahmeübersichten nach Muster 11

aufzustellen. Die Monatsübersichten haben lediglich die Einnahmen im abgelaufenen Monat, die Vierteljahrsübersichten dagegen die Einnahmen im abgelaufenen Teile des Rechnungsjahrs, die letzte die im ganzen Rechnungsjahre nachzuweisen. Das Schlußergebnis ist der nach § 82 zu erteilenden Anweisung zugrunde zu legen. Die Monatsübersichten sind spätestens bis zum 10., die Vierteljahrsübersichten spätestens bis zum 12. des folgenden Monats dem Kaiserlichen Zoll- und Steuer-Rechnungsbureau einzusenden.

(3) Außerdem haben die Oberbehörden für jedes Rechnungsjahr bis zum 1. November des folgenden Rechnungsjahrs schließliche Einnahmeübersichten nach dem für die Vierteljahrsübersichten vorgeschriebenen Muster an das Kaiserliche Zoll- und Steuer-Rechnungsbureau einzusenden. Die schließliche Einnahmeübersicht kann zutreffendenfalls durch die Mitteilung ersetzt werden, daß die vorläufige Übersicht für das 1. bis 4. Viertel des Rechnungsjahrs einer Änderung nicht bedarf. Die schließlichen Einnahmeübersichten und die sie vertretenden Mitteilungen sind vor der Absendung dem für die Oberbehörde zuständigen Reichsbevollmächtigten zur Bescheinigung der Richtigkeit vorzulegen.

(4) Bestehen in einem Bundesstaate mehrere Ober-

behörden für den Wehrbeitrag, so sind die Übersichten der Oberbehörden mit einer das Gesamtergebnis nachweisenden Hauptübersicht seitens einer von der obersten Landesfinanzbehörde zu bestimmenden Behörde einzusenden.

(5) Vordrucke zu den Übersichten nach Muster 10 und 11 sind den Oberbehörden und den in Abs. 4 bezeichneten Behörden nach Bedarf vom Kaiserlichen Zoll- und Steuer-Rechnungsbureau zu liefern.

§ 84. (1) Auf Grund der von den Oberbehörden aufgestellten Vierteljahrsübersichten und schließlichen Einnahmeübersichten werden vom Reichskanzler (Reichsschatzamt) die von den Landeskassen an die Reichshauptkasse abzuführenden Beträge an Wehrbeitrag vorläufig und schließlich festgestellt.

(2) Abdrucke dieser Feststellungen werden den Landesregierungen alsbald, am Jahresschlusse spätestens bis zum 5. Juni, zugefertigt. Soweit die Feststellungen Abweichungen von den auf Grund der Anweisungen der Oberbehörden an die Reichshauptkasse abgelieferten Beträgen ergeben, sind die erforderlichen Abgleichungen in den nächsten Abrechnungen der Landeshauptkassen, am Jahresschluß in den Abrechnungen für den Monat Mai, zu bewirken.

§ 85. Als Anlage zu der Einnahmeübersicht für den Monat August 1914 ist von den Hebestellen den ihnen übergeordneten Oberbehörden und von diesen dem Kaiserlichen Zoll- und Steuer-Rechnungsbureau eine Nachweisung nach Muster 12 über das gesamte Rohsoll an Wehrbeiträgen, die Zu- und Abgänge und die auf das Soll angerechneten Zinsen und Vorauszahlungen auf noch nicht veranlagte Wehrbeiträge nach dem Stande am Schlusse des Monats August 1914 einzusenden.

§ 86. Die Landesregierung kann die nach §§ 82 bis 85 den Oberbehörden übertragenen Geschäfte anderen Behörden als den nach § 1 Abs. 1 bestimmten Oberbehörden übertragen. Die Behörden sind unter Angabe ihrer Amtsbezirke dem Reichskanzler (Reichsschatzamt) mitzuteilen.

Veranlagungsbezirk: ....

Wehrbeitragsliste $\frac{A}{B}$ Nr. ......

Muster 3.
Ausführungsbestimmungen
§ 19 Abs. 1.

Vermögenserklärung

für die Veranlagung

d .... (Name und Stand)
[Gesellschaftsfirma]

in .... (Wohnort) [Sitz] .... $\frac{\text{Straße}}{\text{Platz}}$ Nr. .... [1])

zu einem einmaligen außerordentlichen Wehrbeitrage.

I. Ich und meine Ehefrau .... geborene ....

D.. von mir — uns — vertretene ....

$\frac{\text{besitze..}}{\text{besitzt}}$ an eigenem Vermögen[2]) und an fideikommissarischem Vermögen[2]):

	Mark [3])
1. Grundvermögen:	
A. Grundstücke (Gebäude und Liegenschaften), ausgenommen Grundstücke, die dem Betriebe des Bergbaues oder eines Gewerbes — unten 2 B — gewidmet sind. Bei land- oder forstwirtschaftlichen oder Gärtnereigrundstücken sind die Betriebsmittel (lebendes und totes Inventar) im Werte mitzuberücksichtigen.	

Zu 1. Nur Grundstücke (einschließlich der Berechtigungen 1 B), die im Gebiete des Deutschen Reichs liegen, sind beitragspflichtig.

Wirtschaftlich zusammenhängende Grundstücke sind als eine Besitzung aufzuführen.

Hypotheken und Grundschulden sind nicht hier, sondern unter II in Abzug zu bringen.

Bezeichnung des Grundstücks oder der Besitzung, Benutzungsart	Gemarkung (Gemeinde, Gutsbezirk)	Straßen-Nr. oder Flur, Parz.-Nr. oder Flächeninhalt	
a)			....
b)			....
c)			....
d)			....
e)			....
f)			....
		Seite	....

[1]) Das Muster ist auch zu verwenden für die Vermögenserklärungen ausländischer Aktiengesellschaften und Kommanditgesellschaften auf Aktien. Diese Gesellschaften haben ebenso wie die beschränkt beitragspflichtigen natürlichen Personen (§ 10 Nr. II des Gesetzes) nur das unter I 1 A, B; I 2 A, B fallende Vermögen anzugeben; sie dürfen aber auch nur solche Schulden und Lasten in Abzug bringen, die in einer wirtschaftlichen Beziehung zu diesen Vermögensteilen stehen.

[2]) Maßgebend für die Beitragspflicht und die Ermittelung des Vermögenswerts ist der Stand am 31. Dezember 1913. Finden in einem Betriebe regelmäßige jährliche Abschlüsse statt, so kann der Beitragspflichtige das in diesem Betrieb angelegte Vermögen nach dem Stande am Schlusse des letzten Wirtschafts- oder Rechnungsjahrs angeben.

[3]) Soweit sich die Vermögenswerte nicht aus dem Nenn- oder Kurswert oder dem Betrage der geleisteten Zahlungen ergeben, kann der Beitragspflichtige sich in der Vermögenserklärung auf die tatsächlichen Mitteilungen beschränken, die er behufs Schätzung des Wertes beizubringen vermag.

Mark

Übertrag . . . .

B. Berechtigungen, für welche die sich auf Grundstücke beziehenden Vorschriften des bürgerlichen Rechts gelten, z. B. Erbbaurecht, Erbpachtrecht, Bergwerkseigentum, soweit nicht in 2 B enthalten: . . . .

. . . .

2. Betriebsvermögen (soweit nicht schon unter 1 enthalten):

A. Betriebskapital, das dem Betriebe der Land- oder Forstwirtschaft oder der Gärtnerei auf fremden Grundstücken gewidmet ist:

Bezeichnung der Pachtung	Gemarkung (Gemeinde, Gutsbezirk)	Größe der Pachtung	Mark
a)			. . . .
b)			. . . .

Zu 2 A und B. Zum beitragspflichtigen Vermögen gehören nicht Betriebsmittel, die dem Betriebe der Land- oder Forstwirtschaft oder der Gärtnerei oder des Bergbaues auf ausländischen Grundstücken oder dem Betrieb eines stehenden Gewerbes außerhalb des Deutschen Reichs gewidmet sind.

Zu 2 B. Hier ist auch der Anteil zu berücksichtigen, der dem Beitragspflichtigen als Teilhaber einer offenen Handelsgesellschaft oder einer Kommanditgesellschaft an deren Betriebsvermögen zusteht.

B. Vermögen, das dem Betriebe des Bergbaues oder eines Gewerbes gewidmet ist, einschließlich der dem Betriebe dienenden eigenen Gebäude, Grundstücke oder Berechtigungen:

Bezeichnung des Betriebs	Firma	Betriebsstätten	Geschäftsanteil des Beitragspflichtigen	
a)				....
b)				....
c)				....
d)				....
e)				....

Wird beantragt, daß bei den vorstehend unter 1 A.... aufgeführten Grundstücken, die dauernd land- oder forstwirtschaftlichen oder gärtnerischen Zwecken zu dienen bestimmt sind, oder daß bei den vorstehend unter 1 A...., 2 B aufgeführten bebauten Grundstücken, die Wohnzwecken — gewerblichen Zwecken — zu dienen bestimmt sind, anstatt des Ertragswerts der gemeine Wert (Verkaufswert) der Veranlagung zugrunde gelegt wird?

....

Seite ....

Zu 3. Ob ein Kapital in ausländischen oder inländischen Werten angelegt ist, macht keinen Unterschied; auch Aktien einer ausländischen Aktiengesellschaft gehören zum beitragspflichtigen Vermögen. Ebenso ist es belanglos, ob das Kapitalvermögen selbst sich im Inland oder im Ausland befindet.

Wertpapiere, die in Deutschland einen Börsenkurs haben, sind mit ihrem Kurswert, Aktien ohne Börsenkurs, Kuxe, Anteile an einer Bergwerksgesellschaft oder Anteile einer Gesellschaft mit beschränkter Haftung mit ihrem Verkaufswert, andere Kapitalforderungen mit ihrem Nennwert anzusetzen, sofern nicht besondere Umstände die Veranschlagung nach einem vom Nennwert abweichenden höheren oder geringeren Werte begründen.

Will der Beitragspflichtige von dem Werte seiner mit Dividendenschein gehandelten Wertpapiere einen Gewinnbetrag in Abzug bringen (§ 18 Abs. 2 des Gesetzes), so hat er die Wertpapiere, für welche der Abzug begehrt wird, nach Stückzahl oder Nennbetrag und Gattung besonders zu bezeichnen.

	Mark
Übertrag . . .	. . . .

3. Kapitalvermögen (gesamtes sonstiges Vermögen außer den unter III aufzuführenden Renten und anderen wiederkehrenden Nutzungen und Leistungen), nämlich:

	Mark
a) Selbständige Rechte und Gerechtigkeiten, soweit sie nicht unter 1 B fallen oder als Zubehör eines Grundstücks- oder Betriebskapitals unter 1 A, 2 schon berücksichtigt sind, z. B. Verlags- oder Patentrechte	. . . .
b) Kapitalforderungen aus Anleihen oder Schuldverschreibungen deutscher oder nicht deutscher Staaten, Gemeinden, anderer öffentlicher Verbände, Eisenbahn- und Industrieobligationen; Pfandbriefe, Hypotheken, Grundschuldforderungen, sonstige Kapitalforderungen jeder Art, insbesondere Forderungen aus Schuldverschreibungen, Wechseln, Darlehen, Kautionen; Hinterlegungsgelder, Einlagen bei Sparkassen und Banken, Abrechnungs- und Kontokurrentguthaben, ausgenommen Bank- und sonstige Guthaben, die zur Bestreitung der laufenden Ausgaben für drei Monate dienen	. . . .
c) Aktien oder Anteilscheine, Kuxe, Geschäftsguthaben bei Genossenschaften, Geschäftsanteile und andere Gesellschaftseinlagen	. . . .
d) Bares Geld, Banknoten und Kassenscheine (ausgenommen die aus den laufenden Jahres-	

einkünften vorhandenen Bestände, soweit sie zur Bestreitung der laufenden Ausgaben für drei Monate dienen), Gold und Silber in Barren ....

e) Noch nicht fällige Ansprüche aus Lebens-, Kapital- oder Rentenversicherungen, zu berechnen mit $^2/_3$ der Summe der bisher gezahlten Prämien oder Kapitalbeträge oder mit dem Rückkaufswerte ....

Zusammen a—e .....

Zusammen I. ....

Zu II. Nicht abzugsfähig sind Schulden, die zur Bestreitung der laufenden Haushaltungskosten eingegangen sind (Haushaltungsschulden), sowie Schulden und Lasten, welche in wirtschaftlicher Beziehung zu nicht beitragspflichtigen Vermögensteilen stehen (Bemerkung zu I, 1; I 2 A und B); vgl. auch Seite 1 Anmerkung 1).

II. Hiervon sind abzuziehen die Kapitalschulden, soweit sie nicht schon bei Berechnung des Betriebsvermögens zu I, 2 A, B berücksichtigt sind:

Name des Gläubigers	Wohnort des Gläubigers	Betrag ℳ
a)		....
b)		....
c)		....
d)		....
e)		....
f)		....
g)		....

Zusammen . . .

Verbleibt (ohne III) ein Reinvermögen von . . . .

Zu III. Genaue Auskunft über die nebenbezeichneten Punkte ist erforderlich, damit die Beitragspflicht oder Abzugsfähigkeit der Bezüge oder Lasten beurteilt und ihr Kapitalwert vorschriftsmäßig berechnet werden kann.

Ansprüche auf Gehalt, Besoldung Remuneration und dgl., die dem Beitragspflichtigen als Entgelt für seine Arbeitstätigkeit zustehen, gehören in keinem Falle hierher. Wegen der Abzugsfähigkeit der unter III fallenden Lasten vgl. die Bemerkung zu II.

III. An Renten und anderen wiederkehrenden Nutzungen und Leistungen habe ich für mich und meine Ehefrau — hat d.... von mir/uns vertretene Beitragspflichtige

	zu beziehen:	zu entrichten (zu tragen):
Gegenstand und Rechtsgrund des Anspruchs oder der Verpflichtung:	....	....
Geldwert der einjährigen Hebung oder Leistung (Last):	.... Mark	.... Mark
Name und Wohnort des Verpflichteten:	....	....
Name und Wohnort des Berechtigten:	....	....
Tag, Monat, Jahr, seit welchem der Anspruch oder die Last besteht:	....	....
Zeitpunkt oder Ereignis, mit dessen Eintritt der Anspruch oder die Last wegfällt:	....	....
Falls die Dauer des Anspruchs oder der Last vom Leben einer Person abhängt, Angabe des Namens, der Wohnung sowie Tag, Monat und Jahr der Geburt dieser Person:	....	....

Anmerkung:	
a. Von Beitragspflichtigen, deren Vermögen den Betrag von 100 000 Mark, oder deren Einkommen den Betrag von 10 000 Mark nicht übersteigt, welche Kindern auf Grund gesetzlicher Verpflichtung (§§ 1601 bis 1615 B. G. B.) Unterhalt gewähren und daher gemäß § 33 Abs. 1 des Gesetzes Anspruch auf Ermäßigung des Beitrags haben, sind hier Zahl und Alter der in Betracht kommenden minderjährigen Kinder anzugeben.	a.
b. Von Beitragspflichtigen, deren Vermögen den Betrag von 200 000 Mark, oder deren Einkommen den Betrag von 20 000 Mark nicht übersteigt, welche gemäß § 33 Abs. 2 des Gesetzes — weil mehr als zwei Söhne ihre gesetzliche Dienstpflicht beim Heere oder bei der Flotte abgeleistet haben — Anspruch auf Ermäßigung des Beitrags haben, sind hier diejenigen Söhne anzugeben, welche die gesetzliche Dienstpflicht beim Heere oder bei der Flotte abgeleistet haben.	b.

Ich versichere / Wir versichern hiermit, daß die vorstehenden Angaben nach bestem Wissen und Gewissen gemacht sind.

........................., den....ten .... 1914.

Vermögenserklärungen ohne Unterschrift gelten als nicht abgegeben.

....
Unterschrift

Veranlagungsbezirk: ....

Wehrbeitragsliste B Nr.....

Muster 4.

Ausführungsbestimmungen
§ 19 Abs. 1.

Nur für inländische Aktiengesellschaften und Kommanditgesellschaften auf Aktien.

Vermögenserklärung

für die Veranlagung

der .... (Gesellschaftsfirma)

in .... (Sitz der Gesellschaft)

zu einem einmaligen außerordentlichen Wehrbeitrage.

In der Bilanz unserer Gesellschaft für das letzte Betriebsjahr (vom .... bis ....) sind aufgeführt:	Mark
a) wirkliche Reservekontenbeträge	....
b) Gewinnvortrag	....
zusammen . . .	....

Als beitragspflichtige wirkliche Reservekontenbeträge erachten wir folgende Bilanzposten:

.. ..

....

Bilanz nebst Gewinn- und Verlustrechnung für das genannte Betriesjahr ist beigefügt.

Wir versichern hiermit, daß die vorstehenden Angaben nach bestem Wissen und Gewissen gemacht sind.

..............., den .... ten .... 1914.

Vermögenserklärungen ohne Unterschrift gelten als nicht abgegeben.

....

Preußische Ausführungsvorschriften

vom 8. November 1913.*

Behörden und deren Zuständigkeit.

Art. 1. I. Durch Allerhöchste Verordnung vom 7. August 1913 (Gesetzsamml. S. 371) ist folgendes bestimmt:

1. Die Veranlagung des Wehrbeitrags erfolgt durch die Einkommensteuer-Veranlagungskommissionen.
2. Gegen den Veranlagungs- und den Feststellungsbescheid steht dem Beitragspflichtigen die Berufung an die Einkommensteuer-Berufungskommission und gegen deren Entscheidung die Beschwerde an das Oberverwaltungsgericht zu. Auf das Rechtsmittelverfahren finden die Vorschriften der §§ 44, 49 bis 54 des Einkommensteuergesetzes sinngemäße Anwendung.
3. Die Androhung und Festsetzung von Zwangsstrafen (§ 38 Abs. 1, § 40 Abs. 2, § 42 Abs. 4 des Reichsgesetzes), die Festsetzung von Wehrbeitragszuschlägen (§ 38 Abs. 2), die Wehrbeitragsermäßigungen (§ 31 Abs. 4), die Festsetzung der von dem Beitragspflichtigen zu erstattenden Kosten (§ 44), die Stundungen und die Genehmigung der Entrichtung des Wehrbeitrags in Teilbeträgen (§ 52) erfolgen durch die Vorsitzenden der Einkommensteuer-Veranlagungskommis-

---

* Anlagen und Musterbeispiele sind hier nicht mit abgedruckt.

Im folgenden ist zu verstehen: 1. unter Gesetz oder Reichsgesetz: das Wehrbeitragsgesetz; — 2. unter Bund-A: die Ausführungsbestimmungen des Bundesrats; — 3. unter Einkst.-Ges., Ergst.-Ges.: das preußische Einkommensteuergesetz bzw. das Ergänzungssteuergesetz vom 19. Juni 1906; — 4. unter Eink.Anw.: die Ausführungsanweisung zum Einkommensteuergesetz vom 25. Juli 1906.

sionen. Gegen deren Entscheidungen steht dem Beitragspflichtigen innerhalb vier Wochen die Beschwerde an den Vorsitzenden der Einkommensteuer-Berufungskommission offen.

4. Insoweit sonst nach den Vorschriften des Einkommensteuergesetzes die Regierungen und für die Haupt- und Residenzstadt Berlin die Direktion für die Verwaltung der direkten Steuern zur Mitwirkung berufen sind, haben diese Behörden auch die gleichartigen Entscheidungen hinsichtlich des Wehrbeitrags zu treffen.

5. Die Gemeinden und selbständigen Gutsbezirke sind verpflichtet, in ihren Bezirken die Einzelerhebung der veranlagten Beiträge sowie deren Abführung an die zuständigen Staatskassen ohne Vergütung zu bewirken.

II. Oberbehörden im Sinne der Bund-A sind die Königlichen Regierungen, für Berlin die Königliche Direktion für die Verwaltung der direkten Steuern und gegebenenfalls die Vorsitzenden der Einkommensteuer-Berufungskommissionen.

Abweichungen der materiell-rechtlichen Bestimmungen des Wehrbeitraggesetzes von denen des Ergänzungssteuergesetzes.

Art. 2. Materiellrechtlich weicht das Wehrbeitragsgesetz vom Ergänzungssteuergesetz in folgenden Punkten ab:

1. Das Ergänzungssteuergesetz nennt im § 4 I Nr. 1 als Gegenstände des steuerbaren Vermögens neben den Grundstücken Nießbrauchs- und andere selbständige Rechte und Gerechtigkeiten, welche einen in Geld schätzbaren Wert haben. Das Wehrbeitraggesetz bestimmt im § 3:

> „Den Grundstücken (§ 2 Nr. 1) stehen gleich Berechtigungen, für welche die sich auf Grundstücke beziehenden Vorschriften des bürgerlichen Rechtes gelten"

und führt im § 5 unter dem Kapitalvermögen auf:

> „1. selbständige Rechte und Gerechtigkeiten."

2. Nach § 7b des Ergänzungssteuergesetzes umfaßt das steuerbare Kapitalvermögen bares Geld deutscher Währung, fremde Geldsorten, Banknoten und Kassenscheine „mit Ausschluß der aus den laufenden Jahreseinkünften vorhandenen Bestände".

Im § 5 Nr. 4 des Wehrbeitraggesetzes sind von der Besteuerung ausgenommen: „die aus den laufenden Jahreseinkünften vorhandenen Bestände und Bank- oder sonstige Guthaben, soweit sie zur Bestreitung der laufenden Ausgaben für drei Monate dienen".

3. Nach § 5 Nr. 5 des Wehrbeitraggesetzes ist der Kapitalwert der Rechte auf Renten und andere wiederkehrende Leistungen, welche dem Berechtigten auf seine Lebenszeit, auf die Lebenszeit eines anderen, auf unbestimmte Zeit oder auf die Dauer von mindestens zehn Jahren zustehen, dem Empfänger auch dann anzurechnen und bei dem Geber in Abzug zu bringen, wenn die Leistungen auf Grund einer Schenkung erfolgen. Der Kapitalwert einer auf einem Schenkungsversprechen beruhenden Rente ist also für den Wehrbeitrag dem Beschenkten anzurechnen, während bei dem Schenker nach § 9 des Gesetzes entsprechender Abzug stattfindet.

4. Nach § 6c des Wehrbeitraggesetzes gehören nicht zum beitragspflichtigen Vermögen Ansprüche auf Renten und ähnliche Bezüge, die mit Rücksicht auf ein früheres Arbeits- oder Dienstverhältnis gewährt werden. Die Fassung ist etwas weiter als diejenige des § 7, Schlußsatz, des Ergänzungssteuergesetzes.

5. Die Bestimmungen über die subjektive Steuerpflicht der physischen Personen entsprechen im wesentlichen den nach § 21 des preußischen Ergänzungssteuergesetzes für die Ergänzungssteuerpflicht der physischen Personen maßgebenden Bestimmungen im § 1 des preußischen Einkommensteuergesetzes mit der aus der Natur des Wehrbeitraggesetzes als eines Reichsgesetzes sich als selbstverständlich ergebenden Maß-

gabe, daß die Beitragspflicht sich nicht auf die preußischen Staatsangehörigen beschränkt, sondern sich auf die Reichsangehörigen erstreckt. Nicht beitragspflichtig sind das ausländische Grund- und das ausländische Betriebsvermögen. Von den Ausländern sind nur diejenigen beitragspflichtig, die sich im Deutschen Reiche dauernd des Erwerbes wegen aufhalten.

6. Im Unterschiede zum Ergänzungssteuergesetze erstreckt sich die Beitragspflicht nach dem Wehrbeitraggesetze nicht nur auf physische Personen, sondern auch auf Aktiengesellschaften und Kommanditgesellschaften auf Aktien, und zwar mit den im § 11 des Wehrbeitraggesetzes näher bezeichneten Vermögensteilen.

7. Die Bestimmung im § 5 Nr. 5 des Ergänzungssteuergesetzes, nach der dem Haushaltungsvorstande dasjenige Vermögen des Haushaltungsangehörigen zuzurechnen ist, an welchem ihm die Nutznießung zusteht, findet sich in dem Wehrbeitraggesetze nicht. Insbesondere sind also Vermögen, die minderjährigen Kindern gehören, nicht bei dem Vater oder der Mutter, denen die Nutznießung zusteht, sondern bei den Kindern beitragspflichtig.

8. Die Vorschriften des Wehrbeitraggesetzes über die Bewertung desjenigen Grundbesitzes, der dauernd land- oder forstwirtschaftlichen Zwecken zu dienen bestimmt ist, stimmen im wesentlichen mit den Bestimmungen des § 11 des Ergänzungssteuergesetzes überein. Sie erstrecken sich aber auch auf alle gärtnerischen Zwecken dienenden Grundstücke. Wird der gemäß § 17 des Wehrbeitraggesetzes für die Bewertung solcher Grundstücke maßgebende Ertrag nach den Betriebsergebnissen selbstbewirtschafteter Besitzungen geschätzt, so ist nach Abs. 2 a. a. O. der Wert der Tätigkeit des Selbstbewirtschafters gemäß § 27 Bund-A in Abzug zu bringen. Völlig abweichend dagegen sind die Bestimmungen des § 17 des Wehrbeitraggesetzes über die Bewertung bebauter Grundstücke, die Wohnzwecken oder gewerblichen Zwecken dienen.

In allen Fällen kann der Beitragspflichtige verlangen, daß statt des Ertragswerts der gemeine Wert der Veranlagung zugrunde gelegt wird.

9. Abweichend vom Ergänzungssteuergesetze findet sich im § 18 des Wehrbeitraggesetzes die Bestimmung, daß bei Wertpapieren, die in Deutschland einen Börsenkurs haben und die mit Dividendenscheinen gehandelt werden, ein Betrag in Abzug gebracht werden darf, der für die seit Auszahlung des letzten Gewinns abgelaufene Zeit dem letztmalig verteilten Gewinn entspricht.

10. Wegen Bewertung der auf bestimmte Zeit beschränkten Nutzungen oder Leistungen enthält der § 21 des Wehrbeitraggesetzes Vorschriften, die sich mit denjenigen des Ergänzungssteuergesetzes nicht völlig decken.

Ermittelung des Ertragswerts von Grundstücken.

Art. 3. 1. Wird der Ertragswert selbstbewirtschafteter Betriebe aus Pachtpreisen anderer Besitzungen abgeleitet (§ 27 Bund-A), so darf der Wert der Tätigkeit des Selbstbewirtschafters vom Rohertrage nicht in Abzug gebracht werden, da in den Pachtpreisen der Wert der Arbeit des Pächters nicht enthalten ist.

2. Die Bestimmungen des § 35 Bund-A finden für Preußen bei der Ermittelung des Ertragswerts von Gebäuden keine Anwendung, da bei der letztmaligen Revision der Gebäudesteuer der Nutzungswert der Gebäude aus Mietpreisen abgeleitet ist, die in den Jahren 1898 bis 1907 bedungen worden sind. Auch der Grundsteuer-Reinertrag kann der Ermittelung des Ertragswerts vom Grundbesitz nicht unmittelbar zugrunde gelegt werden, da er den gegenwärtigen Verhältnissen nicht mehr entspricht.

Einkommen.

Art. 4. Als Einkommen im Sinne der §§ 1 und 31 des Wehrbeitraggesetzes gilt dasjenige steuerpflichtige Einkommen, das auf den Beitragspflichtigen in Preußen für das Steuerjahr 1914 veranlagt wird. Erfolgt im Rechtsmittelverfahren eine Abänderung der Einkommensteuer, so ist der Wehrbeitrag von Amts wegen entsprechend zu berichtigen. Als für die Bemessung des Wehrbeitrags maßgebend gilt das niedrigste Einkommen derjenigen Steuerstufe, in der der Beitragspflichtige zur Einkommensteuer veranlagt worden ist. Steuerermäßigungen, die den Steuerpflichtigen auf Grund der §§ 19 und 20 des Einkommensteuergesetzes gewährt worden sind, bleiben hierbei außer Betracht. Ein Steuerpflichtiger z. B., der bei einem Einkommen von 6112 ℳ in der Steuerstufe von mehr als 6000 bis 6500 ℳ bei dem Vorhandensein von zwei Kindern und auf Grund des § 20 des Einkommensteuergesetzes zu dem Steuersatze von 118 ℳ veranlagt ist, wird zum Wehrbeitrage nach einem Einkommen von 6000 ℳ herangezogen.

Als Einkommen im Sinne des § 12 Abs. 2 und des § 33 des Gesetzes (§§ 5, 51, 53 Bund-A) gilt nicht das zur preußischen Einkommensteuer veranlagte Einkommen, sondern das tatsächlich vom Steuerpflichtigen bezogene Einkommen.

Veranlagungsverfahren. Ermittelung der beitragspflichtigen Personen und deren Eintragung in die Wehrbeitragsliste.

Art. 5. 1. Die Wehrbeitragslisten sind durch den Vorsitzenden der Veranlagungskommission aufzustellen. Für jede Gemeinde und jeden Gutsbezirk ist eine besondere Wehrbeitragsliste A anzulegen. Die Wehrbeitragsliste B kann für jeden Veranlagungsbezirk in einem Hefte angelegt werden. Innerhalb der Liste B hat eine Trennung nach Gemeinden (Gutsbezirken) zu erfolgen.

Die Reihenfolge der Aufzunehmenden ist tunlichst der Reihenfolge in der Staatssteuerliste bzw. Einkommens- und Vermögensnachweisung anzupassen. Unter der Nummer der Wehrbeitragsliste ist mit roter Tinte die Nummer der Staatssteuerliste (Eink.- und Verm.-Nachw.) für 1914 einzutragen.

Hinter Spalte 2 der Wehrbeitragsliste sind noch folgende Spalten aufzunehmen:

Sp. 3. Die erste Aufforderung zur Abgabe der Vermögenserklärung ist zugestellt am:

Sp. 4. Die Frist ist verlängert bis:

Sp. 5. Eine zweite Aufforderung ist zugestellt am:

Sp. 6. Eine Strafverfügung und wiederholte Aufforderung ist zugestellt am:

Sp. 7. Die Vermögenserklärung ist eingegangen am:

2. Mit der Aufstellung ist spätestens anfangs Dezember zu beginnen.

3. Aufzunehmen sind zunächst:

I. in die Wehrbeitragsliste A

a) alle natürlichen Steuerpflichtigen, die auf Grund des § 25 des Eink.-Ges. zur Abgabe einer Steuererklärung für das Steuerjahr 1914 verpflichtet sind;

b) alle Steuerpflichtigen, die nach einem Vermögen von mehr als 10000 *M* zur Ergänzungssteuer bereits veranlagt oder für 1914 zu veranlagen sind;

c) alle übrigen Personen, die sonst noch für die Veranlagung zum Wehrbeitrag in Frage kommen, insbesondere in Preußen nicht zur Staatssteuer veranlagte Personen, die im Veranlagungsbezirke Grund- oder Betriebsvermögen besitzen; auch ist zu prüfen, welche der auf Grund des § 26 des Eink.-Ges. besonders zur Abgabe einer Steuererklärung aufzufordernden Personen zur Abgabe einer Vermögenserklärung aufzufordern sind.

II. in die Wehrbeitragsliste B

a) alle Aktiengesellschaften und Kommanditgesellschaften auf Aktien, die ihren Sitz im Veranlagungsbezirke haben;

b) diejenigen Aktiengesellschaften und Kommanditgesellschaften auf Aktien, die im Inlande keinen Sitz, im Veranlagungsbezirk aber Grundvermögen oder Betriebsvermögen haben.

4. Soweit dem Vorsitzenden der Veranlagungskommission die Voreinschätzungsarbeiten für das Steuerjahr 1914 noch nicht vorliegen, hat die Aufstellung der Wehrbeitragslisten auf Grund der Steuerlisten für das Jahr 1913 zu erfolgen. Befinden diese sich für die Zwecke der Voreinschätzung bei den Gemeinden (Gutsbezirken), so sind sie je nach Bedarf auf kurze Zeit zurückzufordern. Alsbald nach dem Eingang der Staatssteuerlisten für 1914 von den Voreinschätzungskommissionen hat der Vorsitzende der Veranlagungskommission zu prüfen, welche Personen etwa noch in die Wehrbeitragsliste aufzunehmen sind.

5. Wegen Aufnahme der gemäß Artikel 38 Eink.-Anw. zur Einkommensteuer und Ergänzungssteuer nicht veranlagten Personen ergehen besondere Bestimmungen.

Art. 6. Die Mitteilungen gemäß § 7 Bund-A haben unter Verwendung sinngemäß zu vervollständigender Formulare nach Muster VII zu Artikel 41 II der Eink.-Anw. zu erfolgen.

Aufforderung zur Abgabe der Vermögenserklärung.

Art. 7. 1. Auf Grund des § 13 Bund-A wird als Frist für die Abgabe der Vermögenserklärungen die Zeit vom 4. bis zum 20. Januar 1914 bestimmt.

2. Im Laufe des Monats Dezember 1913, spätestens am 15., erläßt der Vorsitzende der Veranlagungskommission die öffentliche Aufforderung zur Abgabe der Vermögenserklärung (§ 15 Bund-A) nach dem beigefügten Muster.

3. Zugleich mit den gemäß Artikel 54 Abs. 5 der Eink.-Anw. den Steuerpflichtigen zu übersendenden Formularen zu Steuererklärungen und Vermögensanzeigen übersendet der Vorsitzende diesen Personen ein Formular zur Ver-

mögenserklärung und einen Abdruck der öffentlichen Aufforderung als Drucksache.

4. Gleichzeitig ist den übrigen in die Wehrbeitragsliste aufgenommenen Personen, die nach einem Vermögen von mehr als 20000 ℳ zur Ergänzungssteuer bereits veranlagt sind oder bei denen ein Vermögen in dieser Höhe bei der Veranlagung für 1914 in Betracht kommt, ein Formular zur Vermögenserklärung und ein Abdruck der öffentlichen Aufforderung als Drucksache zu übersenden.

5. Sodann ist an die übrigen in die Wehrbeitragsliste aufgenommenen Personen, die für eine Veranlagung in Frage kommen, die besondere Aufforderung zu richten, in der Zeit vom 4. bis 20. Januar 1914 eine Vermögenserklärung abzugeben.

6. Ferner sind besonders aufzufordern alle in die Wehrbeitragsliste B aufgenommenen Aktiengesellschaften und Kommanditgesellschaften auf Aktien. (Wegen des diesen Gesellschaften zu übersendenden Formulars siehe die Anmerkung 1 auf dem Muster 3 Bund-A.)

7. Denjenigen nicht auf Grund des § 36 Abs. 1 des Gesetzes zur Abgabe einer Vermögenserklärung verpflichteten Personen, denen zwar ein Formular zur Vermögenserklärung mit der öffentlichen Aufforderung übersandt war, die aber bis zum 20. Januar 1914 eine Erklärung nicht abgegeben haben, ist nunmehr schleunigst eine besondere Aufforderung zur Abgabe der Vermögenserklärung mit 14tägiger Frist zuzustellen. Die besondere Aufforderung ergeht nicht an diejenigen, bei denen es außer Zweifel steht, daß sie wehrbeitragsfrei sind. Diese Personen sind in der Wehrbeitragsliste zu streichen.

8. Ebenso ist allen Personen, die nachträglich in die Wehrbeitragsliste Aufnahme finden, alsbald eine besondere Aufforderung zur Abgabe einer Vermögenserklärung mit 14tägiger Frist zuzustellen.

9. Nach § 15 Abs. 2 des Gesetzes kann der Beitrags-

pflichtige verlangen, daß das in einem Betriebe, für welchen regelmäßige jährliche Abschlüsse stattfinden, angelegte Vermögen nach dem Bestand und Wert am Schlusse des letzten Wirtschafts- oder Rechnungsjahrs festgestellt wird. Als letztes Wirtschafts- oder Rechnungsjahr (Betriebsjahr) gilt dasjenige, dessen Ergebnis bei Abgabe der Vermögenserklärung feststand. Will der Beitragspflichtige seiner Vermögenserklärung den noch nicht festgestellten Abschluß vom 31. Dezember 1913 zugrunde legen, so ist ihm eine angemessene, keinesfalls über den 15. April 1914 hinausgehende Frist zu gewähren.

In den übrigen Fällen (§ 17 Bund-A) ist eine Verlängerung der Frist zur Abgabe der Vermögenserklärung in der Regel nicht über den 1. März 1914 hinaus zu bewilligen.

10. Die Zustellung der besonderen Aufforderungen und der Strafverfügungen, die Fristbewilligungen sowie der Eingang der Vermögenserklärungen sind in den Spalten 3 bis 7 der Wehrbeitragsliste zu kontrollieren. Eines Vermerks über die Absendung des Formulars als Drucksache bedarf es nicht.

11. Die Vermögenserklärungen können auch zu Protokoll abgegeben werden.

Nochmalige Aufforderung und Straffestsetzung.

Art. 8. 1. Haben Beitragspflichtige, die gemäß § 36 Abs. 1 des Gesetzes zur Abgabe einer Vermögenserklärung auf Grund der öffentlichen Aufforderung verpflichtet sind, eine solche bis zum 20. Januar 1914 nicht abgegeben, auch keine Fristverlängerung erhalten, so ist ihnen sogleich eine nochmalige Aufforderung mit angemessener, in der Regel 8tägiger Frist zuzustellen.

2. Bleibt diese erfolglos, so hat der Vorsitzende der Veranlagungskommission gegen den Beitragspflichtigen eine angemessene Geldstrafe festzusetzen und weiterhin gemäß § 20 Abs. 2 Bund-A zu verfahren. (Wegen Einziehung und Verrechnung der Strafen siehe Artikel 27.)

3. Gegen Beitragspflichtige, die eine besondere Aufforde-

rung zur Abgabe der Vermögenserklärung bereits erhalten haben, kann nach fruchtlosem Ablauf der Frist unter Wiederholung der Aufforderung sogleich eine Geldstrafe festgesetzt werden.

Prüfung der Vermögenserklärungen.

Art. 9. 1. Ein formelles Verfahren zur Erörterung der Vermögenserklärungen ist nach dem Gesetze nicht vorgeschrieben. Es empfiehlt sich aber, etwaige Bedenken hinsichtlich der Vermögenserklärung dem Beitragspflichtigen mitzuteilen. Diese Mitteilung kann zweckmäßig mit der Erörterung der Steuererklärung bzw. Vermögensanzeige verbunden werden.

2. Ebenso wie die Unterlagen der Veranlagung zur Einkommensteuer und zur Ergänzungssteuer bei der Feststellung des Wehrbeitrags benutzt werden müssen, sind in gleicher Weise die bei der Veranlagung zum Wehrbeitrag gewonnenen Unterlagen, insbesondere der Inhalt der Vermögenserklärungen, für die Veranlagung zur Einkommensteuer und Ergänzungssteuer zu verwenden.

Art. 10. Die Anträge der Aktiengesellschaften und der Kommanditgesellschaften auf Aktien, welche Befreiung vom Wehrbeitrag auf Grund der Vorschriften im § 11 Abs. 2 Nr. 1 des Gesetzes in Anspruch nehmen, sind mit den Unterlagen und den gutachtlichen Äußerungen des Vorsitzenden der Veranlagungskommission und der Königlichen Regierung (Steuerdirektion in Berlin) gesammelt bis zum 1. März 1914 dem Finanzminister vorzulegen.

Festsetzung des Wehrbeitrags.

Art. 11. 1. Die Veranlagungskommissionen haben über die auf einen Steuerpflichtigen zu veranlagende Einkommensteuer, Ergänzungssteuer und den Wehrbeitrag in der Regel in einer und derselben Sitzung Beschluß zu fassen. Etwaige Beweiserhebungen oder sonstige Ermittelungen, die zu der Veranlagung auch nur einer der drei Steuerarten erforderlich erscheinen, müssen mithin veranlaßt und zum Abschluß gebracht sein, ehe zu der Veranlagung des Steuerpflichtigen geschritten wird.

2. Zur ziffermäßigen Ermittelung des Wehrbeitrags ist für jede Vermögenserklärung ein besonderer Umschlagbogen zu verwenden, auf dem die Einzelberechnung des beitragspflichtigen Vermögens und Einkommens zu erfolgen hat. Diese Einzelberechnung muß auch noch späterhin eine Nachprüfung aller der Festsetzung des Wehrbeitrags zugrunde liegenden Zahlen ermöglichen. Sie ist mit dem Festsetzungsvermerk des Vorsitzenden zu versehen und muß auf abweichenden Beschlüssen der Veranlagungskommission beruhende Änderungen erkennen lassen.

3. Die Festsetzung des Zuschlags gemäß § 38 Abs. 2 des Gesetzes durch den Vorsitzenden der Veranlagungskommission hat sich unmittelbar an die Veranlagung anzuschließen.

4. Eine Hilfstafel zur Berechnung der Abgabe vom Einkommen ist als Anlage I beigefügt.*

5. Als Anhalt für die Festsetzung des Wehrbeitrags können die in Anlage II abgedruckten Beispiele dienen.

Art. 12. 1. Nach erfolgter Festsetzung des Wehrbeitrags (Artikel 11)* sind hinsichtlich derjenigen Beitragspflichtigen, denen nach §§ 55 und 56 Bund-A ein Veranlagungs- oder Feststellungsbescheid zu erteilen ist, die Spalten 8 bis 14 und 16 bis 22 der Wehrbeitragsliste A (bzw. 8 bis 16 der Wehrbeitragsliste B) auszufüllen.

Gleichzeitig sind diejenigen Beitragspflichtigen aus den Wehrbeitragslisten zu streichen,** bei denen feststeht, daß ihre Veranlagung in einem anderen Veranlagungsbezirk erfolgt ist. In der Wehrbeitragsliste B sind auch die gemäß § 11 Abs. 2 Nr. 1 und 2 des Gesetzes freigestellten Gesellschaften zu streichen.

---

* Die Anlagen sind hier nicht mit abgedruckt.

** Vgl. auch die Vorschrift im Art. 7 Abs. 7.

2. Nunmehr sind die Wehrbeitragslisten aufzurechnen und abzuschließen.

3. Nach Aufrechnung und Abschluß der Wehrbeitragsliste A erfolgt hinsichtlich der sonst noch in die Liste aufgenommenen und nicht gemäß Artikel 7 Abs. 7 oder Artikel 12 Abs. 1 gestrichenen Personen die Ausfüllung der Spalten 8 bis 12 und 15, sobald zweifelsfrei feststeht, daß diese Personen nicht beitragspflichtig sind.

4. Wegen der späteren Übertragung einzelner bisher nicht veranlagter Personen in die Zugangsliste wird auf § 12 Bund-A verwiesen. In diesem Falle hat ihre Streichung in der Wehrbeitragsliste zu erfolgen.

Art. 13. Die Veranlagung des Wehrbeitrags ist tunlichst zu beschleunigen. Es wird erwartet, daß auch in den größeren Veranlagungsbezirken der Abschluß der Wehrbeitragslisten bis spätestens Ende April 1914 erfolgt sein wird.

Veranlagungsbescheid und Feststellungsbescheid.

Art. 14. 1. Für den Veranlagungs- und den Feststellungsbescheid sind Formulare nach den Mustern D und E zu verwenden.

2. Bei den Mitteilungen über Abweichungen von der Vermögenserklärung ist es zulässig, auf die bei den Erörterungen über die Vermögenserklärung, Steuererklärung, Vermögensanzeige besonders erörterten Punkte hinzuweisen.

3. Die Bescheide sind zweckmäßig zugleich mit den Benachrichtigungsschreiben über die Veranlagung zur Staatseinkommensteuer und zur Ergänzungssteuer zuzustellen. Die Zusammenfassung in einem Umschlag ist zulässig.

Sollbuch.

Art. 15. 1. Die Aufstellung des Sollbuchs ist zu beschleunigen, da es nach erfolgter Zustellung der Veranlagungsbescheide nicht nur für die Hebestellen wegen der Buchung der eingezahlten Beiträge, sondern auch für die Ortsbehörden wegen der Überweisung verzogener Beitragspflichtiger unentbehrlich ist.

2. Die Spalte 10 ist in drei Unterspalten (a, b, c) für die Rechnungsjahre 1914, 1915 und 1916 zu zerlegen.

3. Alle Mitteilungen der Veranlagungsbehörde an die Hebestelle über Änderungen des zu erhebenden Wehrbeitrags im Rechtsmittelverfahren, über Berichtigungen von Amts wegen, über Ermäßigungen, Niederschlagungen, Erstattungen usw. sind ebenso wie die Sollbücherauszüge über die zugezogenen Pflichtigen von der Hebestelle als Belege zum Sollbuch (der Restnachweisung) nach Nummern geordnet und geheftet sorgfältig aufzubewahren.

4. Die Bescheinigung über die Blatt- oder Seitenzahl auf dem Sollbuch ist von dem Vorsitzenden der Veranlagungskommission zu erteilen.

Kreisnachweisung.

Art. 16. 1. Nachdem Spalte 4 des Sollbuchs aufgerechnet und abgeschlossen ist, fertigt der Vorsitzende der Veranlagungskommission für jeden Kreiskassenbezirk eine Nachweisung nach dem Muster F und übersendet sie der Kreiskasse. Die Kreiskasse übernimmt den in Spalte 3 aufgeführten Betrag nachrichtlich in die Spalte 1 des Manuals über den Wehrbeitrag. Die Nachweisung ist bei der Kreiskasse aufzubewahren und hat später in der im Artikel 22 Abs. 2 vorgeschriebenen Weise Verwendung zu finden.

2. Gleichzeitig mit Absendung der Kreisnachweisung ist der Regierung die Summe des in jedem Kreiskassenbezirke festgesetzten Wehrbeitrags (Sp. 4 des Sollbuchs) in einer Summe anzuzeigen.

Sollnachweisung.

Art. 17. 1. Mit der Anzeige über den Jahresbetrag der veranlagten Einkommensteuer und Ergänzungssteuer (Artikel 64 Nr. 5 der Eink.-Anw.) hat die Regierung dem Finanzminister anzuzeigen, welcher Betrag an Wehrbeitrag (Sp. 4 des Sollbuchs) im Bezirke veranlagt worden ist.

2. Die Nachweisung über das Soll an Wehrbeiträgen (§ 85 Bund-A) ist von dem Vorsitzenden der Veranlagungskommission nach dem Muster 12 Bund-A am 31. August 1914 aufzustellen und **schleunigst** der Regierung (Steuerdirektion) vorzulegen, welche ihrerseits eine Bezirksnachweisung aufstellt, die mit der Einnahmeübersicht für den Monat August 1914 — also bis zum 7. September 1914 — der Geheimen Kalkulatur II des Finanzministeriums einzureichen ist. Die Regierungen haben Vorkehrung zu treffen, daß die pünktliche Vorlage dieser Nachweisung bestimmt gewährleistet ist. Soweit bei der Kürze der zu Gebote stehenden Zeit die bei den Hebestellen beruhenden Sollbücher zu ihrer Aufstellung nicht benutzt werden können, hat die Ausfüllung der Spalten 3, 4, 5, 7 nach Möglichkeit auf Grund sonstiger den Veranlagungsbehörden zu Gebote stehender Unterlagen zu erfolgen.

Rechtsmittel.

Art. 18. 1. Gegen das Ergebnis der Veranlagung steht dem Beitragspflichtigen, nicht aber dem Vorsitzenden der Veranlagungskommission, die Berufung an die Berufungskommission und gegen deren Entscheidung die Beschwerde an das Oberverwaltungsgericht zu.

2. Die Vorschriften über das Verfahren bei der Bearbeitung der Berufungen in Einkommensteuer- und Ergänzungssteuersachen finden sinngemäße Anwendung. Beschwerden gegen die Entscheidung der Berufungskommission sind mit allen Verhandlungen dem Oberverwaltungsgerichte vorzulegen.

3. Die Bearbeitung der Berufung gegen die Veranlagung zum Wehrbeitrage kann mit der vom Beitragspflichtigen gleichzeitig angebrachten Berufung gegen die Veranlagung zur Einkommensteuer oder Ergänzungssteuer verbunden wer-

den. Muß zunächst hinsichtlich der Staatssteuern im Einspruchsverfahren eine Entscheidung der Veranlagungskommission ergehen, so ist diese alsbald herbeizuführen. Jede Verzögerung in der Erörterung und Entscheidung der Berufungen im Wehrbeitragsverfahren ist zu vermeiden.

4. Die Ausfertigung der Entscheidung darf nicht mit den auf andere Steuerarten Bezug habenden Entscheidungen verbunden werden. Der gleichzeitigen Zustellung verschiedener Entscheidungen steht dagegen nichts im Wege.

5. Wird der veranlagte Wehrbeitrag im Rechtsmittelverfahren ermäßigt, so veranlaßt der Vorsitzende der Veranlagungskommission unverzüglich die Zustellung der Entscheidung an den Beitragspflichtigen und versieht sofort die Hebestelle mit Nachricht wegen der Erstattung zuviel erhobener Beitragsteile und etwa zu vergütender Zinsen. Gleichzeitig hat der Vorsitzende hinsichtlich der gestundeten Beträge und wegen der erforderlich werdenden Freigabe geleisteter Sicherheiten das Erforderliche zu veranlassen.

6. Die erstatteten Beiträge und Zinsen weist der Vorsitzende auf Grund einer von der Hebestelle einzureichenden Berechnung in der Abgangsliste nach. Der Beitrag ist in die Spalte 6, die Zinsen sind in die Spalte 9 der Abgangsliste aufzunehmen. Die Berechnung ist der Hebestelle nach Festsetzung zurückzugeben. Sie dient als Beleg zum Sollbuch.

7. Die vorstehenden Vorschriften finden sinngemäße Anwendung, wenn die Veranlagung eines Beitragspflichtigen zur Einkommensteuer im Rechtsmittelverfahren abgeändert wird. Nach § 45 Abs. 3 Bund-A bewirkt der Vorsitzende der Veranlagungskommission alsdann die Berichtigung des veranlagten Wehrbeitrags.

8. Die Verwendung von Formularen für die Benachrichtigung der Hebestelle (oben zu 5) und für die Berechnung des Abgangsbetrags seitens der Hebestelle (oben zu 6) ist statthaft.

Erhebung des Wehrbeitrags, Ablieferung der erhobenen Beträge, Führung der Kassenbücher.

Art. 19. 1. Sobald im Rechnungsjahr 1913 freiwillige Beiträge (§ 63 Bund-A) oder Vorauszahlungen angeboten werden, ist von der Hebestelle ein Einnahmebuch (§ 62 Bund-A) anzulegen. Für die folgenden Jahre ist das Einnahmebuch rechtzeitig vor Beginn des Rechnungsjahrs einzurichten.

Das Einnahmebuch darf mit anderen Einnahmebüchern (Journalen) der Hebestelle nicht verbunden werden. Es ist nach Abschluß des Sollbuchs zusammen mit diesem an die Veranlagungsbehörde abzuliefern.

In einer hinter Spalte 7 einzufügenden Unterspalte kann ein Hinweis auf die erfolgte Übertragung der Tagessumme aus dem Einnahmebuch in das Haupteinnahmebuch (Journal) der Hebestelle aufgenommen werden.

2. Die Bescheinigung über die Blatt- oder Seitenzahl ist vom Gemeinde(Guts)vorstande zu erteilen. Nimmt dieser selbst die Geschäfte des Erhebers wahr, so hat der gesetzliche Vertreter die Bescheinigung zu erteilen.

3. Jede Einzahlung ist sofort, und zwar noch in Gegenwart des Einzahlenden, in das Einnahmebuch einzutragen.

4. Die Quittungsleistung der Hebestelle kann auf dem Steuerzettel oder dem Veranlagungsbescheid erfolgen.

5. Gehen bei einer Hebestelle, die nur von einem Beamten verwaltet wird, freiwillige Beiträge oder Vorauszahlungen (§§ 63, 64 Bund-A) ein, so ist dem Einzahler eine vorläufige Bescheinigung zu erteilen und der Betrag alsbald an die Kreiskasse abzuliefern. Der Rentmeister der Kreiskasse erteilt sodann unter Gegenzeichnung des Kassenrevisors die vorgeschriebene Quittung und übersendet sie portofrei dem Einzahler.

Art. 20. 1. Das erste Drittel des Wehrbeitrags wird mit der Zustellung des Veranlagungsbescheids fällig und ist binnen drei Monaten zu entrichten. Das zweite Drittel ist bis zum 15. Februar 1915, das letzte Drittel bis zum 15. Februar 1916 zu entrichten.

Der Vorsitzende der Veranlagungskommission setzt die Hebestelle rechtzeitig davon in Kenntnis, wann die Zustellung der Veranlagungsbescheide in der Hauptsache beendigt ist.

Die Hebestelle hat für den rechtzeitigen Eingang der ihr durch das Sollbuch oder im Wege der Zugangstellung zur Einziehung überwiesenen Beiträge Sorge zu tragen.

Ist die Frist zur Entrichtung eines Wehrbeitragsteils abgelaufen, ohne daß Zahlung erfolgt ist, so hat die Hebestelle den Beitragspflichtigen mit dreitägiger Frist zu mahnen. Nach fruchtlosem Ablauf der Mahnfrist ist zur Zwangsvollstreckung nach den Bestimmungen der Verordnung vom 15. November 1899 und der dazu ergangenen Ausführungsvorschriften zu schreiten (vgl. Art. 90 Nr. 3 der Eink.-Anw.).

2. Die eingezahlten Beträge sind täglich aus dem Einnahmebuch in das Sollbuch zu übertragen. Die im Rechnungsjahr 1913 vorausgezahlten und auf den festgestellten Wehrbeitrag anzurechnenden Beträge sind in Spalte 10a (für das Rechnungsjahr 1914) einzutragen. Um demnächst die Übereinstimmung der Summe in Spalte 10a des Sollbuchs mit der Summe des Einnahmebuchs für 1914 zu erreichen, sind diese Beträge im Einnahmebuche für 1913 vor dem Abschluß in einer Summe abzusetzen und in demjenigen für 1914 ebenso vorzutragen.

3. Am Schlusse der Rechnungsjahre 1914, 1915 und 1916 prüft der Gemeindevorstand, ob Sollbuch und Einnahmebuch übereinstimmen, und bescheinigt nach Beseitigung etwaiger Anstände diese Übereinstimmung unter dem Abschlusse des Einnahmebuchs. In gleicher Weise hat in den späteren Jahren die Vergleichung der Restnachweisung (§ 75 Abs. 2 Bund-A) mit dem Einnahmebuch zu erfolgen. Auch in diesem Falle ist die Übereinstimmung von dem Gemeindevorstande zu bescheinigen.

4. Die vorausgezahlten und die zur Erhebung gekommenen festgestellten Beträge hat der Erheber allmonatlich zu den von der Regierung anzuordnenden Terminen mit einem Lieferzettel nach Muster G in doppelter Ausfertigung an die Kreiskasse abzuliefern. Die Ablieferungstermine sind so anzuberaumen, daß die eingegangenen Beträge möglichst noch im gleichen Monat von der Kreiskasse zur Ablieferung an die Regierungshauptkasse gebracht werden können.

Art. 21. 1. Die Ablieferungen an die Kreiskasse sind von der Hebestelle am Schlusse des Einnahmebuchs unter einem besonderen Abschnitt nachzuweisen und mit den von der Kreiskasse quittierten Lieferzetteln zu belegen.

2. Sind auf Grund der Vorschriften im § 64 Abs. 2 Bund-A vorausgezahlte Beiträge zu erstatten, so ist der verausgabte Betrag ebenfalls hier nachzuweisen. Die Quittung des Empfangsberechtigten ist als Beleg zum Einnahmebuch aufzubewahren. Bei der nächsten Ablieferung an die Kreiskasse ist der erstattete Betrag von der abzuliefernden Einnahme zu kürzen und im Lieferzettel zu erläutern.

3. Sonstige Erstattungen sind, solange Sollbuch oder Restnachweisung nicht abgeschlossen sind, im Sollbuch in Spalte 10, in der Restnachweisung in Spalte 7, im Einnahmebuch in Spalte 5 mit roter Tinte abzusetzen und durch die Anweisung der die Erstattung anordnenden Behörde sowie durch die Quittung des Empfangsberechtigten zu belegen. Kann die Hebestelle die erstatteten Beträge nicht oder nur teilweise aus eingegangenen Beiträgen decken, so beantragt sie unter Vorlage entsprechend ausgefüllter Lieferzettel die Rückvergütung der verauslagten Beträge.

4. Sind Sollbuch und Restnachweisung bereits abgeschlossen (Art. 25), so ist die Erstattung durch die Kreiskasse zu bewirken.

5. Der Vorsitzende der Veranlagungskommission weist die erstatteten Beträge in der Abgangsliste nach (vgl. auch Art. 18 Abs. 5 ff.).

Art. 22. 1. Die Kreiskasse bucht die eingehenden Beträge in einer besonderen Spalte ihres Einnahmejournals, führt darüber ein besonderes Manual nach Muster H und liefert sie mit der Monatsabrechnung unter Anschluß einer Übersicht nach Muster 10 bzw. 11 Bund-A an die Regierungshauptkasse ab.

2. Am Schlusse der Monate August 1914, April 1915 und April 1916 zeigt die Kreiskasse dem Vorsitzenden der Veranlagungskommission unter Benutzung der entsprechend vorgerichteten Nachweisung des zu erhebenden Wehrbeitrags (Muster F) an, welche Beträge von den Hebestellen zur Ablieferung gekommen sind.

3. Der Vorsitzende der Veranlagungskommission prüft auf Grund einer über die bewilligten Stundungen zu führenden Kontrolle und der Listen über die vorgekommenen Zu- und Abgänge, ob die Höhe der verbliebenen Reste zu Bedenken Anlaß gibt, zieht erforderlichenfalls von den Hebestellen Nachweisungen und Unterlagen über die einzelnen Restbeträge ein und veranlaßt wegen der Einziehung der nicht gerechtfertigten Reste das Weitere.

4. Die Ablieferung an die Reichshauptkasse erfolgt nach Maßgabe der §§ 81 und 82 Bund-A durch die Regierungshauptkassen bzw. für den Stadtbezirk Berlin durch die Königliche Steuerkasse daselbst.

5. Die Anweisungen über die an die Reichshauptkasse abzuführenden Beträge (§ 82 Bund-A) erteilen die Königlichen Regierungen bzw. für Berlin die Königliche Direktion für die Verwaltung der direkten Steuern. Die von diesen Behörden auf Grund der von den Kreiskassen eingegangenen Unterlagen aufzustellenden Monats- und Vierteljahrsübersichten sind sofort nach Erteilung der Anweisungen an die Regierungshauptkassen (Steuerkasse Berlin) der Geheimen Kalkulatur II des Finanzministeriums einzusenden, von welcher die Hauptübersicht (§ 83 Abs. 4 Bund-A) aufgestellt wird.

6. Die Monatsübersichten müssen spätestens am 7., die Vierteljahrsübersichten spätestens am 9. der betreffenden Monate, die schließliche Einnahmeübersicht (§ 83 Abs. 3 Bund-A) bis zum 1. Oktober bei der Geheimen Kalkulatur II eingehen. Durch die Aufklärung von Unstimmigkeiten in einzelnen Übersichten darf die Einsendung der Monats- und Vierteljahrsübersichten nicht aufgehalten werden. Zweifelhafte Beträge sind zunächst wegzulassen und in die Nachweisung für den folgenden Monat aufzunehmen.

7. In Spalte 5 der Übersichten sind nur solche Beträge aufzunehmen, welche anläßlich der im § 80 Bund-A (Art. 26) angeordneten Prüfung nacherhoben werden müssen, in Spalte 6 nur solche Erstattungen, die wegen des Abschlusses der Soll- und Einnahmebücher (Art. 25) in diesen nicht mehr abgesetzt werden konnten.

Überweisung bei Verlegung des Wohnsitzes.

Art. 23. I. Verlegt ein Beitragspflichtiger seinen Wohnsitz in den Veranlagungsbezirk eines anderen Bundesstaats, so erfolgt die Überweisung des noch nicht gezahlten Wehrbeitrags nach Anleitung des § 68 Bund-A.

Die den Auszügen aus der Wehrbeitragsliste und dem Sollbuch beizufügenden Verhandlungen (Akten) sollen nur solche Schriftstücke enthalten, die auf die Veranlagung zum Wehrbeitrag Bezug haben. In besonderen Fällen, so z. B. im Falle des § 19 Abs. 4 Bund-A, sind Auszüge aus den zurückbleibenden Schriftstücken mitzuteilen.

II. Bei Umzügen innerhalb Preußens tritt folgendes Verfahren ein:

1. Die Behörde des Abzugsorts fügt der dem Gemeinde-(Guts)vorstande des neuen Wohnorts wegen der Übernahme der Staatssteuern zu übersendenden Mitteilung (Muster XXVa zu Art. 83 Eink.-Anw.) einen Auszug aus dem Sollbuch in zweifacher Ausfertigung nach Muster J bei. Die Behörde des neuen Wohn-

orts übernimmt daraufhin den Beitragspflichtigen in die dritte Abteilung ihres Sollbuchs, bescheinigt auf der einen Ausfertigung unter Angabe der Nummer des Sollbuchs die Übernahme und sendet sie zugleich mit dem Abgangsbeleg über die Staatssteuer der Behörde des Abzugsorts zurück. Letztere legt den so bescheinigten Auszug zugleich mit der Staatssteuer-Abgangsliste dem Vorsitzenden der Veranlagungskommission vor, welcher den Abgang in seine nach Muster K zu führende Abgangsliste aufnimmt, ihn in der Wehrbeitrags- oder Zugangsliste vermerkt und dem Vorsitzenden der Veranlagungskommission des neuen Wohnorts unter Übersendung eines Auszugs aus der Wehrbeitragsliste A (Zugangsliste) und der den Beitragspflichtigen betreffenden Verhandlungen sowie unter Angabe der Nummer des Sollbuchs der neuen Hebestelle den noch nicht erhobenen Teil des Wehrbeitrags überweist. Der bescheinigte Auszug aus dem Sollbuch ist nach erfolgter Überweisung der Hebestelle des Abzugsorts zurückzugeben, bei der er als Beleg zum Sollbuch aufzubewahren ist.

2. Die Behörde des neuen Wohnorts legt gleichzeitig mit der Staatssteuer-Zugangsliste dem Vorsitzenden der Veranlagungskommission die zweite Ausfertigung aus dem Sollbuch des Abzugsorts vor. Der Vorsitzende nimmt den Zugang in seine Zugangsliste auf, versieht den Auszug aus dem Sollbuche mit der Nummer der Zugangsliste und gibt ihn der Hebestelle zurück, welche ihn als Beleg zu ihrem Sollbuch aufzubewahren hat.

3. Auf Grund der ihm zugehenden Auszüge aus der Wehrbeitragsliste hat der Vorsitzende der Veranlagungskommission die Zugangstellung der Wehrbeiträge zu überwachen. Bei der Prüfung der Staatssteuer-Zu- und Abgangslisten hat er ferner sein

Augenmerk darauf zu richten, daß die Zugänge und Abgänge an Wehrbeitrag gewahrt sind, und gegebenenfalls dieserhalb sofort das Notwendige zu veranlassen.

Hinsichtlich der neu in die Staatssteuerpflicht eintretenden Personen hat sich die Prüfung auch darauf zu erstrecken, ob eine Nachveranlagung zum Wehrbeitrage stattzufinden hat.

4. Sofern es die örtlichen Verhältnisse bedingen, kann die Regierung anordnen, daß die bescheinigten Auszüge aus dem Sollbuch dem Vorsitzenden der Veranlagungskommission nicht einzeln, sondern mit einer möglichst einfach zu gestaltenden Zusammenstellung vorgelegt werden.

Zu- und Abgangslisten.

Art. 24. 1. Alle nach der Aufrechnung der Wehrbeitragsliste und des Sollbuchs (§ 60 Abs. 2 Bund-A) vorkommenden Zu- oder Abgänge sind in besonderen Zu- und Abgangslisten nachzuweisen, die gemeindeweise anzulegen sind.

2. Die Zugangsliste ist nach dem Muster der Wehrbeitragsliste A unter Weglassung der im Art. 5 vorgeschriebenen Spalten 3 bis 7 zu führen. Sie erhält an Stelle der Spalten 18 ff. des Musters 1 Bund-A die nachfolgenden Spalten:

Sp. 18. Ursache des Zuganges.

Sp. 19. Der Beitrag ist der Hebestelle zur Einziehung überwiesen bzw. von dieser als Zugang nachgewiesen am:

Sp. 20. Nummer der dritten Abteilung des Sollbuchs.

Sp. 21. Datum der Mitteilung von der Übernahme des Zuganges an die Veranlagungsbehörde des anderen Bundesstaats.

Sp. 22. Nummer des Belegs (Auszug aus der Wehrbeitragsliste usw.).

Sp. 23. Bemerkungen.

3. Erfolgt die Aufnahme in die Zugangsliste auf Grund der Vorschrift im § 54 Satz 1 des Gesetzes, so ist von dem

Beitragspflichtigen zunächst eine Vermögenserklärung zu erfordern und im übrigen nach Anleitung der Art. 9 ff. zu verfahren.

4. Bei Zugängen schon veranlagter Beitragspflichtiger bedarf es der Ausfüllung der Spalten 3 bis 16 nicht. Der die betreffenden Angaben enthaltende Auszug aus der Wehrbeitragsliste des Abzugsorts wird Beleg zu der Zugangsliste.

5. Ist ein Teil des Wehrbeitrags bereits entrichtet, so ist in Spalte 17 nur der Betrag nachzuweisen, den der Pflichtige noch zu entrichten hat. In Spalte „Bemerkungen" ist die Höhe des bereits entrichteten Beitrags nachrichtlich zu vermerken.

6. Die Abgangsliste ist nach dem Muster K zu führen.

7. Soweit sich die Aufnahme weiterer Spalten in die Zu- und Abgangslisten notwendig erweist, kann solches von der Regierung angeordnet werden.

8. Die Belege zu den Zu- und Abgangslisten (überwiesene Auszüge aus Wehrbeitragslisten anderer Bezirke, Mitteilungen von der erfolgten Übernahme des Wehrbeitrags, Verfügungen der Regierung wegen Erstattung, Niederschlagung, Nacherhebung, Verhandlungen über die Unbeitreiblichkeit von Beiträgen usw.) sind, nach der Nummer geordnet, geheftet bei den Zu- und Abgangslisten aufzubewahren.

9. Die Zu- und Abgangslisten sind vierteljährlich abzuschließen. Auf Grund des Abschlusses der Abgangslisten ist die Absetzung des in Abgang gekommenen Betrags in Spalte 17 der Wehrbeitragsliste in einer Summe vorzunehmen (§ 68 Abs. 1 Bund-A). Nach dem Abschlusse der Listen ist der Regierung der Betrag der für das betreffende Vierteljahr festgesetzten Zugänge und der Abgänge, nach Kreiskassenbezirken getrennt, in je einer Summe anzuzeigen.

10. Am Schluß des Rechnungsjahrs 1916 sind die Zu- und Abgangslisten vollständig abzuschließen. Wegen der dann noch vorkommenden Zugänge und der durch die Restnachweisung zu verfolgenden Beträge sind Rest-Zu- und Ab-

gangslisten zu führen. Da eine Überweisung der in die Restnachweisung übernommenen Beträge nicht mehr stattfindet, sind in den Restabgangslisten nur noch die im Rechtsmittel-, Niederschlagungs-, Erstattungs- oder Ermäßigungsverfahren festgesetzten Beträge nachzuweisen.

Restnachweisung.

Art. 25. 1. Im allgemeinen kann erwartet werden, daß die Einziehung des Wehrbeitrags bis zum 31. März 1917 beendet ist. An diesem Tage hat die Hebestelle das Sollbuch abzuschließen und erforderlichenfalls eine Restnachweisung aufzustellen.

2. Spätestens am 15. April 1917 sind das Sollbuch, die zugehörigen ordnungsmäßig gehefteten Belege und die bis dahin geführten Einnahmebücher mit der Restnachweisung dem Vorsitzenden der Veranlagungskommission vorzulegen, welcher nach Prüfung den Abschluß im Sollbuch gemäß § 60 Abs. 5 Bund-A bescheinigt, auch die vorgeschriebene Bescheinigung auf der Restnachweisung erteilt und letztere alsbald der Hebestelle zurückgibt.

3. Der Vorsitzende der Veranlagungskommission teilt sodann der Kreiskasse eine Nachweisung der in die Restnachweisungen der einzelnen Hebestellen übernommenen Beiträge unter Anwendung eines Formulars nach Muster F mit und läßt sich in angemessenen Zwischenräumen bis zur gänzlichen Abwickelung der Reste die von den Gemeinden abgelieferten Beträge nachweisen.

4. Sobald sämtliche in der Restnachweisung verzeichneten Wehrbeiträge zur Einziehung gelangt sind, ist sie abzuschließen und nebst den zugehörigen Belegen und Einnahmebüchern dem Vorsitzenden der Veranlagungskommission einzureichen.

Prüfung des Veranlagungs- und Einziehungsverfahrens.

Art. 26. 1. Der Vorsitzende der Berufungskommission hat bei der ihm obliegenden Überwachung der Amtstätigdes Etats von der Verwaltung der direkten Steuern unter einem besonderen Abschnitt (Nr. 3) zu verrechnen.

3. Die Kosten für die anläßlich der Erhebung und Ablieferung des Wehrbeitrags einschl. des Überweisungs- und Beitreibungsverfahrens von den Hebestellen benötigten Formulare fallen den Gemeinden (Gutsbezirken) zur Last.

Berlin, den 8. November 1913.

Der Finanzminister.
Lentze.

Sachregister.

(Die Zahlen bedeuten die Seiten, die in Klammern stehenden Zahlen weisen auf die Anmerkungen hin.)

A

E

L

Z

Guttentag'sche Sammlung

Deutscher Reichsgesetze.

Text-Ausgaben mit Anmerkungen. Taschenformat.

1. **Verfassung des Deutschen Reichs.** Von Dr. **L. von Rönne. 10. Aufl.** von Landrat **P. von Rönne** und Regierungsassessor **von Dobbeler.** 1912. 2 M. 60 Pf.

2. **Strafgesetzbuch** für das Deutsche Reich. Von Dr. **H. Rüdorff. 23. Aufl.** bearbeitet von Prof. Dr. **Franz v. Liszt** und Dr. **Ernst Delaquis.** Mit der Novelle vom 19.6.1912. 1 M. 80 Pf.

3. **Militärstrafgerichtsordnung** nebst Einführungsgesetz. Von Wirkl. Geheimen Kriegsrat Dr. jur. **A. Romen** und Kriegsgerichtsrat Dr. jur. **Carl Rissom.** 1910. 6 M.

4. **Handelsgesetzbuch vom 10. Mai 1897** unter Ausschluß des Seerechts. **14. Aufl.** Herausgegeben von Geh. Justizrat Prof. Dr. **A. Mosse.** 8°. 1911. 5 M.

5. **Wechselordnung vom 3. Juni 1908.** Kommentar von Justizrat Dr. **J. Stranz** und Rechtsanwalt Dr. **M. Stranz,** und das **Wechselstempelgesetz vom 15. Juli 1909** von Geh. Regierungsrat **P. Loeck. 11. Aufl.** 1913. 4 M.

5a. **Wechselstempelgesetz** apart. **11. Aufl.** 1913. 1 M. 50 Pf.

6. **Reichsgewerbeordnung** nebst Ausführungsbestimmungen. Von **Berger** und **Wilhelmi. 18. Auflage** von Stadtrat Dr. **Karl Flesch** in Verbindung mit Dr. **Friedr. Hiller** und Dr. **Herm. Luppe.** Mit Nachtrag, enthaltend die Änderungen bis 31. 3. 1912. **4 M.**

7. **Post- und Telegraphen-Gesetzgebung.** Nebst Weltpostvertrag und internationalem Telegraphenvertrag. **6. Aufl.** von Geh. Ober-Postrat Dr. **M. König.** 1908. 4 M.

8. Die Reichsgesetze über den **Unterstützungswohnsitz, die Freizügigkeit, den Erwerb und Verlust der Bundes- und Staatsangehörigkeit.** Von Geheimrat Dr. **J. Krech,** Mitglied des Bundesamtes für das Heimatwesen. 8. **Aufl.** 1913. 3 M. 60 Pf.

9. Sammlung **kleinerer strafrechtlicher Reichsgesetze.** Von Dr. **R. H. Kriegsmann,** Privatdozent in Kiel. **3. Aufl.** 1910. **4** M.

10. Das **Reichsbeamtengesetz** von **J. Pieper. 2. Aufl.** 1901. **4** M. 50 Pf.

Reichsbeamtengesetz von 1907 siehe Nr. 82.

11. **Zivilprozeßordnung mit Gerichtsverfassungsgesetz.** Von **R. Sydow.** Fortgeführt von **L. Busch,** Reichsgerichtsrat, jetzt zugleich mit **A. Busch,** Gerichtsassessor. **14. Aufl.** 8°. 1913. 8 M.

12. **Strafprozeßordnung und Gerichtsverfassungsgesetz** nebst den Gesetzen, betr. die Entschädigung der im Wiederaufnahmeverfahren freigesprochenen Personen und die Entschädigung für unschuldig erlittene Untersuchungshaft. Von Dr. **A. Hellweg,** Reichsgerichtsrat. **16. Aufl.** von Professor Dr. **Kohlrausch.** 1912. 3 M.

13. **Konkursordnung und Anfechtungsgesetz.** Von **R. Sydow.** Fortgeführt von **L. Busch. 11. Aufl.** 1911. 2 M 80 Pf.

14. **Gerichtsverfassungsgesetz** mit Einführungsgesetz. Herausgegeben von **R. Sydow.** Fortgeführt von **L. Busch. 9. Aufl.** 1905. **Mit Nachtrag, enthaltend die Novelle vom 1. Juni 1909,** 1 M. 50 Pf.

15. Das **Deutsche Gerichtskostengesetz** nebst den Gebührenordnungen für Gerichtsvollzieher, Zeugen und Sachverständige. Von **R. Sydow.** Weiter bearbeitet von Reichsgerichtsrat **L. Busch** und Gerichtsassessor **Arno Busch. 9. Aufl.** 1912. 2 M. 60 Pf.

16. **Rechtsanwaltsordnung.** Von **R. Sydow. 5. Aufl.** von Justizrat **M. Jacobsohn.** 1907. Mit Nachtrag, enthaltend die Bestimmungen vom 22. Mai 1910. 1 M. 20 Pf.

17. Die **Deutsche Gebührenordnung für Rechtsanwälte und das Preußische Gebührengesetz** vom 27. September/6. Oktober 1899. Von **R. Sydow.** Fortgeführt von **L. Busch. 10. Aufl.** 1911. 2 M. 70 Pf.

18. **Reichsstempelgesetz** vom 15. Juli 1909 in der durch das Zuwachssteuergesetz vom 14. Februar 1911 geänderten Fassung. (Börsen-, Lotterie- [Spiel und Wette-], Frachturkunden-, Fahrkarten-, Kraftfahrzeug-, Tantieme-, Scheck- und Grundstücksübertragungssteuer.) Mit den gesamten Ausführungsbestimmungen. **11. Aufl.** von Geh. Regierungsrat **P. Loeck.** 1912. 8°. 6 M.

19. Die **Seegesetzgebung.** Von Dr. **W. E. Knitschky. 5. Aufl.** bearbeitet von Oberlandesgerichtsrat **Otto Rudorff** in Hamburg. 1913. 8 M.

20. **Krankenversicherungsgesetz.** Von weil. Dr. **E. von Woedtke. 11. Aufl.** von Geh. Reg.-Rat Dr. **G. Eucken-Addenhausen.** 1905. 3 M. Siehe auch Bd. 107.

21. Die **Konsulargesetzgebung.** Von Professor Dr. **Ph. Zorn. 3. Aufl.** bearbeitet von Reg.-Assessor Dr. **K. Zorn.** 1911. 4 M. 50 Pf.

22. **Patentgesetz.** Nebst Ausführungsbestimmungen, völkerrechtlichen Verträgen und der Patentanwalts-Ordnung. **7. Aufl.** bearbeitet von **R. Lutter,** Geh. Reg.-Rat im Kaiserl. Patentamt. 1908. 2 M. 80 Pf.

23. **Gewerbe-Unfallversicherungsgesetz.** Von weil. Dr. **E. von Woedtke. 9. Aufl.** von Dr. **Franz Caspar,** Direktor im Reichsamt des Innern. 1907. 2 M. 50 Pf. Siehe auch Bd. 108.

24. **Aktiengesellschaft und Kommanditgesellschaften auf Aktien.** Von Kammergerichtsrat Dr. **H. Keyßner** und Justizrat Dr. **H. Veit Simon. 6. Aufl.** von Amtsrichter **L. Keyßner.** 1911. 3 M.

25. **Brausteuergesetz.** vom 15. Juli 1909. Von **A. Düffe,** Oberzollrevisor. **2. Aufl.** 1910. 3 M.

26. Die Reichsgesetzgebung über **Münz- und Notenbankwesen.** Papiergeld, Prämienpapiere und Reichsschulden. Von Dr. jur **R. Koch,** Präsident des Reichsbankdirektoriums, **6. Aufl.** 1910. 4 M.

27. Die Gesetzgebung, betr. das **Gesundheitswesen** im Deutschen Reich. Von Dr. jur. **E. Goesch** und Dr. med. **J. Karsten.** 1888. 1 M. 60 Pf.

28. **Bau-Unfallversicherungsgesetz.** Vom 30. Juni 1900. Von **R. Chrzescinski,** Kaiserl. Regierungsrat. **3. Aufl.** 1900. 2 M. Siehe auch Bd. 108.

29. **Erwerbs- und Wirtschaftsgenossenschaften.** Von **L. Parisius** und Dr. **H. Crüger. 14. neu bearb. Aufl.** von Dr. **H. Crüger.** 1912. 1 M. 80 Pf.

30. **Invalidenversicherungsgesetz** vom 13. Juli 1899. Von weil. Dr. **E. von Woedtke. 10. Aufl.** von Regierungsrat **H. Follmann.** 1906. 4 M. (Vergriffen!) Siehe auch Bd. 109.

31. **Gewerbegerichtsgesetz.** Von Stadtrat **L. Mugdan. 7. Aufl.** bearbeitet von **W. Cuno,** Oberbürgermeister zu Hagen i. W. 1911. 2 M. 50 Pf.

32. Reichsgesetz, betr. die **Gesellschaften mit beschränkter Haftung.** Von **L. Parisius** und Dr. **H. Crüger. 12. Aufl.** von Dr. **H. Crüger.** 1912. 1 M. 80 Pf.

33. **Vereins- und Versammlungsrecht.** Von Dr. **E. Ball. 2. Aufl.** von Dr. **F. Friedenthal.** 1907. 2 M. 50 Pf.

Reichs-Vereinsgesetz vom 19. April 1908 siehe Nr. 88.

34. Die **Abzahlungsgeschäfte.** Gesetz vom 16. Mai 1894. **3. vermehrte Aufl.** besorgt von Dr. **E. Wilke,** Landgerichtsrat. 1910. 1 M. 25 Pf.

35. Die **Reichs-Eisenbahngesetzgebung.** Von **W. Coermann,** Kaiserl. Amtsrichter. 1895. 2 M. 25 Pf. S. auch Bd. 66.

36. Gesetze, betr. die **privatrechtlichen Verhältnisse der Binnenschiffahrt und der Flößerei.** Von **E. Löwe,** Landgerichtsrat. **4. Aufl.** 1909. 3 M.

37. Gesetz gegen den **unlauteren Wettbewerb.** Von Justizrat **A. Pinner. 6. Aufl.** 1912. 1 M. 50 Pf.

38/39. **Bürgerliches Gesetzbuch nebst Einführungsgesetz** von Dr. **A. Achilles.** In Verbindung mit Professor Dr. **André.**

Kammergerichtsrat **Ritgen**, Reichsgerichtsrat Dr. **Strecker**, Senatspräsident Dr. **v. Unzner** herausgegeben von Wirkl. Geh. Ober-Justizrat u. Oberlandesgerichtspräsident **Greiff**. **7. Aufl.** 8°. 1912. 7 M.

40. Gesetz, betr. die **Pflichten der Kaufleute bei Aufbewahrung fremder Wertpapiere (Depotgesetz).** Mit Erläuterungen. Von **F. Lusensky**, Geh. Ober-Regierungsrat. **2. Aufl.** 1905. 1 M.

41. **Börsengesetz.** In der Fassung der Novelle vom 8. Mai 1908. **2. Aufl.** Von Wirkl. Geh. Ober-Regierungsrat **Th. Hempstenmacher**, Staatskommissar an der Berliner Börse. 1908. 2 M.

42. **Grundbuchordnung** nebst den preußischen Ausführungsbestimmungen. Mit Einleitung. Von Prof. Dr. **O. Fischer. 6. Aufl.** 1912. 2 M.

43. **Zwangsvollstreckung in das unbewegliche Vermögen** im Reiche und in Preußen. Mit Einleitung, **Kosten-** und Gebührentabellen. Von Dr. **J. Krech**, Kaiserl. Geh. Regierungsrat und Professor Dr. **O. Fischer. 6. Aufl.** 1910. 2 M.

44. Das Reichsgesetz über das **Auswanderungswesen** vom 9. Juni 1897. Von Professor Dr. **Felix Stoerk.** 1899. 2 M. 25 Pf.

45. Das **Entmündigungsrecht** unter Berücksichtigung der für Preußen geltenden Vorschriften nebst der preußischen Justiz-Ministerial-Verfügung vom 28. November 1899. **Von Landgerichtsrat Dr. P. Koll in Cöln.** 1900. 1 M. 50 Pf.

46. Die Gesetze des Reiches und Preußens über die **freiwillige Gerichtsbarkeit.** Von **Herm. Jastrow,** Amtsgerichtsrat. **5. Aufl.** 1911. 3 M. 60 Pf.

47. Das **deutsche Vormundschaftsrecht** und das preuß. Gesetz über die Fürsorgeerziehung Minderjähriger nebst den dazu gehörigen preußischen Nebengesetzen. Von Oberverwaltungsgerichtsrat **Max Schultzenstein** und Amtsgerichtsrat Dr. **Paul Köhne. 2. Aufl.** 1901. 3 M.

48. Gesetze und Verordnungen, betr. den **Drogen-, Gift- und Farbenhandel** außerhalb der Apotheken. Von Dr. **J. Broh,** Rechtsanwalt. 1899. 1 M. 25 Pf.

49. Deutsche **Kolonialgesetzgebung.** Von Geh. Justizrat Professor Dr. **Philipp Zorn.** 2. Aufl. von Gerichtsassessor Dr. **Sassen.** 1913. 7 M. 50 Pf.

50. Der **Viehkauf** (Viehgewährschaft) nach dem Bürgerlichen Gesetzbuche unter Berücksichtigung des ausländischem Rechts. Verordnung betr. die Hauptmängel und Gewährsfristen beim Viehhandel. Von Rechtsanwalt Dr. **H. Stölzle** und Königlicher Veterinärrat **H. Weiskopf. 5. Aufl.** 1913. 6 M.

51. **Hypothekenbankgesetz** vom 13. Juli 1899. Von Dr. **H. Göppert. 2. Aufl.** Bearbeitet von Geh. Reg.-Rat Dr. **Seidel.** 1911. 2 M. 40 Pf.

52. Gesetz, betreffend die gemeinsamen **Rechte der Besitzer von Schuldverschreibungen.** Von Dr. **Heinrich Göppert.** 1900. 2 M.

53. **Reichspreßgesetz** vom 7. Mai 1874. Mit Kommentar von **A. Born,** Erster Bürgermeister der Stadt Marienburg (**Westpr.**). 1911. **2. Aufl.** 2 M.

54. Die Reichsgesetzgebung über den Verkehr mit **Nahrungsmitteln, Genußmitteln** und **Gebrauchsgegenständen.** Von Dr. **Georg Lebbin,** Nahrungsmittelchemiker in Berlin. 1900. 2 M. 25 Pf.

55. Das Recht der **Beschlagnahme von Lohn- und Gehaltsforderungen.** Von Justizrat **Georg Meyer. 5. Aufl.** 1913. Im Druck.

56. Gesetz, betr. die **Bekämpfung gemeingefährlicher Krankheiten.** Nebst Ausführungsbestimmungen. Von Dr. **Bruno Burkhardt,** Regierungsrat, Mitglied des Kaiserl. Gesundheitsamts. 1900. 1 M. 40 Pf.

57. **See-Unfallversicherungsgesetz.** Von Dr. **Max Mittelstein,** Oberlandesgerichtsrat in Hamburg. 1901. 2 M. Siehe auch RG. Bd. 108.

58. **Das Recht der unehelichen Kinder** nach dem BGB. Von **Hermann Jastrow,** Amtsgerichtsrat. 1901. 1 M. 80 Pf.

59. Reichsgesetz über die **Beurkundung des Personenstandes und die Eheschließung.** Von Dr. **F. Fidler,** Amtsgerichtsrat. 1912. **2. Aufl.** 2 M. 50 Pf.

60. Gesetz, betreffend das **Urheberrecht an Werken der Literatur und der Tonkunst** in der Fassung vom 22. Mai 1910. Von Geh. Justizrat **Otto Lindemann. 3. Aufl.** 1910. 1 M. 60 Pf.

61. Gesetz über das **Verlagsrecht.** Von Justizrat **E. Heinitz. 2. Aufl.** Bearbeitet von Rechtsanwalt Dr. **Br. Marwitz.** 1911. 1 M. 80 Pf.

62. Gesetz über **private Versicherungsunternehmungen.** Von **H. Könige,** Reichsgerichtsrat. **2. Aufl.** 1910. 4 M. 20 Pf.

63. **Gesetzestafel des Deutschen Reichsrechts.** Systematisch geordnete Nachweisung des z. Z. geltenden Reichsrechts. Von **Hugo Bruhns,** Bürgermeister. 1913. 8°. **2. Aufl.** 3 M. 50 Pf.

64. Gesetzsammlung betr. den **Handel mit Drogen und Giften.** Reichsgesetzliche Bestimmungen und Anhang mit den landesgesetzlichen Verordnungen sämtlicher Bundesstaaten, Von Rechtsanwalt **H. Sonnenfeld,** Syndikus der Berliner Drogisten-Innung. **2. Aufl.** 1912. 4 M.

65. Das **Weingesetz** in der Fassung von 1909. Mit Ausführungsbestimmungen von Dr. **Georg Lebbin,** Nahrungsmittelchemiker. **2. Aufl.** 1909. 2 M. 50 Pf.

66. Die **Eisenbahn-Gesetzgebung.** Von **W. Pietsch,** Rechnungsrat im Reichs-Eisenbahn-Amt. **2. Aufl.** 1913. 3 M. 60 Pf.

67. **Militär-Strafgesetzbuch für das Deutsche Reich** mit der Novelle vom 8. 8. 1913. Von Wirklichem Geheimen Kriegsrat Dr. **A. Romen** und Kriegsgerichtsrat Dr. **C. Rissom.** 1912. 6 M.

68. Das **Fleischbeschaugesetz.** Vom 3. Juni 1900. Von Dr. **Georg Lebbin,** Nahrungsmittelchemiker und Rechtsanwalt Dr. **Georg Baum.** 1903. 4 M.

69. Reichsgesetz über die **Naturalleistungen der bewaffneten Macht im Frieden** nebst den in Preußen geltenden Bestimmungen. Von Regierungsassessor Dr. **Walter v. Hippel.** 1903. 1 M. 25 Pf.

70. Das **Reichs-Haftpflichtgesetz,** vom 7. Juni 1871. Von Regierungsrat Dr. **G. Eger.** 1903. 3 M.

71. **Kinderarbeit in gewerblichen Betrieben,** vom 30. März 1903. Von **H. Spangenberg,** Oberverwaltungsgerichtsrat. **2. Aufl.** 1904. 1 M. 60 Pf.

72. **Unfallversicherungsgesetz für Land- und Forstwirtschaft** von weil. Dr. **E. von Woedtke,** fortgesetzt von **Alfred Radtke,** Geh. Regierungsrat und Senatspräsident im Reichsversicherungsamt. **2. Aufl.** 1904. 4 M. 50 Pf.

73. **Entschädigung für unschuldig erlittene Verhaftung und Bestrafung.** Nebst Anhang, enthaltend die dazu gehörigen Nebengesetze über Schadensersatz. Von Dr. jur. **A. Romen,** Wirkl. Geh. Kriegsrat. 1904. 2 M.

74. Die **Kaufmannsgerichte** nebst den preuß. Ausführungsbestimmungen. Von Professor Dr. **Max Apt. 3. Aufl.** 1905. 2 M.

75. Reichsgesetz über die **Konsulargerichtsbarkeit.** Von Dr. jur. **A. F. Vorwerk,** Rechtsanwalt in Schanghai. 2. Ausgabe, mit dem Schutzgebietsgesetz und der Ausführungsverordnung, betr. die Rechtsverhältnisse in den Schutzgebieten. 1908. 2 M.

76. **Die Rechtshilfe im Verkehr mit den ordentlichen Gerichten nach deutschem Reichsrecht.** Von Landrichter Dr. **A. Friedländer.** 1906. 1 M. 80 Pf.

77. **Das Reichserbschaftssteuergesetz.** Vom 3. Juni 1906. Von **Ulrich Hoffmann,** Rechnungsrat im **Königl. Preuß. Finanzministerium. 2. Aufl.** mit Nachtrag, enth. die Bestimmungen v. 3. Juli 1913. 1911. 5 M.

78. **Zigarettensteuergesetz.** Vom 15. Juli 1909. Von Dr. **Cuno**, Regierungsassessor. **2. Aufl.** in Vorbereitung, nach Erlaß der sämtlichen Ausführungsbestimmungen.

79. **Die Militärpensionsgesetze** vom 31. Mai 1906 nebst Ausführungsbestimmungen. Zum Gebrauch für Heer, Marine und Schutztruppe von Dr. jur. **A. Romen**, Wirklicher Geheimer Kriegsrat.

 a) I. Teil: Offizierpensionsgesetz. 1907. 3 M. 50 Pf.

 b) II. Teil: Mannschaftsversorgungsgesetz. 1908. 3 M. 50 Pf.

80. Reichsgesetzgebung über **gerichtliche Registerführung.** Von **Otto Lindemann**, Geh. Justizrat. 1906. 3 M.

81. Gesetz, betr. **Urheberrecht an Werken der bildenden Künste und der Photographie.** Von Dr. **Ludwig Fuld**, Rechtsanwalt. 1907. 1 M.

82. **Reichsbeamtengesetz** in der Fassung vom 18. Mai 1907 und seine Ergänzungen von Geheimrat Professor Dr. **Adolf Arndt.** 1908. 3 M.

83. Reichsgesetz über **den Versicherungsvertrag** nebst Einführungsgesetz. Von Dr. **Paul Hager** und Dr. **E. Bruck. 3. vermehrte und verbesserte Auflage.** 1913. 6 M.

84. **Sammlung kleinerer privatrechtlicher Reichsgesetze** von Oberlandesgerichtsrat **Georg Müller.** 1908. 6 M. 50 Pf.

85. **Scheckgesetz** mit Einleitung usw. Von Prof. Dr. **Max Apt. 5. Aufl.** Mit Postscheckordnung vom 6. Nov. 1908 und im Anhang „Besteuerung des Schecks“. 1909. 2 M.

 Postscheckordnung vom 6. Nov. 1908. Apart mit Erläuterungen und Ausführungsbestimmungen. (30 Pf.)

86. **Die Auslieferungsverträge des Deutschen Reiches** von Landrichter **A. Cohn.** 1908. 4 M.

87. Gesetz zum **Schutz der Warenbezeichnungen.** Von Geh. Reg.-Rat, Mitglied des Patentamts Dr. **Freund** und Rechtsanwalt **Magnus. 5. Aufl.** 1909. 3 M. 50 Pf.

88. **Vereinsgesetz** vom 19. April 1908. Von Dr. jur. **A. Romen,** Wirkl. Geh. Kriegsrat. **3. Aufl** 1912. 2 M. 50 Pf.

89. **Vogelschutzgesetz** vom 30. Mai 1908 nebst den das Flugwild betr. Bestimmungen der Preußischen Jagdordnung von Dr. jur. **Leo von Boxberger.** 1908. 1 M.

90. Die Haager Abkommen über das **Internationale Privatrecht** von Dr. **G. A. E. Bogeng.** 1908. 2 M. 20 Pf.

91. **Eisenbahn-Verkehrsordnung** vom 23. Dez. 1908. Mit Ausführungsbestimmungen. Von Regierungsassessor bei der Eisenbahndirektion Breslau Dr. **Ernst Blume.** 1909. 2 M. 50 Pf.

92. Gesetz, betr. den **Verkehr mit Kraftfahrzeugen.** Von Amtsrichter **R. Kirchner. 2. Ausgabe** ergänzt durch die Bundesratsverordnung vom 3. Febr. 1910 und das Internationale Uebereinkommen vom 11. Okt. 1909. 1910. 3 M.

93. Gesetz über die **Sicherung der Bauforderungen** von Justizrat Dr. **E. Harnier. 3. Aufl.** 1912. 1 M. 60 Pf.

94. **Haftpflicht der Reichs- und Staats-Beamten** von Dr. **H. Delius. 2. Aufl.** 1909. Mit Nachtrag, enth. das Gesetz über die Haftung des Reichs für seine Beamten vom 22. Mai 1910. 3 M. 50 Pf.

95. Die Berner Uebereinkunft über **internationales Urheberrecht** von Dr. **Herm. Dungs**, vortrag. Rat im Reichsjustizamt. 1910. 1 M.
96. **Branntweinsteuergesetz** vom 15. Juli 1909. Unter Berücksichtigung der für das Reich erlassenen Ausführungsbestimmungen. Von Geh. Reg.-Rat **Johs. Nay**, vortrag. Rat im Reichsschatzamt. 1910. 3 M. 50 Pf.
97. **Schutzgebietsgesetz** nebst der Verordnung betr. die Rechtsverhältnisse in den Schutzgebieten, dem Gesetz über die Konsulargerichtsbarkeit sowie den Ausführungsbest. und ergänzenden Vorschriften. Von **Johs. Gerstmeyer**, Wirkl. Legationsrat und vortrag. Rat im Reichskolonialamt 1910. 3 M.
98. **Sechs Haager Abkommen** über **Internationales Privatrecht.** Von Dr. **Herm. Dungs**, vortrag. Rat im Reichs-Justizamt. 1910. 1 M. 50 Pf.
99. **Die Abkommen der Haager Friedenskonferenz** von Dr. jur. **Hans Wehberg.** 1910. 3 M.
100. Gesetz über den **Absatz von Kalisalzen.** Von Geh. Bergrat **Carl Voelkel.** 1910. 2 M. 40 Pf.
101. **Zuwachssteuergesetz** vom 14. Februar 1911. Von Dr. **W. Cuno,** Geheimer Regierungsrat im Reichsschatzamt. 1911. 3 M. 60 Pf.
102. **Urheberrecht an Mustern und Modellen** u. Ges. betr. Schutz v. Gebrauchsmustern von Reg.-Rat **Johs. Neuberg,** Mitgl. d. **K.** Patentamts. 1911. 2 M. 40 Pf.
103. **Reichs-Viehseuchengesetz** vom 26. Juni 1909 nebst Ausführungsvorschriften u. dem preuß. Ausführungsgesetz. Von Landrat Dr. **Walter v. Hippel. 2. Aufl.** 1912. 4 M. 50 Pf.
104. **Versicherungsgesetz** für Angestellte vom 20. Dez. 1911. Von Rechtsanwalt **O. Bernstein** und Dr. **J. Kupferberg. 2. Aufl.** 1912. 3 M. 50 Pf.

105. **Das Geldwesen in den deutschen Schutzgebieten.** Von **W. Hintze,** Geheimer exped. Sekretär im Reichskolonialamt. 1912. 2 M.

106—109. **Reichs=Versicherungs=Ordnung nebst Einführungsgesetz:** Herausgegeben unter Mitwirkung von Dr. **F. Caspar,** Wirkl. Geh. Rat, Direktor im Reichsamt d. Innern und **A. Spielhagen,** Geh, Ob.=Reg.=Rat, vortr. Rat im Reichsamt d. Innern. 4 Bände Preis pro Band etwa 3—4 M.

106. Erstes, fünftes und sechstes Buch. **Gemeinsame Vorschriften. — Beziehungen der Versicherungsträger zu einander und zu anderen Verpflichteten — Verfahren.** Bearbeitet von Dr. **K. Lippmann,** Reg.=Rat im Reichsversicherungsamt, Professor, Geh. Rat Dr. **L. Laß** und Geh. Reg.=Rat **H. Siefart,** vortrag. Räte im Reichsamt des Innern. 1913 6 M.

107. Zweites Buch. **Krankenversicherung.** Von Geh. Reg.=Rat **H. Siefart,** vortrag. Rat im Reichsamt des Innern. 1913. Im Druck.

108. Drittes Buch. **Unfallversicherung.** Von Geh. Reg.=Rat **A. Radtke,** Senatsvorsitzender im Reichsversicherungsamt. 1913. 8 M.

109. Viertes Buch. **Invaliden= und Hinterbliebenenversicherung.** Bearbeitet von Geh. Ober=Regierungs=Rat **B. Jaup,** vortragender Rat im Reichsamt des Innern und **H. Follmann,** Geh. Reg.=Rat im Reichsversicherungsamt. 1912. 4 M.

110. **Wehrbeitragsgesetz** mit Ausführungsbestimmungen. Von Geheimem Ober=Finanzrat **A. Fernow. 2. Aufl.** 1913. 2 M.

111. **Reichs= und Staatsangehörigkeit.** Vom 22. Juli 1913 Von Dr. **R. Romen,** Wirklichen Geheimen Kriegsrat 1913. 2 M. 20 Pf.

In Vorbereitung:

112. **Besitzsteuergesetz** (Vermögens=, Zuwachssteuergesetz). Von Geheimem Ober=Finanzrat **A. Fernow.**

Guttentag'sche Sammlung

Preußischer Gesetze.

Text-Ausgaben mit Anmerkungen. Taschenformat.

---

1. Die **Verfassungs-Urkunde** für den Preußischen Staat. Mit Einleitung, vollständigem Kommentar. Von Prof. Dr. **Adolf Arndt. 7. Aufl.** 1911. 4 M.

2. Preußische **Beamten-Gesetzgebung**. Enthaltend die wichtigsten Beamtengesetze in Preußen. Von **C. Pfafferoth. 4., neubearb. Aufl.** 1905. Mit Anhang: Abänderung vom 27. Mai 1907. 2 M.

3. **Die Aufnahme des Nottestaments** durch die bestellten Urkundspersonen. Anweisung mit Musterbeispielen und Abriß des Erbrechts von Amtsgerichtsrat **C. Kurtz.** 1904. 1 M. 50 Pf.

4. **Gebührenordnung** für **Notare** vom 25. Juli 1910. **4. Aufl.** bearbeitet von Justizrat **Rausnitz.** 1910. 2 M. 20 Pf.

5. Gesetz vom **24. April 1854 (betr. die außerehel. Schwängerung).** Von Dr. **Schulze.** 1873. 75 Pf.
   Gültiges Recht siehe: Reichsgesetze Nr. 58.

6. Die Preuß. **Ausführungsgesetze und Verordnungen zu den Reichs-Justizgesetzen.** Von **R. Sydow.** Siehe Seite 24, B u s c h - E y l a u, Ausführungsgesetze.

7. Allg. **Gerichtsordnung** und Preuß. **Konkursordnung.** Von **F. Vierhaus.** Vergriffen.

8. **Vormundschaftsordnung. Von F. Schultzenstein.**
   Gültiges Recht siehe: Reichsgesetze Nr. 47.

9. Die Preußische **Grundbuchgesetzgebung.** Von Prof. Dr. **Fischer.** Vergriffen. Siehe: Reichsgesetze Nr. 42.

10. **Einkommensteuergesetz.** Von **A. Fernow,** Geh. Ober-Finanzrat. **8. Aufl.** 1913. 5 M.

11. **Gewerbesteuergesetz.** Von **A. Fernow,** Geh. Ober-Finanzrat. **5., vermehrte Aufl.** 1910. 3 M.

12. **Allgemeines Berggesetz** für die Preußischen Staaten vom 24. Juni 1865. Mit seinen Novellen und Nebengesetzen. **3. Aufl.,** bearbeitet von den Oberbergräten **Schlüter** und **Hense.** 1913. 7 M. 50 Pf.

13. **Ergänzungssteuergesetz** (Vermögenssteuergesetz). Von **A. Fernow,** Geh. Ober-Finanzrat. **4. vermehrte Aufl.** 1907. 2 M. 40 Pf.

14. **Kommunalabgabengesetz.** Vom 14. Juli 1893 und Gesetz wegen Aufhebung direkter Staatssteuern. Von Dr. **F. Adickes,** Oberbürgermeister. **5. Aufl.** Bearbeitet von Stadtrat Dr. **Woell.** 1911. 2 M. 40 Pf.

15. Die **Kreisordnungen** für den Preußischen Staat. Von **O. Kolisch,** Landgerichtsrat. 1894. 4 M.

16. **Konzessionierung gewerblicher Anlagen.** Preuß. Ausführungs-Anweisung zu §§ 16 u. ff. der Gewerbe-Ordnung. Von Dr. **W. v. Rüdiger,** Geh. Regierungs- u. Gewerberat. **2. Aufl.** 1901. 2 M.

17. Preußisches **Gerichtskostengesetz.** Vom 25. Juli 1910. Mit Kostentabellen. Von Dr. **P. Siméon, Kammergerichtsrat. 7. Aufl.** 1913. **4 M.**

18. Preußisches **Stempelsteuergesetz** vom 30. Juni 1909. Mit sämtlichen Ausführungsbestimmungen. Von **P. Loeck**, Geh. Regierungsrat. **7. Aufl.** 8°. 1911. 7 M.

19. Das **Jagdscheingesetz.** Mit ausführlichen Erläuterungen. Von **F. Kunze**, Wirklichem Geh. Ober-Regierungsrat. **2. Aufl.** 1899. 2 M.

20. Die **preußischen Erbschaftssteuergesetze.** Unter Berücksichtigung der Novelle vom 31. Juli 1895. Von **U. Hoffmann**, Rechnungsrat im Königl. preuß. Finanzministerium. 1905. 4 M.

(**Reichs**-Erbschaftssteuergesetz s. Reichsgesetze Nr. 77).

21. Gesetz über die **Handelskammern.** Von **F. Lusensky**, Geh. Regierungsrat. **2. Aufl.** 1909. 3 M.

22. Gesetz, betr. **Anstellung und Versorgung der Kommunalbeamten.** Von Dr. **W. Lederman. 2. Auflage.** 1914. Bearbeitet von Dr. **Ludwig Brühl.** 2 M. 20 Pf.

23. **Ausführungsgesetz zum Bürgerlichen Gesetzbuche.** Von Kammergerichtsrat Dr. **P. Siméon. 3. Aufl.** 1914.

24. Die **Hinterlegungsordnung** in der Fassung des Ausführungsgesetzes zum BGB. vom 20. Sept. 1899 nebst Ausführungsbestimmungen. Von Regierungsrat Dr. **Georg Bartels. 2. Aufl.** 1908. 2 M.

25. **Preußische Kommunalbeamtengesetzgebung.** Von Magistrats-Assessor Dr. **Fr. Kremski**, Berlin. 1901. 3 M.

26. Gesetze über das **Diensteinkommen der Lehrer und Lehrerinnen, Ruhegehalt und Fürsorge für Hinterbliebene.** Tabelle zur Berechnung der Ruhegehalts-, Witwen- und Waisenbezüge. Von Dr. **Ed. Cremer**, Beigeordneter. 1900. 2 M. 40 Pf.

27. Gesetz, betreffend die **Warenhaussteuer.** Von Geh. Ober-Finanzrat Dr. **G. Strutz.** 1900. 1 M. 20 Pf.

28. Gesetz über die **Fürsorgeerziehung Minderjähriger.** Von Landgerichtsdirektor Dr. **P. F. Aschrott. 2. umgearbeitete Aufl.** 1907. 2 M. 80 Pf.

29. Gesetz, betr. **die ärztlichen Ehrengerichte, das Umlagerecht und die Kassen der Aerztekammern.** Von Amtsgerichtsrat Dr. **F. Fidler.** 1901. 1 M. 50 Pf.

30. Das **Preußische Staatsschuldbuch** und **Reichsschuldbuch.** Von Wirkl. Geh. Ober-Finanzrat **J. Mücke.** 1902. 2 M.

31a. **Die geltenden Preußischen Gesindeordnungen.** Herausgegeben in zwei Bänden von **Stephan Gerhard**, Rechtsanwalt in Berlin. 1902.

Band I: Gesindeordnung für die altpreußischen Provinzen vom 8. Nov. 1810, mit Erläuterungen unter Berücksichtigung der Ergänzungsgesetze und der Rechtsverhältnisse der Gesindevermieter, sowie die Gesindeordnungen für Neuvorpommern und Rügen und für die Rheinprovinz. Neue Aufl. in Vorbereitung.

31b. **Band II:** Gesindeordnungen für Hannover, Schleswig-Holstein, Hessen-Nassau und den Regierungsbezirk Hohenzollern. 2 M. 50 Pf.

Siehe **auch Seite 25: Ratgeber von Grieben.**

32. **Die Städteordnung für die sechs östlichen Provinzen** Preußens vom 30. Mai 1853. Von Stadtrat Dr. **Walter Ledermann** u. Magistratsrat Dr. **Ludwig Brühl. 2. Aufl.** 1913. 7 M. 50 Pf.

33. **Rentenguts- und Anerbenrechts-Gesetzgebung in Preußen.** Von Landgerichtsrat **M. Peltasohn** und Rechtsanwalt **Bruno Peltasohn.** 1903. 3 M.

34. Sammlung der wichtigsten **preußischen Strafgesetze** nebst Anhang: Gesetz betr. polizeiliche Strafverfügungen vom 23. April 1883. Von **Otto Lindemann,** Geheimen Justizrat. 1912. **2. Aufl.** 3 M. 50 Pf.

35. **Geschäftsordnung für Gerichtsvollzieher.** Gerichtsvollzieherordnung und Gebührensätze von Amtsgerichtssekretär **Emil Exner.** 1904. 3 M. 50 Pf.

36. **Polizeiverordnungen in Preußen.** Von **Otto Lindemann,** Geheimen Justizrat. 1912. **2. Aufl.** 2 M. 50 Pf.

37. Gesetz über die **Enteignung von Grundeigentum** vom 11. Juni 1874. Von Oberlandesgerichtsrat **O. Meyer. 2. Aufl.** 1911. 2 M. 25 Pf.

38. **Kreis- und Provinzial-Abgabengesetz.** Vom 23. April 1906. Von **Fr. Schmidt,** Gemeindevorsteher. 1906. 1 M. 25 Pf.

39. Gesetz, betr. die **Unterhaltung der öffentl. Volksschulen.** Von Dr. **A. Marcks,** Reg.-Rat. 1906. 2 M.

40. **Verwaltungsstrafverfahren** bei Zuwiderhandlungen gegen die Zollgesetze und indirekte Reichs- und Landesabgaben, sowie die Bestimmungen über die Schlacht- und Wildpretsteuer vom 26. Juli 1897. Von Dr. **Richard Katzenstein,** Gerichtsassessor. 1907. 3 M. 60 Pf.

41. Die **preußischen Jagdpolizeigesetze.** Von **Fr. Kunze,** Wirkl. Geh. Oberregierungsrat und **R. Kühnemann,** Rechtsanwalt. **2. Aufl.** 1907. 3 M. 60 Pf.

42. Die Gesetzgebung über die **Allgemeine Landesverwaltung** und über die **Zuständigkeit der Verwaltungs- und Verwaltungsgerichtsbehörden.** Von Rechtsanwalt Dr. **Karl Friedrichs.** 1908. 3 M.

43. Gesetz betr. die **Zulassung einer Verschuldungsgrenze** für land- und forstwirtschaftlich benutzte Grundstücke. Von Dr. jur. **R. Leweck,** Syndikus. 1908. 2 M. 40 Pf.

44. **Quellenschutzgesetz** nebst den Ausführungsbestimmungen von **Carl Voelkel,** Geheimer Bergrat. 1909. 1 M.

45. **Rechtsverhältnisse der Juden in Preußen** von Dr. jur **Max Kollenscher,** Rechtsanwalt. 1910. 2 M. 40 Pf.

46. **Austritt aus der Landeskirche** vom 14. Mai 1873. Von Gerichtsassessor **Hrch. Chr. Caro.** 1911. 2 M. 40 Pf.

47. Gesetz, betr. die **Feuerbestattung** von Amtsgerichtsrat Dr. **W. Lohmann.** 1911. 1 M. 50 Pf.

48. **Zweckverbandsgesetz für Großberlin** vom 19. Juli 1911 nebst Abdruck des allgemeinen Zweckverbandsgesetzes. Von Magistratsräten Dr. **Ludw. Brühl,** Dr. **Kurt Gordan** und Stadtrat Dr. **Walter Ledermann** in Berlin. 1912. 4 M.

49. **Gesetze gegen die Verunstaltung landschaftlich hervorragender Gegenden** mit Ausführungsanweisuugen. Von Regierungsrat **Otto Goldschmidt.** 1912. 2 M. 50 Pf.

50. **Gesetz, betr. die Anlegung und Veränderung von Straßen und Plätzen in Städten und ländlichen Ortschaften** von Oberlandesgerichtsrat **O. Meyer.** 1912. 3 M.

51. **Preußisches Disziplinargesetz** von **Dultzig** im Druck.

52. **Preußisches Wassergesetz** vom 7. April 1913 von Rechtsanwalt **Georg Wulff** und Rechtsanwalt **Ferd. Herold.** 1913. 5 M.

Guttentag'sche Sammlung
von Text-Ausgaben mit Sachregister ohne Anmerkungen.

Taschenformat, elegant in Leinen gebunden.

Zivilprozeßordnung mit **Gerichtsverfassungsgesetz** und **Einführungsgesetzen.** Neue Fassung. Mit der Novelle vom 22. Mai 1910. 2 M.

Konkursordnung mit **Einführungsgesetz.** 80 Pf.

Bürgerliches Gesetzbuch nebst **Einführungsgesetz.** 10. Abdruck. 2 M. 50 Pf.

Handelsgesetzbuch nebst **Einführungsgesetz** und **Seerecht.** 8. Abdruck. 1910. 1 M. 80 Pf.

Reichsversicherungsordnung von 1911 (**Kranken-**, Unfall-, Invaliden- und Hinterbliebenenversicherung). 2 M.

Militärstrafgerichtsordnung nebst **Einführungsgesetz** u. Gesetzen, betr. Dienstvergehen der richterlichen Militärjustizbeamten und unfreiwillige Versetzung derselben usw. mit **Militär-Strafgesetzbuch.***) **2. Aufl.** 1 M. 50 Pf.

*) Ist auch einzeln zu haben. Preis 1 M.

Wechselordnung mit Anhang: **Wechselprozeß und Ausführungsanweisung.** 1908. 1 M.

Die Preußischen Ausführungsgesetze zum Bürgerlichen Gesetzbuche und Nebengesetze. 5. Aufl. 1 M. 80 Pf.

Reichsfinanzgesetze von 1909 einschließlich der **Reichsstempelgesetze** und des **Erbschaftssteuergesetzes.** 1909. 2 M.

Zuwachssteuergesetz vom 14. Februar 1911. 80 Pf. **Ausführungsbestimmungen** dazu 60 Pf.

Versicherungsgesetz für Angestellte vom 20. Dez. 1911. 1 M. 25 Pf.

Strafgesetzbuch. Mit ausführl. Sachregister. 1912. 1 M. 20 Pf.

Wehrbeitrag und **Besitzsteuer.** Mit ausführl. Sachregister. 1913. 1 M.

Struckmann-Koch, Zivilprozeßordnung für das Deutsche Reich nebst den auf den Zivilprozeß bezüglichen Bestimmungen des Gerichtsverfassungsgesetzes und den Einführungsgesetzen. In den neuen Fassungen mit der Novelle von 1910. Kommentar. Herausgegeben unter Mitwirkung von **R. Rasch**, Landgerichtspräsident in Altona, Dr. **P. Koll**, Senatspräsident beim Oberlandesgericht in Cöln, Dr. **Flechtheim**, Rechtsanwalt beim Oberlandesgericht in Cöln. **9., umgearbeitete Auflage.** 1910. Lex.-8°. 24 M., geb. 26 M.

Pinner, Kommentar zum Gesetz **gegen den unlauteren Wettbewerb** vom 7. Juni 1909. **2. Aufl.** Herausgegeben von Justizrat **Albert Pinner** und Rechtsanwalt Dr. **Erich Eyck.** 1910. Gr.-8°. 5 M. 50 Pf., geb. 6 M. 50 Pf.

Das preußische Warenhaussteuergesetz vom 18. Juli 1900, in Verbindung mit den anderen deutschen Warenhaussteuergesetzen. Erläutert von Dr. **J. Wernicke,** Syndikus. 1913. Preis 4 M. 50 Pf., gebunden 5 M.

Die Stempelsteuerpflicht bei Grundstücksübertragungen. Ein Hilfsbuch zur Berechnung und Einziehung des Immobiliarstempels. Zusammengestellt und bearbeitet von **X. Brachvogel,** Amtsgerichtsrat. 1912. Gr.-8°. Preis 6 M., geb. 7 M.

Patentgesetz und Gesetz, betr. den **Schutz von Gebrauchsmustern.** Von Justizrat Dr. **A. Seligsohn. 4., neubearbeitete Auflage.** 1909. Gr.-8°. 12 M., geb. in Leinen 13 M.

Die Preußischen Ausführungsgesetze, Verordnungen und ministeriellen Verfügungen zu dem Bürgerlichen Gesetzbuche und den Reichs-Justizgesetzen nebst anderen zugehörigen Gesetzen. Von **L. Busch. 2. Aufl.** von Landrichter **O. Eylau.** 8°. Preis geb. 4 M. 50 Pf.

Preußische Bürgerliche Gesetzsammlung. Sammlung der noch geltenden Landesgesetze privatrechtlichen Inhalts. Herausgegeben von den Gerichtsassessoren **D. Fischer** und Dr. **F. Schroeder.** 8°. 2 Bände Preis geb. in ganz Leinen 20 M.

Erster Band: **Das Allgemeine Landrecht mit den Einführungs-Patenten.** Preis 6 M.

Zweiter Band: **Gesetze von 1773—1902.** Preis 14 M.

Kommentar zum Stellenvermittlergesetz vom 2. Juni 1910 unter besonderer Berücksichtigung des zivilrechtlichen Gesetzesinhaltes mit den Ausführungsbestimmungen für **Preußen, Bayern, Sachsen** von **M. K. Samter,** Amtsgerichtsrat. 1912. Gr.-8°. Preis 4 M., geb. 5 M.

Schlagwort-Register.

R. = Nummer der Sammlung Deutscher Reichsgesetze.
P. = Nummer der Sammlung Preußischer Gesetze.
S. = Seite.

Schlagwort-Register. (R. = Reichsgesetz, P. = preuß. Gesetz.)

Schlagwort-Register. (R. = Reichsgesetz, P. = preuß. Gesetz.)

Schlagwort-Register. (R. = Reichsgesetz, P. = preuß. Gesetz.)

Nachtrag

zu

Fernow, Wehrbeitragsgesetz

(Guttentagsche Sammlung Deutscher Reichsgesetze Nr. 110)

Reichs-Ausführungsbestimmungen

vom 6. November 1913

Preußische Ausführungsbestimmungen

vom 8. November 1913

Berlin 1914
J. Guttentag, Verlagsbuchhandlung,
G. m. b. H.

Roßberg'sche Buchdruckerei in Leipzig

Ausführungsbestimmungen

zum

Gesetz über einen einmaligen außerordentlichen Wehrbeitrag vom 3. Juli 1913.

Vom 6. November 1913.

(RGBl. S. 1088 ff.)

Veranlagungsbehörden und Oberbehörden.

§ 1. (1) Die mit der Veranlagung des Wehrbeitrags betrauten Behörden (Veranlagungsbehörden) und die ihnen übergeordneten Behörden (Oberbehörden) werden von den Landesregierungen bestimmt und öffentlich bekanntgemacht. Ein Verzeichnis der Veranlagungsbehörden und Oberbehörden ist unter Angabe ihrer Amtsbezirke dem Reichskanzler zur Veröffentlichung im Zentralblatt für das Deutsche Reich mitzuteilen.

(2) Die Landesregierung kann die Erhebung des Wehrbeitrags anderen Stellen als den Veranlagungsbehörden übertragen. Sie bestimmt auch, ob und inwieweit andere Behörden als Hilfsstellen der Veranlagungsbehörden beim Veranlagungsgeschäfte mitzuwirken haben. In diesem Falle sind die zur Regelung des Geschäftsverkehrs erforderlichen besonderen Bestimmungen zu treffen.

(3) Befugnisse, die in den nachstehenden Vorschriften den Veranlagungsbehörden übertragen sind, können von der obersten Landesfinanzbehörde im Einverständnis mit dem Reichskanzler (Reichsschatzamt) den Oberbehörden übertragen werden.

Zuständigkeit.

§ 2. (1) Für die Zuständigkeit der Bundesstaaten zur Veranlagung und Erhebung des Wehrbeitrags sind maßgebend die Wohnsitz- oder Aufenthaltsverhältnisse des Beitragspflichtigen am 31. Dezember 1913.

(2) Hat der Beitragspflichtige erst nach dem 31. Dezember 1913, aber noch innerhalb der in § 13 bezeichneten Frist im Reiche seinen Wohnsitz begründet oder seinen gewöhnlichen Aufenthalt genommen, so ist der Bundesstaat zuständig, in dem er seinen Wohnsitz begründet oder seinen Aufenthalt genommen hat.

(3) Hat der Beitragspflichtige weder am 31. Dezember 1913 noch innerhalb der in § 13 bezeichneten Frist in einem Bundesstaat einen Wohnsitz oder seinen gewöhnlichen Aufenthalt, so ist der Bundesstaat zuständig, in welchem er seinen letzten inländischen Wohnsitz oder Aufenthalt gehabt hat. Hat der Beitragspflichtige auch früher keinen inländischen Wohnsitz oder Aufenthalt gehabt, so ist der Bundesstaat zuständig, in dessen Gebiete sich das beitragspflichtige Vermögen befindet, und, wenn das Vermögen sich in mehreren Bundesstaaten befindet, der Bundesstaat, in dessen Gebiete sich der größere Teil des Vermögens befindet.

§ 3. Die Vorschriften über die Zuständigkeit der Bundesstaaten gelten auch entsprechend für die Zuständigkeit der bundesstaatlichen Veranlagungsbehörden. Die oberste Landesfinanzbehörde des für die Veranlagung des Wehrbeitrags zuständigen Bundesstaats kann jedoch die Abgrenzung der Zuständigkeit seiner Veranlagungsbehörden anderweit regeln.

Ermittelung der beitragspflichtigen Personen und deren Eintragung in die Wehrbeitragslisten.

§ 4. (1) Vor der öffentlichen Aufforderung zur Abgabe der Vermögenserklärungen (§ 15) sind für jeden Veranlagungsbezirk die Personen zu ermitteln und in die Wehrbeitragsliste einzutragen, die für die Veranlagung zum Wehrbeitrag in Frage kommen (§ 5).

(2) Die Wehrbeitragsliste ist nach Anleitung der Muster 1

und 2* einzurichten. Das Muster 1 ist für natürliche Personen (Wehrbeitragsliste A), das Muster 2 für Aktiengesellschaften und Kommanditgesellschaften auf Aktien (Wehrbeitragsliste B) bestimmt.

§ 5. In die Wehrbeitragsliste A sind jedenfalls die natürlichen Personen aufzunehmen, welche die Voraussetzungen der subjektiven Beitragspflicht erfüllen und von denen zu vermuten ist, daß sie ein Vermögen von mehr als zehntausend Mark oder ein Einkommen von mehr als viertausend Mark haben.

§ 6. (1) In die Wehrbeitragsliste eines Veranlagungsbezirkes sind die Personen aufzunehmen, die in diesem Bezirke zu veranlagen sind.

(2) Bestehen Zweifel darüber, ob die Veranlagungsbehörde zur Veranlagung eines Beitragspflichtigen zuständig ist und können diese Zweifel vor der öffentlichen Aufforderung zur Abgabe der Vermögenserklärungen nicht beseitigt werden, so ist eine solche Person in jedem Veranlagungsbezirke, der für die Veranlagung des Wehrbeitrags in Frage kommt, in die Wehrbeitragsliste aufzunehmen. Dies gilt abgesehen von Beitragspflichtigen mit mehrfachem Wohnsitz insbesondere für solche Personen, die in dem Veranlagungsbezirke Grund- oder Betriebsvermögen besitzen und die im Inland keinen der Behörde bekannten Wohnsitz oder Aufenthalt haben.

§ 7. Ist der Veranlagungsbehörde bekannt oder haben die eingeleiteten Verhandlungen ergeben, daß ein Beitragspflichtiger, der in ihrem Bezirke Grund- oder Betriebsvermögen besitzt, in einem anderen Veranlagungsbezirke zum Wehrbeitrage zu veranlagen ist, so ist der zuständigen Veranlagungsbehörde hiervon unter Mitteilung etwaiger landesrechtlicher Veranlagungsmerkmale Nachricht zu geben.

---

* Die Muster sind nicht mit abgedruckt.

§ 8. Hat eine Person in einem Veranlagungsbezirke Grund- oder Betriebsvermögen, ohne in diesem Veranlagungsbezirke zugleich einen Wohnsitz oder Aufenthalt zu haben, so darf die Aufnahme in die Wehrbeitragsliste (§ 6) oder die Benachrichtigung der zuständigen Veranlagungsbehörde (§ 7) unterbleiben, wenn der Behörde die Vermögensverhältnisse des Inhabers dieses Grund- oder Betriebsvermögens genügend bekannt sind und danach feststeht, daß er ein beitragspflichtiges Gesamtvermögen von mehr als zehntausend Mark nicht besitzt.

§ 9. (1) Inländische Aktiengesellschaften und Kommanditgesellschaften auf Aktien sind in die Wehrbeitragsliste B des Veranlagungsbezirkes aufzunehmen, in dem sie ihren Sitz haben.

(2) Hinsichtlich der Aufnahme der ausländischen Aktiengesellschaften und Kommanditgesellschaften auf Aktien in die Wehrbeitragsliste gelten die Bestimmungen in den §§ 6 bis 8 entsprechend.

§ 10. Die näheren Bestimmungen über die Ermittelung der in die Wehrbeitragsliste aufzunehmenden Personen erläßt die oberste Landesfinanzbehörde.

§ 11. Die Wehrbeitragsliste wird abgeschlossen, sobald die Veranlagung (§§ 21 ff.) in der Hauptsache durchgeführt und ihr Ergebnis darin eingetragen ist. Bis dahin ist sie fortlaufend zu ergänzen und zu berichtigen. Sind Personen zu streichen, so ist der Grund der Streichung in der Bemerkungsspalte ersichtlich zu machen.

§ 12. Personen, deren Beitragspflicht erst nach Abschluß der Wehrbeitragsliste festgestellt wird, sowie Personen, die bei Wechsel des Wohnorts der Veranlagungsbehörde des neuen Wohnorts zum Zwecke der Erhebung des Wehrbeitrags überwiesen werden (§ 68), sind in eine Zugangsliste aufzunehmen, die ebenso einzurichten ist wie die Wehrbeitragsliste.

Vermögenserklärung.

§ 13. (1) Als Frist für die Abgabe der Vermögenserklärung (§ 36 Abs. 1 des Gesetzes) wird die Zeit vom 2. bis 15. Januar 1914 bestimmt. Die oberste Landesfinanzbehörde kann einen anderen Anfangs- und Endtermin festsetzen; doch muß die Frist mindestens zwei Wochen betragen und mit ihrem Anfang und ihrem Ende in den Monat Januar 1914 fallen. Für Beitragspflichtige, die Inhaber eines unter § 15 Abs. 2 des Gesetzes fallenden Betriebs sind und die ihrer Vermögenserklärung den Abschluß für den 31. Dezember 1913 zugrunde legen, kann nach näherer Bestimmung der obersten Landesfinanzbehörde die Frist zur Abgabe der Vermögenserklärung bis zum 15. April 1914 verlängert werden.

(2) Der Reichskanzler (Reichsschatzamt) ist ermächtigt, für solche Bundesstaaten, in denen die Aufstellung der Wehrbeitragslisten (§§ 4 ff.) bis Ende Dezember 1913 sich nicht als ausführbar erweist, auf Antrag der obersten Landesfinanzbehörde eine spätere als die in Abs. 1 bestimmte Frist, die sich aber nicht über den 31. Mai 1914 hinaus erstrecken darf, festzusetzen.

§ 14. Die in § 13 bezeichnete Frist verlängert sich für die in außereuropäischen Ländern und Gewässern Abwesenden auf sechs Monate, für die im europäischen Ausland Abwesenden auf sechs Wochen.

Öffentliche Aufforderung zur Abgabe der Vermögenserklärung.

§ 15. (1) Mindestens eine Woche vor Beginn der in § 13 bezeichneten Frist erläßt die Veranlagungsbehörde oder die Oberbehörde in den für amtliche Bekanntmachungen der unteren Verwaltungsbehörden bestimmten Tagesblättern eine öffentliche Aufforderung zur Abgabe der Vermögenserklärungen zum Zwecke der Veranlagung des Wehrbeitrags. Die oberste Landesfinanzbehörde kann anordnen, daß die Aufforderung außerdem in sonst ortsüblicher Weise bekanntbehörde abgegeben werden kann; der hiernach ausgefüllte Vordruck ist vom Beitragspflichtigen und vom Veranlagungsbeamten zu unterzeichnen.

(4) Sofern in der Vermögenserklärung nur Angaben zu wiederholen wären, die in einer für das laufende oder das kommende Steuerjahr in Landessteuersachen abgegebenen Vermögensanzeige gemacht worden sind, so genügt es, wenn hierauf mit der ausdrücklichen Erklärung Bezug genommen wird, daß die dort gemachten Angaben dem Vermögensstande vom 31. Dezember 1913 entsprechen.

(5) Ebenso kann, wenn für Landessteuerzwecke zuverlässige Darstellungen des gesamten im Bundesstaate gelegenen Grundbesitzes der einzelnen Steuerpflichtigen bestehen und fortgeführt werden, die Aufführung der einzelnen Grundstücke unterbleiben und ihr Steuerwert im ganzen angegeben werden. Doch muß das in anderen Bundesstaaten gelegene Grundvermögen besonders aufgeführt werden.

§ 20. (1) Die Abgabe der Vermögenserklärung ist nötigenfalls durch vorher anzudrohende Geldstrafen bis zu fünfhundert Mark zu erzwingen.

(2) Gleichzeitig mit der Straffestsetzung auf Grund des § 38 Abs. 1 des Gesetzes ist dem Säumigen eine angemessene weitere Frist zur Abgabe der Vermögenserklärung zu setzen.

(3) Die Geldstrafe kann so lange wiederholt werden, bis der Beitragspflichtige seiner Verpflichtung zur Abgabe der Vermögenserklärung nachgekommen ist.

(4) Durch die fortgesetzte Weigerung des Beitragspflichtigen, eine Vermögenserklärung abzugeben, wird seine Veranlagung zum Wehrbeitrag auf Grund einer schätzungsweisen Feststellung des Vermögens nicht gehindert.

(5) Von der Auferlegung eines Zuschlags zu dem geschuldeten Wehrbeitrage (§ 38 Abs. 2 des Gesetzes) bei nicht rechtzeitiger Abgabe der Vermögenserklärung soll dann abgesehen werden, wenn die Umstände des Einzelfalls das Versäumnis

als entschuldbar erscheinen lassen. Der Zuschlag ist stets aus dem gesamten Wehrbeitrag zu berechnen, nicht bloß aus dem auf das Vermögen entfallenden Teil.

Prüfung der Vermögenserklärung.

§ 21. Die Veranlagungsbehörde hat die Angaben in den Vermögenserklärungen auf ihre Richtigkeit und Vollständigkeit zu prüfen.

Ermittelung des Vermögenswerts.

§ 22. (1) Der Ermittelung des Vermögenswerts ist, soweit das Gesetz nichts anderes vorschreibt, der Stand des Vermögens und der gemeine Wert seiner einzelnen Bestandteile am 31. Dezember 1913 zugrunde zu legen.

(2) Der gemeine Wert (Verkaufs- oder Verkehrswert) wird durch den Preis bestimmt, der im gewöhnlichen Geschäftsverkehre nach der Beschaffenheit des Gegenstandes ohne Rücksicht auf ungewöhnliche oder lediglich persönliche Verhältnisse zu erzielen ist.

(3) Ein Vermögensbestandteil, dessen Wert im ganzen zu ermitteln ist, umfaßt alle Gegenstände, die in einem wirtschaftlichen Zusammenhange zueinander stehen.

§ 23. (1) Nach § 15 Abs. 2 des Gesetzes kann der Beitragspflichtige, unbeschadet der Nachprüfung nach § 41 des Gesetzes, verlangen, daß das in einem Betriebe, für welchen regelmäßige jährliche Abschlüsse stattfinden, angelegte Vermögen nach dem Bestand und Werte am Schlusse des letzten Wirtschafts- oder Rechnungsjahrs festgestellt wird.

(2) Die Anwendung des § 15 Abs. 2 des Gesetzes setzt eine ordnungsmäßige Buchführung voraus, ist aber nicht davon abhängig, daß der Beitragspflichtige zur Führung von Handelsbüchern gesetzlich verpflichtet ist. Als in dem Betrieb angelegt gilt dasjenige Vermögen, auf welches die Buchführung sich erstreckt.

Ermittelung des Ertragswerts.

§ 24. (1) Zu den Grundstücken, die dauernd land- oder forstwirtschaftlichen oder gärtnerischen Zwecken zu dienen bestimmt sind (§ 17 des Gesetzes), sind land- oder forstwirtschaftlich oder gärtnerisch genutzte Grundstücke nicht mehr zu rechnen, deren gemeiner Wert jetzt schon durch ihre Lage als Bauland oder als Land zu Verkehrszwecken bestimmt wird, oder bei denen nach den sonstigen Umständen, z. B. nach ihrer Lage und Beschaffenheit, ihrem Erwerbspreis oder ihrer Belastung, anzunehmen ist, daß sie in absehbarer Zeit anderen als land- oder forstwirtschaftlichen oder gärtnerischen Zwecken dienen werden.

(2) Bebaute Grundstücke, die Wohnzwecken oder gewerblichen Zwecken zu dienen bestimmt sind, fallen nur dann unter § 17 des Gesetzes, wenn ihre gegenwärtige Bebauung und Benutzung der ortsüblichen Bebauung und Benutzung entspricht. Dies ist dann zu verneinen, wenn die Art der Benutzung und die Höhe der Aufwendungen für die Herstellung und Unterhaltung von baulichen und sonstigen Anlagen erkennen lassen, daß ein Grundstück außergewöhnlichen Zwecken, insbesondere dem Luxus des Besitzers, zu dienen bestimmt ist, oder wenn der gemeine Wert eines Grundstücks durch eine wirtschaftliche Verwertbarkeit bestimmt wird, die eine wesentlich andere Bebauung und Benutzung als die gegenwärtige voraussetzt.

a) Bei land- oder forstwirtschaftlichen oder Gärtnereigrundstücken.

§ 25. Bei der Ermittelung des Ertragswerts von land- oder forstwirtschaftlichen oder Gärtnereigrundstücken sind die der Land- oder Forstwirtschaft oder der Gärtnerei einschließlich etwaiger Nebenbetriebe dienenden Gebäude und Betriebsmittel mitzuberücksichtigen. Hierbei wird ein angemessener Bestand an lebendem und totem Inventar und an sonstigem Betriebskapitale vorausgesetzt. Ein Mehr- oder Minderwert der dem Grundstückseigentümer gehörenden Gebäude und Betriebsmittel gegenüber einem wirtschaftlich normalen Bestand ist dem Ertragswert hinzu- oder von ihm abzurechnen, insoweit er geeignet ist, den Ertrag zu beeinflussen.

§ 26. (1) Der Berechnung des Ertragswerts bei landwirtschaftlich oder gärtnerisch genutzten Grundstücken ist der Reinertrag zugrunde zu legen, den ein ordentlicher Unternehmer von den Grundstücken nach ihrer bisherigen wirtschaftlichen Bestimmung bei gemeinüblicher Bewirtschaftung und unter gewöhnlichen Verhältnissen im Durchschnitt einer Reihe von Jahren für ein Wirtschaftsjahr erzielen kann.

(2) Bei Grundstücken, bei denen die Ergebnisse des Wirtschaftsbetriebs dem Boden unmittelbar entnommen werden, wie bei Sand-, Lehm-, Tongruben, Stein-, Schiefer-, Kalk- oder Kreidebrüchen, Torfstichen usw., deren Ausbeutung in unmittelbarer Verbindung mit einem land- oder forstwirtschaftlichen oder Gärtnereibetrieb erfolgt, ist die Jahresgewinnung um einen der fortschreitenden Erschöpfung des Bodens entsprechenden Betrag zu kürzen.

(3) Sind Grundstücke zu einer wirtschaftlichen Einheit verbunden, so ist der Reinertrag unter Berücksichtigung dieser Zusammengehörigkeit von den Grundstücken als einheitlichem Ganzen zu berechnen.

§ 27. (1) In die zur Ermittelung des Reinertrags vom Rohertrag abzuziehenden Bewirtschaftungskosten sind alle Kosten einzurechnen, die aufzuwenden sind, um mit entlohnten fremden Arbeitskräften den Rohertrag zu erzielen. Ist bei Zugrundelegung der Verhältnisse einer ordnungsmäßigen Bewirtschaftung zur Oberleitung des gesamten Betriebs eine besondere Arbeitskraft für erforderlich zu erachten, so ist bei selbstbewirtschafteten Betrieben der Wert der Tätigkeit des Selbstbewirtschafters vom Rohertrag insoweit in Abzug zu bringen, als diese Tätigkeit des Selbstbewirtschafters eine solche besondere Arbeitskraft ersetzt und der dafür angesetzte Wertbetrag die angemessene Entlohnung einer solchen Arbeitskraft nicht übersteigt.

(2) Zum Rohertrag ist auch der Mietwert der vom Eigentümer oder vom Pächter und deren Angehörigen selbst bewohnten oder zur Führung des Haushalts benutzten Gebäude zu rechnen.

(3) Was zur Bestreitung des Haushalts des Besitzers aus den Ergebnissen des Wirtschaftsbetriebs zu entnehmen ist, darf aus dem Rohertrage nicht ausgeschieden werden.

§ 28. Bei Forsten (Holzungen) ist, soweit eine ordnungsmäßige Bewirtschaftung auf Grund eines nach forstwirtschaftlichen Grundsätzen aufgestellten Bewirtschaftungsplans stattgefunden hat und außergewöhnliche, nicht innerhalb der regelmäßigen Nutzung liegende Abtriebe nicht vorgekommen sind, zunächst der Gesamtreinertrag während des vorangegangenen, der Zahl der Jahre der Wirtschaftsperiode entsprechenden Zeitraums zu berechnen. Hierbei sind in Einnahme zu stellen der Erlös für die in dem maßgebenden Zeitraum aus dem regelmäßigen Abtrieb sowie den Zwischen- und Nebennutzungen erzielten Erzeugnisse, in Ausgabe als Bewirtschaftungskosten die Aufwendungen für Aufsicht und Verwaltung, Schlagen, Aufbereitung, Rücken und Flößen der Hölzer, für Aufforstung sowie für Unterhaltung der Baulichkeiten (Forsthäuser, Brücken, Wege usw.). Der Berechnung des Ertragswerts ist der Reinertrag zugrunde zu legen, der durchschnittlich auf ein Jahr des der Berechnung des Gesamtreinertrags zugrunde gelegten Zeitraums entfällt. Von der Berechnung des Ertragswerts nach dem wirklichen Reinertrage sind diejenigen Flächen auszuscheiden, auf denen während des maßgebenden Zeitraums Neubeforstungen behufs Erweiterung des Forstbestandes oder Abtriebe behufs Änderung der Kulturart stattgefunden haben.

§ 29. Soweit nicht in § 28 etwas anderes bestimmt ist, ist der Reinertrag schätzungsweise zu ermitteln. Eine Berechnung des Ertragswerts aus dem von den Grundstücken wirklich erzielten Reinertrage findet nicht statt.

b) Bei bebauten Grundstücken, die Wohnzwecken oder gewerblichen Zwecken dienen.

§ 30. Bei bebauten Grundstücken, die Wohnzwecken oder gewerblichen Zwecken zu dienen bestimmt sind, wird der Berechnung des Ertragswerts der Miet- oder Pachtreinertrag zugrunde gelegt, der im Durchschnitt der letzten drei Jahre erzielt worden ist oder im Falle der Vermietung oder Verpachtung hätte erzielt werden können. Der Miet- oder Pachtreinertrag ergibt sich aus dem Miet- oder Pachtrohertrage nach Abzug von einem Fünftel des Rohertrags für Nebenleistungen und Instandhaltungskosten oder von dem als erforderlich nachgewiesenen höheren Betrage für Nebenleistungen und Instandhaltungskosten.

§ 31. (1) Ist das Grundstück vermietet oder verpachtet gewesen, so ist der durchschnittliche Jahresmiet- oder -pachtrohertrag aus dem Miet- oder Pachterlöse zu berechnen, der auf Grund der Miet- oder Pachtverträge in den letzten drei Jahren zu erzielen war. Ausfälle an Miet- oder Pachtgeldern infolge Zahlungsunfähigkeit des Schuldners oder aus anderen Gründen dürfen nicht berücksichtigt werden. Soweit das Grundstück zum Teil oder zeitweise nicht vermietet oder nicht verpachtet war, ist für den vom Eigentümer selbst benutzten oder aus einem anderen Grunde unvermietet oder unverpachtet gebliebenen Teil des Grundstücks ein dem Nutzungswerte dieses Teiles und des vermieteten oder verpachteten Teiles entsprechender oder ein dem Zeitraum entsprechender Verhältnisbetrag dem erzielten Miet- oder Pachtpreis zuzurechnen.

(2) Ist das Grundstück in den letzten drei Jahren überhaupt nicht oder nur zu einem unwesentlichen Teile oder für einen unwesentlichen Zeitraum vermietet oder verpachtet gewesen, so ist der Miet- oder Pachtertrag nach den ortsüblichen

Miet- oder Pachtpreisen für gleiche oder ähnliche Grundstücke zu berechnen.

§ 32. (1) Beansprucht der Beitragspflichtige einen höheren Abzug als ein Fünftel von dem Miet- oder Pachtrohertrage, so hat er den erforderlichen tatsächlichen Aufwand für Nebenleistungen und Instandhaltungskosten der Veranlagungsbehörde nachzuweisen. Soweit für Nebenleistungen und für die Instandhaltung des Grundstücks die eigene Arbeitskraft des Eigentümers oder die seiner Angehörigen in Anspruch genommen worden ist, kann der Beitragspflichtige für diese Tätigkeit einen angemessenen Betrag ansetzen, den er aufzuwenden gehabt hätte, wenn er die Arbeiten durch entlohnte fremde Arbeitskräfte hätte verrichten lassen. Abzugsfähig sind nur die Kosten, die durch die ordnungsmäßige Instandhaltung des Grundstücks notwendig geworden sind, nicht dagegen die Kosten für außergewöhnliche Maßnahmen, für Umbauten, Erweiterungsbauten usw.

(2) Ist das Grundstück durch solche außergewöhnliche Maßnahmen, Umbauten, Erweiterungs- oder Neubauten wesentlich geändert worden, so kommt für die Berechnung des Miet- oder Pachtertrags nur der neue Zustand des Grundstücks in Betracht.

§ 33. Im Falle des § 31 Abs. 2 bleiben bei der Berechnung des Ertragswerts für bebaute Grundstücke, die gewerblichen Zwecken dienen, Betriebsmittel, die nicht herkömmlicherweise mit dem Grundstück mitvermietet oder mitverpachtet werden, unberücksichtigt. Diese Betriebsmittel sind besonders mit ihrem gemeinen Werte anzusetzen.

§ 34. Ist im Falle des § 31 Abs. 2 der Grundstückseigentümer zu einer zuverlässigen Angabe des Ertragswerts außerstande und stehen der Veranlagungsbehörde ortsübliche Miet- oder Pachtpreise für gleiche oder ähnliche Grundstücke nicht zu Gebote, so ist als Ertragswert der gemeine Wert zugrunde zu legen.

Benutzung landesrechtlicher Einschätzungen für die Ermittelung des Ertragswerts der Grundstücke.

§ 35. In den Bundesstaaten, in denen eine Einschätzung der Grundstücke nach dem Reinertrag oder dem Nutzungswerte zu steuerlichen Zwecken stattgefunden hat und aktenmäßig festgestellt ist, können als Hilfsmittel bei der Ermittelung der Ertragswerte die landesrechtlichen Einschätzungen benutzt werden, sofern die Beschaffenheit des Grundstücks sich nicht wesentlich geändert hat und entweder anzunehmen ist, daß die landesrechtliche Schätzung den gegenwärtigen Ertragsverhältnissen noch entspricht, oder ausreichende Anhaltspunkte vorhanden sind, um aus ihnen den gegenwärtigen Ertragswert zu ermitteln.

Veranlagung nach dem gemeinen Werte an Stelle des Ertragswerts.

§ 36. (1) Beantragt ein Beitragspflichtiger gemäß § 17 Abs. 5 des Gesetzes, daß statt des Ertragswerts der gemeine Wert der Veranlagung zugrunde gelegt wird, so bleibt er an diesen Antrag gebunden.

(2) Wird ein solcher Antrag noch rechtzeitig (§ 17 Abs. 5 Satz 2 des Gesetzes) nach Zustellung des Veranlagungs- oder des Feststellungsbescheids gestellt, so ist die Veranlagung zunächst zu berichtigen. In diesem Falle wird mit der Zustellung des berichtigten Veranlagungs- oder Feststellungsbescheids oder der Mitteilung, daß die Zugrundelegung des gemeinen Wertes das Veranlagungsergebnis nicht ändere, eine neue Rechtsmittelfrist eröffnet.

Wertermittelung bei dem sonstigen Vermögen.

§ 37. Rechte der in § 5 Nr. 6 des Gesetzes bezeichneten Art sind dem beitragspflichtigen Vermögen dann nicht zuzurechnen, wenn nach Eintritt des Versicherungsfalls § 6 des Gesetzes Anwendung finden würde.

§ 38. (1) Bringt der Beitragspflichtige von dem Werte seiner mit Dividendenschein gehandelten Wertpapiere einen Gewinnbetrag in Abzug (§ 18 Abs. 2 des Gesetzes), so hat er die Wertpapiere, für welche der Abzug begehrt wird, nach Stückzahl oder Nennbetrag und Gattung besonders zu bezeichnen.

(2) Auf Wertpapiere, die Bestandteil eines Betriebsvermögens sind, findet die Vorschrift des § 18 Abs. 2 des Gesetzes keine Anwendung.

§ 39. Der Gesamtwert der auf bestimmte Zeit beschränkten Nutzungen oder Leistungen (§ 21 Abs. 1 des Gesetzes) ist nach der beigefügten Hilfstafel zu ermitteln.*

Wehrbeitrag vom Einkommen.

§ 40. Mit ihrem Einkommen beitragspflichtig sind diejenigen natürlichen Personen, welche die Voraussetzungen der subjektiven Beitragspflicht nach § 10 des Gesetzes erfüllen, sofern sie auf Grund der Landeseinkommensteuergesetze (§ 31 Abs. 1 Satz 1 des Gesetzes) oder der Bestimmungen der Landesregierung (§ 31 Abs. 1 Satz 3 des Gesetzes) mit einem steuerpflichtigen Einkommen von zusammen mehr als fünftausend Mark veranlagt oder zu veranlagen sind.

§ 41. (1) Wird in einem Bundesstaate gleichzeitig mit der Veranlagung des Wehrbeitrags eine landesrechtliche Einkommensteuerveranlagung durchgeführt, so ist für die Berechnung des Wehrbeitrags vom Einkommen diese Veranlagung maßgebend. Trifft dies nicht zu, so ist die letzte vor der Veranlagung des Wehrbeitrags liegende landesrechtliche Einkommensteuerveranlagung zugrunde zu legen.

(2) War ein unter § 10 Nr. I des Gesetzes fallender Beitragspflichtiger zuletzt vor der Veranlagung des Wehrbeitrags

---

* Hilfstafel (Anlage 1) siehe S. 148.

in keinem Bundesstaat auf Grund unbeschränkter Steuerpflicht zu veranlagen, so ist die für das Rechnungsjahr 1914 gültige Einkommensteuerveranlagung für seine Veranlagung zum Wehrbeitrag maßgebend. Eine für spätere Jahre gültige Einkommensteuerveranlagung ist nur für das Ermäßigungsverfahren (§ 31 Abs. 4 des Gesetzes) zu berücksichtigen.

§ 42. Ist ein Beitragspflichtiger in mehreren Bundesstaaten zur Einkommensteuer veranlagt, so ist das in den einzelnen Bundesstaaten festgestellte Einkommen (§ 31 Abs. 1 Satz 2 des Gesetzes) zusammenzurechnen. Dies gilt nicht für mehrere Einkommensteuerveranlagungen auf Grund der unbeschränkten Steuerpflicht (vgl. § 43).

§ 43. Ist ein Beitragspflichtiger in mehreren Bundesstaaten mit seinem gesamten steuerbaren, nach den Vorschriften des Doppelsteuergesetzes vom 22. März 1909 (Reichs-Gesetzbl. S. 331) der Landesbesteuerung nicht entzogenen Einkommen zur Einkommensteuer veranlagt, so ist die Einkommensteuerveranlagung in dem Bundesstaate maßgebend, der für die Veranlagung des Wehrbeitrags zuständig ist. Zu dem hiernach maßgebenden Einkommen ist das Einkommen hinzuzurechnen, das in Gemäßheit des Doppelsteuergesetzes der ausschließlichen Besteuerung in dem anderen Bundesstaate vorbehalten ist.

§ 44. (1) Sind in dem festgestellten Einkommen eines Beitragspflichtigen die Erträgnisse der Nutznießung des Vermögens von anderen Familienangehörigen als dem Ehegatten mitenthalten, so ist der in § 31 Abs. 2 des Gesetzes vorgesehene Abzug vom Einkommen außer nach dem eigenen abgabepflichtigen Vermögen auch nach dem der Nutznießung unterliegenden fremden Vermögen zu berechnen, sofern von diesem Vermögen ebenfalls ein Wehrbeitrag zu entrichten ist und soweit der Betrag einer fünfprozentigen Verzinsung des Vermögens nicht von dem eigenen Einkommen des Vermögensinhabers in Abzug gebracht werden kann.

(2) Wenn das Vermögen der Ehegatten zusammenzurechnen ist, so ist von dem Einkommen des Ehemanns der Betrag einer fünfprozentigen Verzinsung des zusammengerechneten abgabepflichtigen Vermögens der Ehegatten abzuziehen. Ist jedoch die Ehefrau neben dem Ehemann auf Grund der Landeseinkommensteuergesetze mit einem Einkommen von mehr als fünftausend Mark veranlagt, so ist von dem Einkommen der Ehefrau der Betrag einer fünfprozentigen Verzinsung ihres eigenen abgabepflichtigen Vermögens abzuziehen, sofern das Einkommen aus dem Ertrage dieses Vermögens herrührt. Das Vermögen der Ehefrau, auf Grund dessen von ihrem Einkommen der Betrag einer fünfprozentigen Verzinsung abgerechnet worden ist, scheidet für die Berechnung des Abzugs vom Einkommen des Ehemanns aus.

§ 45. (1) Erfolgt die landesrechtliche Einkommensteuerveranlagung durch eine andere Behörde als durch die für die Veranlagung des Wehrbeitrags zuständige Behörde, so hat die Einkommensteuerveranlagungsbehörde dieser die maßgebende Einkommensfeststellung mitzuteilen.

(2) Falls das steuerpflichtige Einkommen nicht gemäß § 31 Abs. 1 Satz 3 des Gesetzes von der für die Veranlagung des Wehrbeitrags zuständigen Behörde ermittelt ist, kann die Feststellung des steuerpflichtigen Einkommens nicht durch die in § 48 des Gesetzes vorgesehenen Rechtsmittel, sondern nur durch die gegen die landesrechtliche Einkommensveranlagung an sich zulässigen Rechtsbehelfe angefochten werden.

(3) Wird die landesrechtliche Einkommensveranlagung im Rechtsmittelverfahren geändert, so ist die Veranlagung des Wehrbeitrags von Amts wegen entsprechend zu berichtigen.

(4) Wird die landesrechtliche Einkommensveranlagung im Verwaltungswege berichtigt, so kann nach näherer Bestimmung der obersten Landesfinanzbehörde eine entsprechende Berichtigung der Veranlagung zum Wehrbeitrage verfügt werden.

§ 46. Würde die Verbindung der Abgabepflicht vom Vermögen und Einkommen nach der Ansicht der Veranlagungsbehörde zu einer vom Gesetze nicht gewollten Doppelbesteuerung führen, so kann die Veranlagungsbehörde zu deren Vermeidung die Erhebung eines entsprechenden, auf das Einkommen entfallenden Abgabebetrags vorläufig aussetzen und dem Beitragspflichtigen anheimstellen, binnen einem Monat den Erlaß dieses Betrags aus Billigkeitsgründen beim Bundesrate zu beantragen. Derartige Anträge sind bei der Veranlagungsbehörde anzubringen und von dieser unter Darstellung des Sachverhalts durch Vermittelung der obersten Landesfinanzbehörde dem Reichskanzler (Reichsschatzamt) vorzulegen.

§ 47. (1) Das zweite und letzte Drittel des Wehrbeitrags vom Einkommen ist je auf Antrag zu ermäßigen, wenn sich das Einkommen des Beitragspflichtigen gegenüber dem für die Veranlagung des Wehrbeitrags gemäß § 31 Abs. 1 des Gesetzes festgestellten Einkommens um mindestens vierzig vom Hundert dieses Betrags vermindert hat. Für die Ermittelung des verminderten Einkommens gelten die gleichen Grundsätze wie für die erste Einkommensfeststellung. Maßgebend ist die landesrechtliche Feststellung des steuerpflichtigen Einkommens für das folgende und nächstfolgende Steuerjahr. Die geschuldeten Wehrbeitragsteile sind in demselben Verhältnis zu ermäßigen, in dem das verminderte Einkommen zu dem früheren steht. Ist das Einkommen unter den Betrag von dreitausend Mark gesunken, so ist der Wehrbeitragsteil ganz in Abgang zu stellen. Eine Ermäßigung findet nicht statt, wenn die Minderung des Einkommens nur durch einen vorübergehenden Wegfall der Einkommensquelle veranlaßt ist.

(2) Im Falle des Todes eines Beitragspflichtigen findet eine Ermäßigung des Wehrbeitrags vom Einkommen auf Antrag der Erben statt, wenn nachweislich das Einkommen,

das aus den mit dem Tode des Beitragspflichtigen nicht weggefallenen Einkommensquellen fließt, um mindestens vierzig vom Hundert geringer ist als das der Veranlagung zum Wehrbeitrage zugrundegelegte Einkommen des Beitragspflichtigen. Abs. 1 Satz 4, 5 findet Anwendung.

(3) Der Antrag ist nicht mehr zu berücksichtigen, wenn er erst nach Ablauf von drei Monaten nach dem gesetzlichen Zahlungstage gestellt wird. Steht die für den Ermäßigungsanspruch maßgebende Einkommensteuerveranlagung am gesetzlichen Zahlungstage noch nicht rechtskräftig fest, so beginnt die Frist erst mit dem Tage nach Eintritt der Rechtskraft dieser Veranlagung. In Bundesstaaten, in denen ein bestimmter Zeitpunkt für die Rechtskraft der Einkommensteuerveranlagung nicht festgestellt werden kann, beginnt die Frist mit dem Fälligkeitstage des ersten Teiles der ermäßigten Einkommensteuer. Im Falle des § 31 Abs. 1 Satz 3 des Gesetzes wird der Beginn der Frist durch die oberste Landesfinanzbehörde bestimmt.

(4) Über den Ermäßigungsantrag hat die Veranlagungsbehörde zu entscheiden. Wird dem Antrag nicht oder nicht in vollem Umfang entsprochen, so steht dem Antragsteller nur die Anrufung der übergeordneten Verwaltungsbehörden offen. Die oberste Landesfinanzbehörde bestimmt das Nähere.

Veranlagung von inländischen Gesellschaften.

§ 48. (1) Zu den wirklichen Reservekontenbeträgen, von denen die inländischen Aktiengesellschaften und Kommanditgesellschaften auf Aktien zuzüglich etwaiger Gewinnvorträge, jedoch ausgenommen die Fonds für Wohlfahrtszwecke, den Wehrbeitrag zu entrichten haben, gehören nur solche Bilanzposten, die ausweislich der Bilanz eine Kapitalsansammlung über den Betrag des Grundkapitals hinaus darzustellen bestimmt sind (z. B. der gesetzliche Reservefonds, freiwillige Reservefonds, Dividendenausgleichsfonds, Rückstellungen für künftige, möglicherweise eintretende Verluste oder Ausgaben), dagegen u. a. nicht Posten, die einen Ausgleich für die Wertminderung von Vermögensgegenständen der Gesellschaft darstellen sollen (z. B. Erneuerungsfonds) oder die zur Deckung bereits begründeter Verpflichtungen eingestellt sind (z. B. Talonsteuerreserven, Reserven für den Fall des ungünstigen Ausganges eines anhängigen oder bevorstehenden Rechtsstreits), bei Versicherungsgesellschaften die Rücklagen für die Versicherungssummen und für die den Versicherten selbst als sogenannte Dividende zurückzugewährenden Prämienüberschüsse.

(2) Für die Beitragspflicht ist nicht die Benennung des Postens in der Bilanz, sondern seine aus dem Gesetze, der Satzung oder den Generalversammlungsbeschlüssen zu entnehmende Bestimmung maßgebend.

(3) Der Vermögenserklärung ist die Bilanz nebst Gewinn- und Verlustrechnung für das letzte Betriebsjahr beizufügen.

Veranlagung von ausländischen Gesellschaften und von beschränkt beitragspflichtigen natürlichen Personen.

§ 49. (1) Aktiengesellschaften und Kommanditgesellschaften auf Aktien, die ihren Sitz im Ausland haben, im Inland aber Grund- oder Betriebsvermögen besitzen, sind ebenso wie die beschränkt beitragspflichtigen natürlichen Personen (§ 10 Nr. II des Gesetzes) mit ihrem inländischen Grund- und Betriebsvermögen beitragspflichtig, wobei nur die in einer wirtschaftlichen Beziehung zu diesen Vermögensteilen stehenden Schulden und Lasten, nicht dagegen die entsprechenden Anteilbeträge am Aktienkapital abzugsfähig sind. Sofern nicht besondere Umstände eine gegenteilige Annahme rechtfertigen, ist eine wirtschaftliche Beziehung zu dem in Grundstücken bestehenden Vermögen anzuerkennen, wenn die Schulden und Lasten auf den betreffenden Grundstücken ruhen.

(2) Zu dem nach § 10 Nr. II, § 11 Abs. 1 Nr. 2 des Gesetzes beitragspflichtigen inländischen Grund- und Betriebsvermögen gehört außer dem im Gebiete des Deutschen Reichs

liegenden Grund- und Gebäudebesitz alles Vermögen, das gewidmet ist der Ausübung eines stehenden Gewerbes in einer innerhalb des Reichsgebiets befindlichen Betriebsstätte (§ 3 Abs. 2 des Doppelsteuergesetzes).

Rechtshilfe.

§ 50. Die Veranlagungsbehörden haben sich bei der Veranlagung des Wehrbeitrags gegenseitig Rechtshilfe zu leisten. Das gilt insbesondere für die Ermittelung des Wertes des in auswärtigen Veranlagungsbezirken befindlichen Grund- und Betriebsvermögens eines Beitragspflichtigen.

Freistellung vom Wehrbeitrage.

§ 51. (1) Vermögen, die den Betrag von zehntausend Mark nicht übersteigen, sind beitragsfrei.

(2) Beitragspflichtige, die ein Vermögen von mehr als zehntausend, aber nicht mehr als dreißigtausend Mark besitzen, sind freizustellen, wenn sich ergibt, daß ihr Jahreseinkommen nicht mehr als viertausend Mark beträgt. Beitragspflichtige, die ein Vermögen von mehr als dreißigtausend, aber nicht mehr als fünfzigtausend Mark besitzen, sind freizustellen, wenn sich ergibt, daß ihr Jahreseinkommen nicht mehr als zweitausend Mark beträgt. Dies gilt jedoch nicht für die nach § 11 des Gesetzes beitragspflichtigen Gesellschaften.

(3) Als Einkommen im Sinne des § 12 Abs. 2 des Gesetzes gilt das gesamte Einkommen einer Person, gleichviel, ob es in einem Bundesstaate steuerpflichtig ist oder nicht.

§ 52. (1) Aktiengesellschaften oder Kommanditgesellschaften auf Aktien, welche die Befreiung vom Wehrbeitrag in Anspruch nehmen wollen, haben einen hierauf gerichteten Antrag bei der zuständigen Veranlagungsbehörde zu stellen und hierbei diejenigen Tatsachen nachzuweisen, die eine Freistellung nach § 11 Abs. 2 Nr. 1 oder 2 des Gesetzes begründen.

(2) Soweit die Befreiung nach § 11 Abs. 2 Nr. 1 des Gesetzes beansprucht wird, ist der Antrag mit einer gutacht-

lichen Äußerung der Oberbehörde durch Vermittelung der obersten Landesfinanzbehörde dem Bundesrate vorzulegen. Die oberste Landesfinanzbehörde kann ohne Vorlegung des Antrags an den Bundesrat die Befreiung bewilligen, wenn bereits früher auf Grund der Befreiungsbestimmungen unter Nr. 1 der Tarifnummer 1 des Reichsstempelgesetzes eine Entscheidung des Bundesrats über Befreiung der Gesellschaft von den Stempelabgaben ergangen ist und sich seit der Entscheidung die für die Befreiung maßgebend gewesenen Verhältnisse nicht geändert haben.

(3) Über den Anspruch auf Freistellung nach § 11 Abs. 2 Nr. 2 des Gesetzes entscheidet die Veranlagungsbehörde.

Ermäßigung des Wehrbeitrags.

§ 53. (1) Der Anspruch auf eine Ermäßigung des Wehrbeitrags gemäß § 33 Abs. 1 des Gesetzes ist nach den Verhältnissen am 31. Dezember 1913 zu beurteilen.

(2) Für die Ermäßigung des Wehrbeitrags nach § 33 Abs. 2 des Gesetzes sind vorbehaltlich einer späteren weiteren Ermäßigung zunächst nur diejenigen Söhne zu berücksichtigen, die ihre gesetzliche Dienstpflicht beim Heere oder bei der Flotte zur Zeit der Veranlagung bereits abgeleistet haben. Der Antrag auf eine weitere Ermäßigung oder auf Erstattung des entsprechenden Betrags nach erfolgter Zahlung des ganzen Wehrbeitrags ist innerhalb eines Jahres nach Ableistung der Dienstpflicht bei der Veranlagungsbehörde anzubringen.

(3) Als Einkommen im Sinne des § 33 des Gesetzes gilt das gesamte Einkommen einer Person, gleichviel, ob es in einem Bundesstaate steuerpflichtig ist oder nicht.

Berechnung des Wehrbeitrags.

§ 54. (1) Nach Abschluß der Ermittelungen über das Vermögen und Einkommen des Beitragspflichtigen ist der Wehrbeitrag zu berechnen und das Ergebnis der Veranlagung in die Wehrbeitragsliste einzutragen.

(2) Zum Grundvermögen (Spalte 3 (4) der Wehrbeitrags-

liste A (B)) sind zu rechnen alle im Inland belegenen Grundstücke eines Beitragspflichtigen einschließlich der unter § 3 des Gesetzes fallenden Berechtigungen, soweit sie nicht dem Betriebe eines Bergbaues oder eines Gewerbes dienen, mit allem Zubehör.

(3) Zum Betriebsvermögen (Spalte 4 (5) der Wehrbeitragsliste A (B)) gehört das gesamte dem inländischen Betriebe der Land- oder Forstwirtschaft, des Bergbaues oder eines Gewerbes dienende Vermögen eines Beitragspflichtigen. Das dem Betriebe der Land- oder Forstwirtschaft auf eigenen selbstbewirtschafteten Grundstücken und zugepachteten Grundstücken dienende Vermögen ist jedoch in Spalte 3 (4), die dem Betriebe des Bergbaues oder eines Gewerbes dienenden Grundstücke und unter § 3 des Gesetzes fallende Berechtigungen sind in Spalte 4 (5) der Wehrbeitragsliste A (B) nachzuweisen. Der Betrieb der Gärtnerei gilt, je nachdem die Bodenbewirtschaftung überwiegt oder nicht, als landwirtschaftlicher oder als gewerblicher Betrieb.

(4) Alles sonstige Vermögen eines Beitragspflichtigen ist als Kapitalvermögen in Spalte 5 der Wehrbeitragsliste A aufzuführen.

(5) Zur Berechnung der Abgabe vom Vermögen dient die beigefügte Hilfstafel.*

Veranlagungsbescheid.

§ 55. (1) Dem Beitragspflichtigen ist ein Veranlagungsbescheid nach Anleitung des Musters 5** zu erteilen. Er hat zu enthalten

den Gesamtbetrag des zu zahlenden Wehrbeitrags,
die Höhe des Vermögens, von dem der Wehrbeitrag berechnet und dessen Feststellung für eine spätere Veranlagung zur Besitzsteuer maßgebend ist,

---

* Die Hilfstafel (Anlage 2) ist abgedruckt S. 99—102.

** Das Muster 5 ist nicht mit abgedruckt.

die Höhe des Einkommens, von dem der Wehrbeitrag berechnet ist,

eine Belehrung über die zulässigen Rechtsmittel unter Angabe der Rechtsmittelfristen und Bezeichnung der Behörden, bei denen die Rechtsmittel einzulegen sind,

die Anweisung zur Entrichtung des Wehrbeitrags in gesetzlichen Teilbeträgen innerhalb der vorgeschriebenen Zahlungsfristen,

einen Hinweis auf die Zulässigkeit der Vorauszahlung der späteren Teilbeträge gegen Gewährung von Zinsenvergütung,

die Bezeichnung der zur Empfangnahme der Zahlung zuständigen Kassenstelle.

(2) In dem Veranlagungsbescheid ist anzugeben, in welchen Punkten bei der Feststellung des beitragspflichtigen Vermögens von der Vermögenserklärung abgewichen worden ist. Eine Begründung der Abweichungen ist nicht erforderlich.

(3) Dem Inhaber eines Lehens, Fideikommisses oder Stammguts (§ 8 des Gesetzes) hat die Veranlagungsbehörde auf Verlangen den Unterschied zwischen dem geschuldeten Wehrbeitrag und dem Betrage mitzuteilen, der sich ergäbe, wenn nur der nach § 22 des Gesetzes berechnete Kapitalwert der Nutzung des Inhabers der Vermögensfeststellung zugrunde gelegt würde.

Feststellungsbescheid.

§ 56. (1) Den zur Abgabe einer Vermögenserklärung Verpflichteten (§ 10, § 36 Abs. 1 des Gesetzes), die gemäß § 12 Abs. 2 des Gesetzes freizustellen sind, ist ein Bescheid über die Feststellung ihres Vermögens, die für eine künftige Veranlagung zur Besitzsteuer maßgebend ist, zu erteilen.

(2) Der Feststellungsbescheid, für den das Muster 6* als

---

* Muster 6 ist nicht mit abgedruckt.

Anhalt dient, hat wie der Veranlagungsbescheid eine Belehrung über die zulässigen Rechtsmittel und eine Bezeichnung der Punkte zu enthalten, in welchen bei der Feststellung des Vermögens von der Vermögenserklärung abgewichen worden ist.

§ 57. (1) Der Veranlagungsbescheid oder der Feststellungsbescheid ist dem Pflichtigen oder seinem gesetzlichen oder bevollmächtigten Vertreter zuzustellen. Ist der Beitragspflichtige vor Zustellung des Veranlagungsbescheids gestorben, so ist dieser Bescheid, der dann eine Feststellung des für eine künftige Veranlagung zur Besitzsteuer maßgebenden Vermögensstandes nicht mehr zu enthalten hat, den in § 18 Abs. 2 bezeichneten Personen zuzustellen.

(2) Die Zustellung hat nach den in dem betreffenden Bundesstaate für amtliche Zustellungen in Landessteuersachen maßgebenden Vorschriften zu erfolgen.

§ 58. Ist den in die Wehrbeitragsliste aufgenommenen, nach § 11 des Besitzsteuergesetzes steuerpflichtigen Personen gemäß § 47 Abs. 1 des Wehrbeitragsgesetzes weder ein Veranlagungs- noch ein Feststellungsbescheid zu erteilen, so ist das für sie ermittelte Vermögen in der Wehrbeitragsliste zu vermerken.

Erhebung des Wehrbeitrags.

§ 59. Über die Erhebung des Wehrbeitrags werden zwei Bücher geführt, ein Wehrbeitrags-Sollbuch und ein Wehrbeitrags-Einnahmebuch. Das Sollbuch umfaßt die Erhebung aller drei Teilbeträge des Wehrbeitrags, das Einnahmebuch den Zeitraum des Rechnungsjahrs.

§ 60. (1) Das Sollbuch ist nach dem Muster 7* zu führen. Durch das Sollbuch ist zugleich der rechtzeitige Eingang der fälligen Teilbeträge des geschuldeten Wehrbeitrags sowie der

* Die Muster 7—12 sind nicht mit abgedruckt.

gestundeten und der in Teilzahlungen zu entrichtenden Beträge zu überwachen.

(2) Die Veranlagungsbehörde hat nach der Veranlagung zum Wehrbeitrag alsbald auf Grund der festgestellten Wehrbeitragslisten A und B für jeden Erhebungsbezirk ein Sollbuch unter Ausfüllung der Spalten 1 bis 4 aufzustellen. Das Sollbuch ist in Spalte 4 aufzurechnen und auf dem Titelblatte mit Feststellungsbescheinigung zu versehen.

(3) Die Erhöhung oder Herabsetzung des zum Soll gestellten Wehrbeitrags im Rechtsmittel-, Ermäßigungs-, Berichtigungs- oder Neuveranlagungsverfahren (§ 48 Abs. 1, § 31 Abs. 4, § 33 Abs. 2, § 54 Satz 2 des Gesetzes) kommt in den Spalten 5 und 6 zur Darstellung. Die Inabgangstellung des Sollbetrags infolge Überweisung des Wehrbeitrags bei Verlegung des Wohnsitzes des Beitragspflichtigen (§ 67) erfolgt in Spalte 7. Die Ausfüllung dieser Spalten geschieht durch die Hebestelle. Die Spalte 8 (Berichtigtes Soll) ist erst beim Abschluß des Sollbuchs auszufüllen.

(4) Erfolgt bei Vorauszahlung veranlagter noch nicht fälliger Teilbeträge die Zahlung mindestens drei Monate vor dem gesetzlichen Zahlungstage (15. Februar 1915 und 15. Februar 1916), so sind auf Antrag 4 vom Hundert Jahreszinsen vom Tage der Einzahlung bis zum gesetzlichen Zahlungstage von dem geschuldeten Betrag in Abzug zu bringen. Der nach Abzug der Zinsen zu zahlende Betrag ist in die Spalte 10, die Zinsenvergütung in die Spalte 12 des Sollbuchs einzutragen. In dem Einnahmebuch (§ 62) ist nur der wirklich gezahlte Betrag in Spalte 5 zu buchen.

(5) Das Sollbuch wird am 31. März 1917 durch die Hebestelle in den Spalten 5 flg. aufgerechnet und abgeschlossen. Die nach Spalte 14 verbliebenen Rückstände werden in die Restnachweisung (§ 75) übernommen. Unter dem Abschluß des Sollbuchs ist von einem an der Kassenführung nicht beteiligten Beamten zu bescheinigen, daß die nach Spalte 14 verbliebenen Rückstände sämtlich in die Restnachweisung übertragen worden sind.

§ 61. Die oberste Landesfinanzbehörde kann im Einverständnisse mit dem Reichskanzler (Reichsschatzamt) anordnen, daß von der Führung eines besonderen Sollbuchs abzusehen ist. In diesem Falle ist die Wehrbeitragsliste mit dem Sollbuch durch Aufnahme der Spalten 5 flg. des Sollbuchs zu verbinden.

§ 62. (1) Das Einnahmebuch ist nach dem Muster 8 für je ein Rechnungsjahr zu führen und am 31. März jedes Jahres abzuschließen. Abweichungen von dem Muster 8 sind mit Zustimmung des Reichskanzlers (Reichsschatzamt) zulässig.

(2) In dem Einnahmebuche für das Rechnungsjahr 1913 und — soweit das Sollbuch noch nicht vorliegt — auch in dem Einnahmebuche für das Rechnungsjahr 1914 sind zunächst nur die Spalten 1, 2, 4 bis 7 auszufüllen. Die Ausfüllung der Spalten 3, 8 und 9 geschieht nach Veranlagung des Wehrbeitrags und Aufstellung des Sollbuchs.

Freiwillige Beiträge.

§ 63. (1) Freiwillige Beiträge sind anzunehmen. Über solche Beträge ist eine von zwei Beamten auszustellende Quittung zu erteilen. Ist die Hebestelle nur mit einem Kassenbeamten besetzt und die sofortige Zuziehung eines anderen Beamten nicht angängig, so hat der Kassenbeamte zunächst eine als solche zu bezeichnende vorläufige Bescheinigung zu erteilen. Demnächst ist eine vorschriftsmäßige Quittung zu übersenden. Die oberste Landesfinanzbehörde bestimmt das Nähere.

(2) Eine Aufnahme der freiwilligen Beiträge in die Wehrbeitragsliste oder in das Sollbuch findet nicht statt.

(3) Freiwillige Beiträge sind auf Antrag auf den Wehrbeitrag anzurechnen.

Vorauszahlung von Wehrbeiträgen.

§ 64. (1) Will ein Beitragspflichtiger vor Veranlagung den Wehrbeitrag oder einen Teil hiervon im voraus zahlen, so ist der angebotene Betrag anzunehmen. § 63 Abs. 1 findet Anwendung.

(2) Nach Veranlagung des Wehrbeitrags und dessen Insollstellung ist der vorausgezahlte Betrag auf den festgestellten Wehrbeitrag unter Ausfüllung der Spalte 10 des Sollbuchs und der Spalte 8 des Einnahmebuchs anzurechnen. Übersteigt der festgestellte Wehrbeitrag den vorausgezahlten Betrag, so ist die gezahlte Summe auf die zuerst fälligen Teilbeträge zu verrechnen. Bleibt der geschuldete Wehrbeitrag hinter dem zum voraus gezahlten Betrage zurück, so ist der Mehrbetrag als freiwilliger Beitrag anzusehen, falls er nicht zurückgefordert wird. Die Bestimmung in § 60 Abs. 4 Satz 1 und 2 findet mit der Maßgabe Anwendung, daß für das erste Drittel keine Zinsen zu vergüten sind.

§ 65. Freiwillige Beiträge und Vorauszahlungen auf den gesetzlichen Wehrbeitrag sind in dem bei Bedarf alsbald anzulegenden Einnahmebuch in Spalte 6 zu vereinnahmen.

Stundung, Teilzahlung und Sicherstellung.

§ 66. (1) Stundungen oder andere als die gesetzlichen Teilzahlungen kann die Veranlagungsbehörde auf Antrag bewilligen, wenn die sofortige Einziehung des Wehrbeitrags zu den gesetzlichen Zahlungsfristen mit erheblichen Härten für den Beitragspflichtigen verbunden sein würde, oder soweit im Falle der Anfechtung eines Veranlagungsbescheids das Rechtsmittelverfahren voraussichtlich zu einer Aufhebung oder Herabsetzung des Wehrbeitrags führen wird.

(2) Die oberste Landesfinanzbehörde kann im Einverständnisse mit dem Reichskanzler (Reichsschatzamt) die Bewilligung von Stundung oder Teilzahlung der Erhebungsbehörde übertragen.

(3) Die Stundung des Wehrbeitrags erfolgt für Rechnung und Gefahr der Reichskasse.

(4) Die Stundung des Wehrbeitrags oder dessen Entrichtung in anderen als den gesetzlichen Teilzahlungen darf

nur bis zu drei Jahren, von der Fälligkeit des einzelnen gesetzlichen Teilbetrags an gerechnet, bewilligt werden.

(5) Stundung oder Bewilligung von Teilzahlungen ist in allen für eine Sicherheitsleistung geeigneten Fällen nur gegen eine solche zulässig. In welcher Art für gestundeten Wehrbeitrag Sicherheit zu leisten ist, richtet sich nach den landesrechtlichen Bestimmungen. Zur Stundung eines fünfhundert Mark übersteigenden Betrags oder für länger als sechs Monate nach Fälligkeit der einzelnen Teilbeträge ist die Genehmigung der Oberbehörde oder einer anderen von der obersten Landesfinanzbehörde bestimmten Behörde erforderlich.

(6) Die Gewährung von Teilzahlungen ist an die Bedingung zu knüpfen, daß bei dem Ausbleiben auch nur einer Teilzahlung die sofortige Beitreibung des ganzen noch rückständigen Teilbetrags des Wehrbeitrags erfolgen würde.

(7) Eine Verzinsung des gestundeten Wehrbeitrags findet nicht statt.

(8) Stundung und Entrichtung von Teilzahlungen sind durch das Sollbuch und nach dessen Abschluß durch die Restnachweisung (§ 75) zu überwachen.

(9) Die kassen- und rechnungsmäßige Behandlung der hinterlegten Sicherheiten erfolgt nach den landesrechtlichen Bestimmungen.

Überweisung des Wehrbeitrags bei Verlegung des Wohnsitzes des Beitragspflichtigen.

§ 67. (1) Verlegt der Beitragspflichtige seinen Wohnsitz in den Bezirk einer anderen Veranlagungsbehörde, so hat die Erhebung des Wehrbeitrags durch die für den neuen Wohnort zuständige Hebestelle zu erfolgen.

(2) Die bisherige Hebestelle stellt den noch rückständigen Teil des Wehrbeitrags in Spalte 7 des Sollbuchs in Abgang und übersendet ihrer Veranlagungsbehörde unter Angabe der Wohnsitzänderung einen Auszug aus dem Sollbuch (Spalte 1 bis 13, 16, 17) in zweifacher Ausfertigung.

§ 68. (1) Die bisherige Veranlagungsbehörde hat den noch nicht gezahlten Wehrbeitrag der für den neuen Wohnort zuständigen Veranlagungsbehörde unter Übersendung je eines Auszugs aus der Wehrbeitragsliste A und aus dem Sollbuch zur Einziehung zu überweisen. Beizufügen sind die den Beitragspflichtigen betreffenden Verhandlungen. Die Überweisung ist in der Bemerkungsspalte der Wehrbeitragsliste zu vermerken und der überwiesene Betrag ist am Schlusse der Wehrbeitragsliste in Spalte 17 von dem aufgerechneten Gesamtwehrbeitrag abzusetzen.

(2) Die Veranlagungsbehörde des neuen Wohnorts hat den überwiesenen Wehrbeitrag in eine Zugangsliste zur Wehrbeitragsliste (§ 12) aufzunehmen.

(3) Die neue Veranlagungsbehörde übersendet der nunmehr zuständigen Hebestelle den Auszug aus dem Sollbuch unter Angabe der Nummer der Zugangsliste. Die Hebestelle trägt den Wehrbeitrag in das Wehrbeitrags-Sollbuch unter einer neuen Abteilung mit der Überschrift „Dritte Abteilung: Zugänge an Wehrbeiträgen" ein. Daß dies geschehen, ist der Veranlagungsbehörde unter Angabe der Nummer des Sollbuchs alsbald anzuzeigen. Die Mitteilung der Veranlagungsbehörde wird Beleg zum Sollbuch.

(4) Demnächst bestätigt die Veranlagungsbehörde (unter Angabe der Nummer ihrer Zugangsliste) der bisherigen Veranlagungsbehörde die Übernahme des Wehrbeitrags. Letztere teilt der bisherigen Hebestelle die erfolgte Überweisung mit; die Mitteilung wird Beleg zum Sollbuch.

(5) Gleichzeitig setzt die neue Veranlagungsbehörde den Beitragspflichtigen von der Überweisung mit der Aufforderung in Kenntnis, weitere Zahlungen an die neue Hebestelle zu leisten.

(6) Für die Überweisung innerhalb eines Bundesstaats kann die oberste Landesfinanzbehörde Abweichendes bestimmen.

§ 69. Die Bestimmungen in den §§ 67, 68 finden auf Aktiengesellschaften und Kommanditgesellschaften auf Aktien keine Anwendung.

Ableben des Beitragspflichtigen.

§ 70. (1) Ist der Beitragspflichtige nach Veranlagung und Insollstellung des Wehrbeitrags gestorben, so ist der noch nicht gezahlte Wehrbeitrag von den Erben einzuziehen. Die Hebestelle hat das Ableben des Beitragspflichtigen der Veranlagungsbehörde anzuzeigen.

(2) War dem Verstorbenen eine Stundung des Wehrbeitrags oder dessen Entrichtung in Teilbeträgen bewilligt worden, so erlischt die Bewilligung mit seinem Ableben.

(3) Im Falle des Todes eines Beitragspflichtigen findet eine Überweisung des Wehrbeitrags zur Einziehung nicht statt.

Niederschlagung.

§ 71. Zur Niederschlagung von Wehrbeiträgen wegen Uneinbringlichkeit sind nur die Oberbehörden zuständig. Die Niederschlagung darf nur dann erfolgen, wenn keine Aussicht zur Einziehung des geschuldeten Beitrags mehr besteht. Die Niederschlagung ist in der Wehrbeitragsliste zu vermerken und der Hebestelle mitzuteilen. Die Mitteilung wird Beleg zum Sollbuch.

Erstattung.

§ 72. (1) Über Anträge auf Erstattung zu Unrecht gezahlten Wehrbeitrags entscheidet die Oberbehörde der Veranlagungsbehörde, welche den Wehrbeitrag festgesetzt hat.

(2) Dem Antrag auf Erstattung des Wehrbeitrags ist nur zu entsprechen, wenn er innerhalb eines Jahres vom Zeitpunkt der Zahlung oder Beitreibung des Beitrags ab gestellt worden ist. Wird der Antrag auf Tatsachen gestützt, die erst nach der Zahlung oder Beitreibung eingetreten sind, so beginnt die einjährige Frist mit dem Tage, an dem der Antragsteller von diesen Tatsachen Kenntnis erhalten hat.

(3) Eine Erstattung des Wehrbeitrags hat auch von Amts wegen zu erfolgen, wenn die Berechnung oder Erhebung des Wehrbeitrags auf einem offenbaren Versehen beruht und die Überhebung mindestens fünf Mark beträgt.

(4) Die Erstattung ist in der Wehrbeitragsliste zu vermerken.

(5) Die näheren Bestimmungen über das Verfahren trifft die oberste Landesfinanzbehörde.

§ 73. Die nach § 50 Satz 2 des Gesetzes zu vergütenden Zinsen für die auf Grund rechtskräftiger Entscheidung zu erstattenden Beträge sind wie Erstattungen an Wehrbeitrag zu Lasten der Reichskasse zu verrechnen.

Anderweite Veranlagung des Wehrbeitrags.

§ 74. (1) Wird im Rechtsmittel-, Ermäßigungs-, Berichtigungs- oder Neuveranlagungsverfahren (§ 48 Abs. 1, § 31 Abs. 4, § 33 Abs. 2, § 54 Satz 2 des Gesetzes) der Wehrbeitrag anderweit veranlagt, so hat die Veranlagungsbehörde die Eintragungen in den Spalten 3 flg. der Wehrbeitragsliste (Zugangsliste) mit roter Tinte zu berichtigen.

(2) Die Erhöhung oder Herabsetzung des Wehrbeitrags (Zugang oder Abgang) ist der Hebestelle behufs Eintragung in die Spalten 5 und 6 des Sollbuchs mitzuteilen. Die Mitteilung wird Beleg zum Sollbuch.

Rückstände von Wehrbeiträgen und Restnachweisung.

§ 75. (1) Sind am 31. März 1917 beim Abschluß des Sollbuchs die zum Soll gestellten Wehrbeiträge noch nicht oder nicht vollständig zur Hebung gelangt, so sind die Rückstände in die Restnachweisung einzutragen und dort weiter abzuwickeln.

(2) Die Restnachweisung wird nach dem Muster 9 geführt. Von einem an der Kassenführung nicht beteiligten Beamten ist auf dem Titelblatte der Restnachweisung zu bescheinigen, daß die beim Abschluß des Sollbuchs rückständig gebliebenen Wehrbeiträge in die Restnachweisung übertragen worden sind.

(3) Einzahlungen auf diese Reste sind im Einnahmebuche zu buchen.

(4) Eine Überweisung der in die Restnachweisung übernommenen Beträge findet im Falle des Wegzugs des Beitragspflichtigen in einen anderen Bezirk nicht statt.

Unterbliebene Veranlagung des Wehrbeitrags.

§ 76. (1) Wehrbeiträge, welche wegen zu Unrecht unterbliebener Veranlagung erst später veranlagt werden, sind in der Zugangsliste zur Wehrbeitragsliste und in dem Wehrbeitrags-Sollbuch (Abteilung III) oder nach dessen Abschluß in der Restnachweisung nachzuweisen. Die Bestimmungen in § 68 Abs. 2, 3 finden sinngemäße Anwendung.

(2) Sind die in § 51 Abs. 1 des Gesetzes vorgesehenen gesetzlichen Zahlungsfristen bereits verstrichen, so ist der Wehrbeitrag binnen vier Wochen nach Zustellung des Veranlagungsbescheids zu entrichten.

Kosten.

§ 77. (1) Das Verfahren in Wehrbeitragsangelegenheiten ist, soweit nicht hinsichtlich der Kosten in den §§ 66, 44 des Gesetzes ein anderes bestimmt ist, kosten-, gebühren- und stempelfrei.

(2) Zu den Kosten des Verfahrens ist auch die Postgebühr zu rechnen, welcher die Sendungen der Veranlagungsbehörden und Hebestellen an die Beitragspflichtigen unterliegen; sie fällt daher den letzteren nicht zur Last. Dagegen haben die Beitragspflichtigen die Postgebühr für die von ihnen an die bezeichneten Behörden zu richtenden Sendungen zu tragen.

Aktenführung.

§ 78. Über jeden einzelnen in die Wehrbeitragslisten aufgenommenen Beitragspflichtigen sind Akten anzulegen, in welche alle auf die Veranlagung zum Wehrbeitrage bezüglichen Mitteilungen, Vermögenserklärungen, Anträge und sonstigen Schriftstücke nach der Zeitfolge geordnet aufzunehmen sind. Die Akten sind derart zu führen, daß sich eine Nachprüfung nach ihrem Inhalt ermöglichen läßt.

Aufbewahrungsfristen.

§ 79. (1) Die Wehrbeitragslisten B, die Wehrbeitragsakten der Gesellschaften und die Kassenbücher sind nach Abschluß des Veranlagungsverfahrens noch 15 Jahre aufzubewahren.

(2) Die Bestimmung der Frist für die Aufbewahrung der Wehrbeitragslisten A und der Akten der natürlichen Personen bleibt den Ausführungsbestimmungen zum Besitzsteuergesetze vorbehalten.

Prüfungsverfahren.

§ 80. (1) Die über die Veranlagung und Erhebung des Wehrbeitrags geführten Bücher sind durch die Oberbehörden nachzuprüfen. Zu diesem Zwecke sind die Bücher nebst den dazu gehörigen Belegen nach Ablauf des Rechnungsjahrs 1916 der Oberbehörde einzureichen. Die Einreichung der Restnachweisung und der hierzu gehörigen Einnahmebücher hat alsbald nach vollständiger Abwickelung der Reste zu geschehen. Die oberste Landesfinanzbehörde kann abweichend von der Bestimmung in Satz 2 anordnen, daß die Nachprüfung der Bücher und Belege an den Amtssitzen der Veranlagungsbehörden und Hebestellen durch abgeordnete Beamte der Oberbehörde stattzufinden hat.

(2) Inwieweit sich die Prüfung der Oberbehörde auch auf die einzelnen Veranlagungen zum Wehrbeitrage zu erstrecken hat, bestimmt die oberste Landesfinanzbehörde.

(3) Die Landesregierung kann die Prüfung anderen Behörden als den nach § 1 Abs. 1 bestimmten Oberbehörden übertragen. Die Behörden sind unter Angabe ihrer Amtsbezirke dem Reichskanzler (Reichsschatzamt) mitzuteilen.

Abrechnung über den Wehrbeitrag und Aufstellung der Einnahmeübersichten.

§ 81. Über den aufgekommenen Wehrbeitrag einschließlich der Nacherhebungen und abzüglich der Erstattungen haben die Landeskassen mit der Reichshauptkasse monatlich nach Maßgabe der §§ 1 bis 3 der Bestimmungen vom 23. Juni 1910 (Zentralblatt für das Deutsche Reich S. 352) abzurechnen.

§ 82. Die an die Reichskasse abzuführenden Beträge an Wehrbeitrag sind auf Grund von Anweisungen der den Erhebungsbehörden (Hebestellen) übergeordneten Oberbehörden (§ 1) in die Monatsabrechnungen der Landeskassen (Muster I der Bestimmungen vom 23. Juni 1910) unter den etatsmäßigen Einnahmen der Reichshauptkasse auf besonderer Linie einzusetzen.

§ 83. (1) Zum Zwecke der Anweisung (§ 82) ist von den Hebestellen das Ergebnis der Einnahme an Wehrbeitrag nach den am Schlusse jedes Kalendermonats abzuschließenden Einnahme- und Kassenbüchern den übergeordneten Oberbehörden mittels Übersichten anzuzeigen, deren Form von den obersten Landesfinanzbehörden vorzuschreiben ist.

(2) Die Oberbehörden haben auf Grund der Übersichten der nachgeordneten Hebestellen

für die Monate April, Mai, Juli, August, Oktober, November, Januar und Februar Monats-Einnahmeübersichten nach Muster 10,

nach Ablauf der Monate Juni, September, Dezember und März Vierteljahrs-Einnahmeübersichten nach Muster 11

aufzustellen. Die Monatsübersichten haben lediglich die Einnahmen im abgelaufenen Monat, die Vierteljahrsübersichten dagegen die Einnahmen im abgelaufenen Teile des Rechnungsjahrs, die letzte die im ganzen Rechnungsjahre nachzuweisen. Das Schlußergebnis ist der nach § 82 zu erteilenden Anweisung zugrunde zu legen. Die Monatsübersichten sind spätestens bis zum 10., die Vierteljahrsübersichten spätestens bis zum 12. des folgenden Monats dem Kaiserlichen Zoll- und Steuer-Rechnungsbureau einzusenden.

(3) Außerdem haben die Oberbehörden für jedes Rechnungsjahr bis zum 1. November des folgenden Rechnungsjahrs schließliche Einnahmeübersichten nach dem für die Vierteljahrsübersichten vorgeschriebenen Muster an das Kaiserliche Zoll- und Steuer-Rechnungsbureau einzusenden. Die schließliche Einnahmeübersicht kann zutreffendenfalls durch die Mitteilung ersetzt werden, daß die vorläufige Übersicht für das 1. bis 4. Viertel des Rechnungsjahrs einer Änderung nicht bedarf. Die schließlichen Einnahmeübersichten und die sie vertretenden Mitteilungen sind vor der Absendung dem für die Oberbehörde zuständigen Reichsbevollmächtigten zur Bescheinigung der Richtigkeit vorzulegen.

(4) Bestehen in einem Bundesstaate mehrere Ober-

behörden für den Wehrbeitrag, so sind die Übersichten der Oberbehörden mit einer das Gesamtergebnis nachweisenden Hauptübersicht seitens einer von der obersten Landesfinanzbehörde zu bestimmenden Behörde einzusenden.

(5) Vordrucke zu den Übersichten nach Muster 10 und 11 sind den Oberbehörden und den in Abs. 4 bezeichneten Behörden nach Bedarf vom Kaiserlichen Zoll- und Steuer-Rechnungsbureau zu liefern.

§ 84. (1) Auf Grund der von den Oberbehörden aufgestellten Vierteljahrsübersichten und schließlichen Einnahmeübersichten werden vom Reichskanzler (Reichsschatzamt) die von den Landeskassen an die Reichshauptkasse abzuführenden Beträge an Wehrbeitrag vorläufig und schließlich festgestellt.

(2) Abdrucke dieser Feststellungen werden den Landesregierungen alsbald, am Jahresschlusse spätestens bis zum 5. Juni, zugefertigt. Soweit die Feststellungen Abweichungen von den auf Grund der Anweisungen der Oberbehörden an die Reichshauptkasse abgelieferten Beträgen ergeben, sind die erforderlichen Abgleichungen in den nächsten Abrechnungen der Landeshauptkassen, am Jahresschluß in den Abrechnungen für den Monat Mai, zu bewirken.

§ 85. Als Anlage zu der Einnahmeübersicht für den Monat August 1914 ist von den Hebestellen den ihnen übergeordneten Oberbehörden und von diesen dem Kaiserlichen Zoll- und Steuer-Rechnungsbureau eine Nachweisung nach Muster 12 über das gesamte Rohsoll an Wehrbeiträgen, die Zu- und Abgänge und die auf das Soll angerechneten Zinsen und Vorauszahlungen auf noch nicht veranlagte Wehrbeiträge nach dem Stande am Schlusse des Monats August 1914 einzusenden.

§ 86. Die Landesregierung kann die nach §§ 82 bis 85 den Oberbehörden übertragenen Geschäfte anderen Behörden als den nach § 1 Abs. 1 bestimmten Oberbehörden übertragen. Die Behörden sind unter Angabe ihrer Amtsbezirke dem Reichskanzler (Reichsschatzamt) mitzuteilen.

Veranlagungsbezirk: ....

Wehrbeitragsliste $\frac{A}{B}$ Nr. ......

Muster 3.
Ausführungsbestimmungen
§ 19 Abs. 1.

Vermögenserklärung

für die Veranlagung

d .... (Name und Stand)
[Gesellschaftsfirma]

in .... (Wohnort) [Sitz] .... Straße / Platz Nr. ....[1])

zu einem einmaligen außerordentlichen Wehrbeitrage.

I. Ich und meine Ehefrau .... geborene ....

D.. von mir — uns — vertretene ....

besitze.. / besitzt an eigenem Vermögen[2]) und an fideikommissarischem Vermögen[2]):

	Mark[3])
1. Grundvermögen:	
A. Grundstücke (Gebäude und Liegenschaften), ausgenommen Grundstücke, die dem Betriebe des Bergbaues oder eines Gewerbes — unten 2 B — gewidmet sind. Bei land- oder forstwirtschaftlichen oder Gärtnereigrundstücken sind die Betriebsmittel (lebendes und totes Inventar) im Werte mitzuberücksichtigen.	

Zu 1. Nur Grundstücke (einschließlich der Berechtigungen 1 B), die im Gebiete des Deutschen Reichs liegen, sind beitragspflichtig.
Wirtschaftlich zusammenhängende Grundstücke sind als eine Besitzung aufzuführen.
Hypotheken und Grundschulden sind nicht hier, sondern unter II in Abzug zu bringen.

Bezeichnung des Grundstücks oder der Besitzung, Benutzungsart	Gemarkung (Gemeinde, Gutsbezirk)	Straßen-Nr. oder Flur, Parz.-Nr. oder Flächeninhalt	
a)			....
b)			....
c)			....
d)			....
e)			....
f)			....
		Seite	....

[1]) Das Muster ist auch zu verwenden für die Vermögenserklärungen ausländischer Aktiengesellschaften und Kommanditgesellschaften auf Aktien. Diese Gesellschaften haben ebenso wie die beschränkt beitragspflichtigen natürlichen Personen (§ 10 Nr. II des Gesetzes) nur das unter I 1 A, B; I 2 A, B fallende Vermögen anzugeben; sie dürfen aber auch nur solche Schulden und Lasten in Abzug bringen, die in einer wirtschaftlichen Beziehung zu diesen Vermögensteilen stehen.

[2]) Maßgebend für die Beitragspflicht und die Ermittelung des Vermögenswerts ist der Stand am 31. Dezember 1913. Finden in einem Betriebe regelmäßige jährliche Abschlüsse statt, so kann der Beitragspflichtige das in diesem Betrieb angelegte Vermögen nach dem Stande am Schlusse des letzten Wirtschafts- oder Rechnungsjahrs angeben.

[3]) Soweit sich die Vermögenswerte nicht aus dem Nenn- oder Kurswert oder dem Betrage der geleisteten Zahlungen ergeben, kann der Beitragspflichtige sich in der Vermögenserklärung auf die tatsächlichen Mitteilungen beschränken, die er behufs Schätzung des Wertes beizubringen vermag.

	Mark
Übertrag . . .	. . . .
B. Berechtigungen, für welche die sich auf Grundstücke beziehenden Vorschriften des bürgerlichen Rechts gelten, z. B. Erbbaurecht, Erbpachtrecht, Bergwerkseigentum, soweit nicht in 2 B enthalten:	
. . . .	. . . .
2. Betriebsvermögen (soweit nicht schon unter 1 enthalten):	
A. Betriebskapital, das dem Betriebe der Land- oder Forstwirtschaft oder der Gärtnerei auf fremden Grundstücken gewidmet ist:	

Bezeichnung der Pachtung	Gemarkung (Gemeinde, Gutsbezirk)	Größe der Pachtung	Mark
a)			. . . .
b)			. . . .

Zu 2 A und B. Zum beitragspflichtigen Vermögen gehören nicht Betriebsmittel, die dem Betriebe der Land- oder Forstwirtschaft oder der Gärtnerei oder des Bergbaues auf ausländischen Grundstücken oder dem Betrieb eines stehenden Gewerbes außerhalb des Deutschen Reichs gewidmet sind.

Zu 2 B. Hier ist auch der Anteil zu berücksichtigen, der dem Beitragspflichtigen als Teilhaber einer offenen Handelsgesellschaft oder einer Kommanditgesellschaft an deren Betriebsvermögen zusteht.

B. Vermögen, das dem Betriebe des Bergbaues oder eines Gewerbes gewidmet ist, einschließlich der dem Betriebe dienenden eigenen Gebäude, Grundstücke oder Berechtigungen:

Bezeichnung des Betriebs	Firma	Betriebsstätten	Geschäftsanteil des Beitragspflichtigen	
a)				....
b)				....
c)				....
d)				....
e)				....

Wird beantragt, daß bei den vorstehend unter 1 A.... aufgeführten Grundstücken, die dauernd land- oder forstwirtschaftlichen oder gärtnerischen Zwecken zu dienen bestimmt sind, oder daß bei den vorstehend unter 1 A...., 2 B aufgeführten bebauten Grundstücken, die Wohnzwecken — gewerblichen Zwecken — zu dienen bestimmt sind, anstatt des Ertragswerts der gemeine Wert (Verkaufswert) der Veranlagung zugrunde gelegt wird?

....

Seite ....

Zu 3. Ob ein Kapital in ausländischen oder inländischen Werten angelegt ist, macht keinen Unterschied; auch Aktien einer ausländischen Aktiengesellschaft gehören zum beitragspflichtigen Vermögen. Ebenso ist es belanglos, ob das Kapitalvermögen selbst sich im Inland oder im Ausland befindet.

Wertpapiere, die in Deutschland einen Börsenkurs haben, sind mit ihrem Kurswert, Aktien ohne Börsenkurs, Kuxe, Anteile an einer Bergwerksgesellschaft oder Anteile einer Gesellschaft mit beschränkter Haftung mit ihrem Verkaufswert, andere Kapitalforderungen mit ihrem Nennwert anzusetzen, sofern nicht besondere Umstände die Veranschlagung nach einem vom Nennwert abweichenden höheren oder geringeren Werte begründen.

Will der Beitragspflichtige von dem Werte seiner mit Dividendenschein gehandelten Wertpapiere einen Gewinnbetrag in Abzug bringen (§ 18 Abs. 2 des Gesetzes), so hat er die Wertpapiere, für welche der Abzug begehrt wird, nach Stückzahl oder Nennbetrag und Gattung besonders zu bezeichnen.

	Mark	Mark
Übertrag . . .		.....
3. Kapitalvermögen (gesamtes sonstiges Vermögen außer den unter III aufzuführenden Renten und anderen wiederkehrenden Nutzungen und Leistungen), nämlich:		
a) Selbständige Rechte und Gerechtigkeiten, soweit sie nicht unter 1 B fallen oder als Zubehör eines Grundstücks- oder Betriebskapitals unter 1 A, 2 schon berücksichtigt sind, z. B. Verlags- oder Patentrechte	....	
b) Kapitalforderungen aus Anleihen oder Schuldverschreibungen deutscher oder nicht deutscher Staaten, Gemeinden, anderer öffentlicher Verbände, Eisenbahn- und Industrieobligationen; Pfandbriefe, Hypotheken, Grundschuldforderungen, sonstige Kapitalforderungen jeder Art, insbesondere Forderungen aus Schuldverschreibungen, Wechseln, Darlehen, Kautionen; Hinterlegungsgelder, Einlagen bei Sparkassen und Banken, Abrechnungs- und Kontokurrentguthaben, ausgenommen Bank- und sonstige Guthaben, die zur Bestreitung der laufenden Ausgaben für drei Monate dienen	....	
c) Aktien oder Anteilscheine, Kuxe, Geschäftsguthaben bei Genossenschaften, Geschäftsanteile und andere Gesellschaftseinlagen	....	
d) Bares Geld, Banknoten und Kassenscheine (ausgenommen die aus den laufenden Jahres-		

einkünften vorhandenen Bestände, soweit sie zur Bestreitung der laufenden Ausgaben für drei Monate dienen), Gold und Silber in Barren ....

e) Noch nicht fällige Ansprüche aus Lebens-, Kapital- oder Rentenversicherungen, zu berechnen mit $^2/_3$ der Summe der bisher gezahlten Prämien oder Kapitalbeträge oder mit dem Rückkaufswerte ....

Zusammen a—e .....

Zusammen I. ....

II. Hiervon sind abzuziehen die Kapitalschulden, soweit sie nicht schon bei Berechnung des Betriebsvermögens zu I, 2 A, B berücksichtigt sind:

Zu II. Nicht abzugsfähig sind Schulden, die zur Bestreitung der laufenden Haushaltungskosten eingegangen sind (Haushaltungsschulden), sowie Schulden und Lasten, welche in wirtschaftlicher Beziehung zu nicht beitragspflichtigen Vermögensteilen stehen (Bemerkung zu I, 1; I 2 A und B); vgl. auch Seite 1 Anmerkung 1).

	Name des Gläubigers	Wohnort des Gläubigers	Betrag ℳ
a)			....
b)			....
c)			....
d)			....
e)			....
f)			....
g)			....

Zusammen ...

Verbleibt (ohne III) ein Reinvermögen von ... .

Zu III. Genaue Auskunft über die nebenbezeichneten Punkte ist erforderlich, damit die Beitragspflicht oder Abzugsfähigkeit der Bezüge oder Lasten beurteilt und ihr Kapitalwert vorschriftsmäßig berechnet werden kann.

Ansprüche auf Gehalt, Besoldung Remuneration und dgl., die dem Beitragspflichtigen als Entgelt für seine Arbeitstätigkeit zustehen, gehören in keinem Falle hierher. Wegen der Abzugsfähigkeit der unter III fallenden Lasten vgl. die Bemerkung zu II.

III. An Renten und anderen wiederkehrenden Nutzungen und Leistungen habe ich für mich und meine Ehefrau — hat d.... von $\frac{\text{mir}}{\text{uns}}$ vertretene Beitragspflichtige

	zu beziehen:	zu entrichten (zu tragen):
Gegenstand und Rechtsgrund des Anspruchs oder der Verpflichtung:	....	....
Geldwert der einjährigen Hebung oder Leistung (Last):	.... Mark	.... Mark
Name und Wohnort des Verpflichteten:	....	....
Name und Wohnort des Berechtigten:	....	....
Tag, Monat, Jahr, seit welchem der Anspruch oder die Last besteht:	....	....
Zeitpunkt oder Ereignis, mit dessen Eintritt der Anspruch oder die Last wegfällt:	....	....
Falls die Dauer des Anspruchs oder der Last vom Leben einer Person abhängt, Angabe des Namens, der Wohnung sowie Tag, Monat und Jahr der Geburt dieser Person:	....	....

Anmerkung: a. Von Beitragspflichtigen, deren Vermögen den Betrag von 100 000 Mark, oder deren Einkommen den Betrag von 10 000 Mark nicht übersteigt, welche Kindern auf Grund gesetzlicher Verpflichtung (§§ 1601 bis 1615 B. G. B.) Unterhalt gewähren und daher gemäß § 33 Abs. 1 des Gesetzes Anspruch auf Ermäßigung des Beitrags haben, sind hier Zahl und Alter der in Betracht kommenden minderjährigen Kinder anzugeben.	a.
b. Von Beitragspflichtigen, deren Vermögen den Betrag von 200 000 Mark, oder deren Einkommen den Betrag von 20 000 Mark nicht übersteigt, welche gemäß § 33 Abs. 2 des Gesetzes — weil mehr als zwei Söhne ihre gesetzliche Dienstpflicht beim Heere oder bei der Flotte abgeleistet haben — Anspruch auf Ermäßigung des Beitrags haben, sind hier diejenigen Söhne anzugeben, welche die gesetzliche Dienstpflicht beim Heere oder bei der Flotte abgeleistet haben.	b.

Ich versichere / Wir versichern hiermit, daß die vorstehenden Angaben nach bestem Wissen und Gewissen gemacht sind.

........................., den....ten .... 1914.

Vermögenserklärungen ohne Unterschrift gelten als nicht abgegeben.

....
Unterschrift

Veranlagungsbezirk: ....

Wehrbeitragsliste B Nr.....

Muster 4.
Ausführungsbestimmungen
§ 19 Abs. 1.

Nur für inländische Aktiengesellschaften und Kommanditgesellschaften auf Aktien.

Vermögenserklärung

für die Veranlagung

der .... (Gesellschaftsfirma)

in .... (Sitz der Gesellschaft)

zu einem einmaligen außerordentlichen Wehrbeitrage.

	Mark
In der Bilanz unserer Gesellschaft für das letzte Betriebsjahr (vom .... bis ....) sind aufgeführt:	
a) wirkliche Reservekontenbeträge	....
b) Gewinnvortrag	....
zusammen . . .	....

Als beitragspflichtige wirkliche Reservekontenbeträge erachten wir folgende Bilanzposten:

....

....

Bilanz nebst Gewinn- und Verlustrechnung für das genannte Betriebsjahr ist beigefügt.

Wir versichern hiermit, daß die vorstehenden Angaben nach bestem Wissen und Gewissen gemacht sind.

..............., den .... ten .... 1914.

Vermögenserklärungen ohne Unterschrift gelten als nicht ab- ....

Preußische Ausführungsvorschriften

vom 8. November 1913.*

Behörden und deren Zuständigkeit.

Art. 1. I. Durch Allerhöchste Verordnung vom 7. August 1913 (Gesetzsamml. S. 371) ist folgendes bestimmt:

1. Die Veranlagung des Wehrbeitrags erfolgt durch die Einkommensteuer-Veranlagungskommissionen.
2. Gegen den Veranlagungs- und den Feststellungsbescheid steht dem Beitragspflichtigen die Berufung an die Einkommensteuer-Berufungskommission und gegen deren Entscheidung die Beschwerde an das Oberverwaltungsgericht zu. Auf das Rechtsmittelverfahren finden die Vorschriften der §§ 44, 49 bis 54 des Einkommensteuergesetzes sinngemäße Anwendung.
3. Die Androhung und Festsetzung von Zwangsstrafen (§ 38 Abs. 1, § 40 Abs. 2, § 42 Abs. 4 des Reichsgesetzes), die Festsetzung von Wehrbeitragszuschlägen (§ 38 Abs. 2), die Wehrbeitragsermäßigungen (§ 31 Abs. 4), die Festsetzung der von dem Beitragspflichtigen zu erstattenden Kosten (§ 44), die Stundungen und die Genehmigung der Entrichtung des Wehrbeitrags in Teilbeträgen (§ 52) erfolgen durch die Vorsitzenden der Einkommensteuer-Veranlagungskommis-

---

* Anlagen und Musterbeispiele sind hier nicht mit abgedruckt.

Im folgenden ist zu verstehen: 1. unter Gesetz oder Reichsgesetz: das Wehrbeitragsgesetz; — 2. unter Bund-A: die Ausführungsbestimmungen des Bundesrats; — 3. unter Einkst.-Ges., Ergst.-Ges.: das preußische Einkommensteuergesetz bzw. das Ergänzungssteuergesetz vom 19. Juni 1906; — 4. unter Eink.-Anw.: die Ausführungsanweisung zum Einkommensteuergesetz vom 25. Juli 1906.

sionen. Gegen deren Entscheidungen steht dem Beitragspflichtigen innerhalb vier Wochen die Beschwerde an den Vorsitzenden der Einkommensteuer-Berufungskommission offen.

4. Insoweit sonst nach den Vorschriften des Einkommensteuergesetzes die Regierungen und für die Haupt- und Residenzstadt Berlin die Direktion für die Verwaltung der direkten Steuern zur Mitwirkung berufen sind, haben diese Behörden auch die gleichartigen Entscheidungen hinsichtlich des Wehrbeitrags zu treffen.

5. Die Gemeinden und selbständigen Gutsbezirke sind verpflichtet, in ihren Bezirken die Einzelerhebung der veranlagten Beiträge sowie deren Abführung an die zuständigen Staatskassen ohne Vergütung zu bewirken.

II. Oberbehörden im Sinne der Bund-A sind die Königlichen Regierungen, für Berlin die Königliche Direktion für die Verwaltung der direkten Steuern und gegebenenfalls die Vorsitzenden der Einkommensteuer-Berufungskommissionen.

Abweichungen der materiell-rechtlichen Bestimmungen des Wehrbeitraggesetzes von denen des Ergänzungssteuergesetzes.

Art. 2. Materiellrechtlich weicht das Wehrbeitragsgesetz vom Ergänzungssteuergesetz in folgenden Punkten ab:

1. Das Ergänzungssteuergesetz nennt im § 4 I Nr. 1 als Gegenstände des steuerbaren Vermögens neben den Grundstücken Nießbrauchs- und andere selbständige Rechte und Gerechtigkeiten, welche einen in Geld schätzbaren Wert haben. Das Wehrbeitraggesetz bestimmt im § 3:

„Den Grundstücken (§ 2 Nr. 1) stehen gleich Berechtigungen, für welche die sich auf Grundstücke beziehenden Vorschriften des bürgerlichen Rechtes gelten"

und führt im § 5 unter dem Kapitalvermögen auf:

„1. selbständige Rechte und Gerechtigkeiten."

2. Nach § 7b des Ergänzungssteuergesetzes umfaßt das steuerbare Kapitalvermögen bares Geld deutscher Währung, fremde Geldsorten, Banknoten und Kassenscheine „mit Ausschluß der aus den laufenden Jahreseinkünften vorhandenen Bestände".

Im § 5 Nr. 4 des Wehrbeitraggesetzes sind von der Besteuerung ausgenommen: „die aus den laufenden Jahreseinkünften vorhandenen Bestände und Bank- oder sonstige Guthaben, soweit sie zur Bestreitung der laufenden Ausgaben für drei Monate dienen".

3. Nach § 5 Nr. 5 des Wehrbeitraggesetzes ist der Kapitalwert der Rechte auf Renten und andere wiederkehrende Leistungen, welche dem Berechtigten auf seine Lebenszeit, auf die Lebenszeit eines anderen, auf unbestimmte Zeit oder auf die Dauer von mindestens zehn Jahren zustehen, dem Empfänger auch dann anzurechnen und bei dem Geber in Abzug zu bringen, wenn die Leistungen auf Grund einer Schenkung erfolgen. Der Kapitalwert einer auf einem Schenkungsversprechen beruhenden Rente ist also für den Wehrbeitrag dem Beschenkten anzurechnen, während bei dem Schenker nach § 9 des Gesetzes entsprechender Abzug stattfindet.

4. Nach § 6c des Wehrbeitraggesetzes gehören nicht zum beitragspflichtigen Vermögen Ansprüche auf Renten und ähnliche Bezüge, die mit Rücksicht auf ein früheres Arbeits- oder Dienstverhältnis gewährt werden. Die Fassung ist etwas weiter als diejenige des § 7, Schlußsatz, des Ergänzungssteuergesetzes.

5. Die Bestimmungen über die subjektive Steuerpflicht der physischen Personen entsprechen im wesentlichen den nach § 2 I des preußischen Ergänzungssteuergesetzes für die Ergänzungssteuerpflicht der physischen Personen maßgebenden Bestimmungen im § 1 des preußischen Einkommensteuergesetzes mit der aus der Natur des Wehrbeitraggesetzes als eines Reichsgesetzes sich als selbstverständlich ergebenden Maß-

gabe, daß die Beitragspflicht sich nicht auf die preußischen Staatsangehörigen beschränkt, sondern sich auf die Reichsangehörigen erstreckt. Nicht beitragspflichtig sind das ausländische Grund- und das ausländische Betriebsvermögen. Von den Ausländern sind nur diejenigen beitragspflichtig, die sich im Deutschen Reiche dauernd des Erwerbes wegen aufhalten.

6. Im Unterschiede zum Ergänzungssteuergesetze erstreckt sich die Beitragspflicht nach dem Wehrbeitraggesetze nicht nur auf physische Personen, sondern auch auf Aktiengesellschaften und Kommanditgesellschaften auf Aktien, und zwar mit den im § 11 des Wehrbeitraggesetzes näher bezeichneten Vermögensteilen.

7. Die Bestimmung im § 5 Nr. 5 des Ergänzungssteuergesetzes, nach der dem Haushaltungsvorstande dasjenige Vermögen des Haushaltungsangehörigen zuzurechnen ist, an welchem ihm die Nutznießung zusteht, findet sich in dem Wehrbeitraggesetze nicht. Insbesondere sind also Vermögen, die minderjährigen Kindern gehören, nicht bei dem Vater oder der Mutter, denen die Nutznießung zusteht, sondern bei den Kindern beitragspflichtig.

8. Die Vorschriften des Wehrbeitraggesetzes über die Bewertung desjenigen Grundbesitzes, der dauernd land- oder forstwirtschaftlichen Zwecken zu dienen bestimmt ist, stimmen im wesentlichen mit den Bestimmungen des § 11 des Ergänzungssteuergesetzes überein. Sie erstrecken sich aber auch auf alle gärtnerischen Zwecken dienenden Grundstücke. Wird der gemäß § 17 des Wehrbeitraggesetzes für die Bewertung solcher Grundstücke maßgebende Ertrag nach den Betriebsergebnissen selbstbewirtschafteter Besitzungen geschätzt, so ist nach Abs. 2 a. a. O. der Wert der Tätigkeit des Selbstbewirtschafters gemäß § 27 Bund-A in Abzug zu bringen. Völlig abweichend dagegen sind die Bestimmungen des § 17 des Wehrbeitraggesetzes über die Bewertung bebauter Grundstücke, die Wohnzwecken oder gewerblichen Zwecken dienen.

In allen Fällen kann der Beitragspflichtige verlangen, daß statt des Ertragswerts der gemeine Wert der Veranlagung zugrunde gelegt wird.

9. Abweichend vom Ergänzungssteuergesetze findet sich im § 18 des Wehrbeitraggesetzes die Bestimmung, daß bei Wertpapieren, die in Deutschland einen Börsenkurs haben und die mit Dividendenscheinen gehandelt werden, ein Betrag in Abzug gebracht werden darf, der für die seit Auszahlung des letzten Gewinns abgelaufene Zeit dem letztmalig verteilten Gewinn entspricht.

10. Wegen Bewertung der auf bestimmte Zeit beschränkten Nutzungen oder Leistungen enthält der § 21 des Wehrbeitraggesetzes Vorschriften, die sich mit denjenigen des Ergänzungssteuergesetzes nicht völlig decken.

Ermittelung des Ertragswerts von Grundstücken.

Art. 3. 1. Wird der Ertragswert selbstbewirtschafteter Betriebe aus Pachtpreisen anderer Besitzungen abgeleitet (§ 27 Bund-A), so darf der Wert der Tätigkeit des Selbstbewirtschafters vom Rohertrage nicht in Abzug gebracht werden, da in den Pachtpreisen der Wert der Arbeit des Pächters nicht enthalten ist.

2. Die Bestimmungen des § 35 Bund-A finden für Preußen bei der Ermittelung des Ertragswerts von Gebäuden keine Anwendung, da bei der letztmaligen Revision der Gebäudesteuer der Nutzungswert der Gebäude aus Mietpreisen abgeleitet ist, die in den Jahren 1898 bis 1907 bedungen worden sind. Auch der Grundsteuer-Reinertrag kann der Ermittelung des Ertragswerts vom Grundbesitz nicht unmittelbar zugrunde gelegt werden, da er den gegenwärtigen Verhältnissen nicht mehr entspricht.

Einkommen.

Art. 4. Als Einkommen im Sinne der §§ 1 und 31 des Wehrbeitraggesetzes gilt dasjenige steuerpflichtige Einkommen, das auf den Beitragspflichtigen in Preußen für das Steuerjahr 1914 veranlagt wird. Erfolgt im Rechtsmittelverfahren eine Abänderung der Einkommensteuer, so ist der Wehrbeitrag von Amts wegen entsprechend zu berichtigen. Als für die Bemessung des Wehrbeitrags maßgebend gilt das niedrigste Einkommen derjenigen Steuerstufe, in der der Beitragspflichtige zur Einkommensteuer veranlagt worden ist. Steuerermäßigungen, die den Steuerpflichtigen auf Grund der §§ 19 und 20 des Einkommensteuergesetzes gewährt worden sind, bleiben hierbei außer Betracht. Ein Steuerpflichtiger z. B., der bei einem Einkommen von 6112 ℳ in der Steuerstufe von mehr als 6000 bis 6500 ℳ bei dem Vorhandensein von zwei Kindern und auf Grund des § 20 des Einkommensteuergesetzes zu dem Steuersatze von 118 ℳ veranlagt ist, wird zum Wehrbeitrage nach einem Einkommen von 6000 ℳ herangezogen.

Als Einkommen im Sinne des § 12 Abs. 2 und des § 33 des Gesetzes (§§ 5, 51, 53 Bund-A) gilt nicht das zur preußischen Einkommensteuer veranlagte Einkommen, sondern das tatsächlich vom Steuerpflichtigen bezogene Einkommen.

Veranlagungsverfahren. Ermittelung der beitragspflichtigen Personen und deren Eintragung in die Wehrbeitragsliste.

Art. 5. 1. Die Wehrbeitragslisten sind durch den Vorsitzenden der Veranlagungskommission aufzustellen. Für jede Gemeinde und jeden Gutsbezirk ist eine besondere Wehrbeitragsliste A anzulegen. Die Wehrbeitragsliste B kann für jeden Veranlagungsbezirk in einem Hefte angelegt werden. Innerhalb der Liste B hat eine Trennung nach Gemeinden (Gutsbezirken) zu erfolgen.

Die Reihenfolge der Aufzunehmenden ist tunlichst der Reihenfolge in der Staatssteuerliste bzw. Einkommens- und Vermögensnachweisung anzupassen. Unter der Nummer der Wehrbeitragsliste ist mit roter Tinte die Nummer der Staatssteuerliste (Eink.- und Verm.-Nachw.) für 1914 einzutragen.

Hinter Spalte 2 der Wehrbeitragsliste sind noch folgende Spalten aufzunehmen:

Sp. 3. Die erste Aufforderung zur Abgabe der Vermögenserklärung ist zugestellt am:

Sp. 4. Die Frist ist verlängert bis:

Sp. 5. Eine zweite Aufforderung ist zugestellt am:

Sp. 6. Eine Strafverfügung und wiederholte Aufforderung ist zugestellt am:

Sp. 7. Die Vermögenserklärung ist eingegangen am:

2. Mit der Aufstellung ist spätestens anfangs Dezember zu beginnen.

3. Aufzunehmen sind zunächst:

I. in die Wehrbeitragsliste A

a) alle natürlichen Steuerpflichtigen, die auf Grund des § 25 des Eink.-Ges. zur Abgabe einer Steuererklärung für das Steuerjahr 1914 verpflichtet sind;

b) alle Steuerpflichtigen, die nach einem Vermögen von mehr als 10000 ℳ zur Ergänzungssteuer bereits veranlagt oder für 1914 zu veranlagen sind;

c) alle übrigen Personen, die sonst noch für die Veranlagung zum Wehrbeitrag in Frage kommen, insbesondere in Preußen nicht zur Staatssteuer veranlagte Personen, die im Veranlagungsbezirke Grund- oder Betriebsvermögen besitzen; auch ist zu prüfen, welche der auf Grund des § 26 des Eink.-Ges. besonders zur Abgabe einer Steuererklärung aufzufordernden Personen zur Abgabe einer Vermögenserklärung aufzufordern sind.

II. in die Wehrbeitragsliste B

a) alle Aktiengesellschaften und Kommanditgesellschaften auf Aktien, die ihren Sitz im Veranlagungsbezirke haben;

b) diejenigen Aktiengesellschaften und Kommanditgesellschaften auf Aktien, die im Inlande keinen Sitz, im Veranlagungsbezirk aber Grundvermögen oder Betriebsvermögen haben.

4. Soweit dem Vorsitzenden der Veranlagungskommission die Voreinschätzungsarbeiten für das Steuerjahr 1914 noch nicht vorliegen, hat die Aufstellung der Wehrbeitragslisten auf Grund der Steuerlisten für das Jahr 1913 zu erfolgen. Befinden diese sich für die Zwecke der Voreinschätzung bei den Gemeinden (Gutsbezirken), so sind sie je nach Bedarf auf kurze Zeit zurückzufordern. Alsbald nach dem Eingang der Staatssteuerlisten für 1914 von den Voreinschätzungskommissionen hat der Vorsitzende der Veranlagungskommission zu prüfen, welche Personen etwa noch in die Wehrbeitragsliste aufzunehmen sind.

5. Wegen Aufnahme der gemäß Artikel 38 Eink.-Anw. zur Einkommensteuer und Ergänzungssteuer nicht veranlagten Personen ergehen besondere Bestimmungen.

Art. 6. Die Mitteilungen gemäß § 7 Bund-A haben unter Verwendung sinngemäß zu vervollständigender Formulare nach Muster VII zu Artikel 41 II der Eink.-Anw. zu erfolgen.

Aufforderung zur Abgabe der Vermögenserklärung.

Art. 7. 1. Auf Grund des § 13 Bund-A wird als Frist für die Abgabe der Vermögenserklärungen die Zeit vom 4. bis zum 20. Januar 1914 bestimmt.

2. Im Laufe des Monats Dezember 1913, spätestens am 15., erläßt der Vorsitzende der Veranlagungskommission die öffentliche Aufforderung zur Abgabe der Vermögenserklärung (§ 15 Bund-A) nach dem beigefügten Muster.

3. Zugleich mit den gemäß Artikel 54 Abs. 5 der Eink.-Anw. den Steuerpflichtigen zu übersendenden Formularen zu Steuererklärungen und Vermögensanzeigen übersendet der Vorsitzende diesen Personen ein Formular zur Ver-

mögenserklärung und einen Abdruck der öffentlichen Aufforderung als Drucksache.

4. Gleichzeitig ist den übrigen in die Wehrbeitragsliste aufgenommenen Personen, die nach einem Vermögen von mehr als 20000 ℳ zur Ergänzungssteuer bereits veranlagt sind oder bei denen ein Vermögen in dieser Höhe bei der Veranlagung für 1914 in Betracht kommt, ein Formular zur Vermögenserklärung und ein Abdruck der öffentlichen Aufforderung als Drucksache zu übersenden.

5. Sodann ist an die übrigen in die Wehrbeitragsliste aufgenommenen Personen, die für eine Veranlagung in Frage kommen, die besondere Aufforderung zu richten, in der Zeit vom 4. bis 20. Januar 1914 eine Vermögenserklärung abzugeben.

6. Ferner sind besonders aufzufordern alle in die Wehrbeitragsliste B aufgenommenen Aktiengesellschaften und Kommanditgesellschaften auf Aktien. (Wegen des diesen Gesellschaften zu übersendenden Formulars siehe die Anmerkung 1 auf dem Muster 3 Bund-A.)

7. Denjenigen nicht auf Grund des § 36 Abs. 1 des Gesetzes zur Abgabe einer Vermögenserklärung verpflichteten Personen, denen zwar ein Formular zur Vermögenserklärung mit der öffentlichen Aufforderung übersandt war, die aber bis zum 20. Januar 1914 eine Erklärung nicht abgegeben haben, ist nunmehr schleunigst eine besondere Aufforderung zur Abgabe der Vermögenserklärung mit 14tägiger Frist zuzustellen. Die besondere Aufforderung ergeht nicht an diejenigen, bei denen es außer Zweifel steht, daß sie wehrbeitragsfrei sind. Diese Personen sind in der Wehrbeitragsliste zu streichen.

8. Ebenso ist allen Personen, die nachträglich in die Wehrbeitragsliste Aufnahme finden, alsbald eine besondere Aufforderung zur Abgabe einer Vermögenserklärung mit 14tägiger Frist zuzustellen.

9. Nach § 15 Abs. 2 des Gesetzes kann der Beitrags-

pflichtige verlangen, daß das in einem Betriebe, für welchen regelmäßige jährliche Abschlüsse stattfinden, angelegte Vermögen nach dem Bestand und Wert am Schlusse des letzten Wirtschafts- oder Rechnungsjahrs festgestellt wird. Als letztes Wirtschafts- oder Rechnungsjahr (Betriebsjahr) gilt dasjenige, dessen Ergebnis bei Abgabe der Vermögenserklärung feststand. Will der Beitragspflichtige seiner Vermögenserklärung den noch nicht festgestellten Abschluß vom 31. Dezember 1913 zugrunde legen, so ist ihm eine angemessene, keinesfalls über den 15. April 1914 hinausgehende Frist zu gewähren.

In den übrigen Fällen (§ 17 Bund-A) ist eine Verlängerung der Frist zur Abgabe der Vermögenserklärung in der Regel nicht über den 1. März 1914 hinaus zu bewilligen.

10. Die Zustellung der besonderen Aufforderungen und der Strafverfügungen, die Fristbewilligungen sowie der Eingang der Vermögenserklärungen sind in den Spalten 3 bis 7 der Wehrbeitragsliste zu kontrollieren. Eines Vermerks über die Absendung des Formulars als Drucksache bedarf es nicht.

11. Die Vermögenserklärungen können auch zu Protokoll abgegeben werden.

Nochmalige Aufforderung und Straffestsetzung.

Art. 8. 1. Haben Beitragspflichtige, die gemäß § 36 Abs. 1 des Gesetzes zur Abgabe einer Vermögenserklärung auf Grund der öffentlichen Aufforderung verpflichtet sind, eine solche bis zum 20. Januar 1914 nicht abgegeben, auch keine Fristverlängerung erhalten, so ist ihnen sogleich eine nochmalige Aufforderung mit angemessener, in der Regel 8tägiger Frist zuzustellen.

2. Bleibt diese erfolglos, so hat der Vorsitzende der Veranlagungskommission gegen den Beitragspflichtigen eine angemessene Geldstrafe festzusetzen und weiterhin gemäß § 20 Abs. 2 Bund-A zu verfahren. (Wegen Einziehung und Verrechnung der Strafen siehe Artikel 27.)

3. Gegen Beitragspflichtige, die eine besondere Aufforde-

rung zur Abgabe der Vermögenserklärung bereits erhalten haben, kann nach fruchtlosem Ablauf der Frist unter Wiederholung der Aufforderung sogleich eine Geldstrafe festgesetzt werden.

Prüfung der Vermögenserklärungen.

Art. 9. 1. Ein formelles Verfahren zur Erörterung der Vermögenserklärungen ist nach dem Gesetze nicht vorgeschrieben. Es empfiehlt sich aber, etwaige Bedenken hinsichtlich der Vermögenserklärung dem Beitragspflichtigen mitzuteilen. Diese Mitteilung kann zweckmäßig mit der Erörterung der Steuererklärung bzw. Vermögensanzeige verbunden werden.

2. Ebenso wie die Unterlagen der Veranlagung zur Einkommensteuer und zur Ergänzungssteuer bei der Feststellung des Wehrbeitrags benutzt werden müssen, sind in gleicher Weise die bei der Veranlagung zum Wehrbeitrag gewonnenen Unterlagen, insbesondere der Inhalt der Vermögenserklärungen, für die Veranlagung zur Einkommensteuer und Ergänzungssteuer zu verwenden.

Art. 10. Die Anträge der Aktiengesellschaften und der Kommanditgesellschaften auf Aktien, welche Befreiung vom Wehrbeitrag auf Grund der Vorschriften im § 11 Abs. 2 Nr. 1 des Gesetzes in Anspruch nehmen, sind mit den Unterlagen und den gutachtlichen Äußerungen des Vorsitzenden der Veranlagungskommission und der Königlichen Regierung (Steuerdirektion in Berlin) gesammelt bis zum 1. März 1914 dem Finanzminister vorzulegen.

Festsetzung des Wehrbeitrags.

Art. 11. 1. Die Veranlagungskommissionen haben über die auf einen Steuerpflichtigen zu veranlagende Einkommensteuer, Ergänzungssteuer und den Wehrbeitrag in der Regel in einer und derselben Sitzung Beschluß zu fassen. Etwaige Beweiserhebungen oder sonstige Ermittelungen, die zu der Veranlagung auch nur einer der drei Steuerarten erforderlich erscheinen, müssen mithin veranlaßt und zum Abschluß gebracht sein, ehe zu der Veranlagung des Steuerpflichtigen geschritten wird.

2. Zur ziffermäßigen Ermittelung des Wehrbeitrags ist für jede Vermögenserklärung ein besonderer Umschlagbogen zu verwenden, auf dem die Einzelberechnung des beitragspflichtigen Vermögens und Einkommens zu erfolgen hat. Diese Einzelberechnung muß auch noch späterhin eine Nachprüfung aller der Festsetzung des Wehrbeitrags zugrunde liegenden Zahlen ermöglichen. Sie ist mit dem Festsetzungsvermerk des Vorsitzenden zu versehen und muß auf abweichenden Beschlüssen der Veranlagungskommission beruhende Änderungen erkennen lassen.

3. Die Festsetzung des Zuschlags gemäß § 38 Abs. 2 des Gesetzes durch den Vorsitzenden der Veranlagungskommission hat sich unmittelbar an die Veranlagung anzuschließen.

4. Eine Hilfstafel zur Berechnung der Abgabe vom Einkommen ist als Anlage I beigefügt.*

5. Als Anhalt für die Festsetzung des Wehrbeitrags können die in Anlage II abgedruckten Beispiele dienen.

Art. 12. 1. Nach erfolgter Festsetzung des Wehrbeitrags (Artikel 11)* sind hinsichtlich derjenigen Beitragspflichtigen, denen nach §§ 55 und 56 Bund-A ein Veranlagungs- oder Feststellungsbescheid zu erteilen ist, die Spalten 8 bis 14 und 16 bis 22 der Wehrbeitragsliste A (bzw. 8 bis 16 der Wehrbeitragsliste B) auszufüllen.

Gleichzeitig sind diejenigen Beitragspflichtigen aus den Wehrbeitragslisten zu streichen,** bei denen feststeht, daß ihre Veranlagung in einem anderen Veranlagungsbezirk erfolgt ist. In der Wehrbeitragsliste B sind auch die gemäß § 11 Abs. 2 Nr. 1 und 2 des Gesetzes freigestellten Gesellschaften zu streichen.

---

* Die Anlagen sind hier nicht mit abgedruckt.

** Vgl. auch die Vorschrift im Art. 7 Abs. 7.

2. Nunmehr sind die Wehrbeitragslisten aufzurechnen und abzuschließen.

3. Nach Aufrechnung und Abschluß der Wehrbeitragsliste A erfolgt hinsichtlich der sonst noch in die Liste aufgenommenen und nicht gemäß Artikel 7 Abs. 7 oder Artikel 12 Abs. 1 gestrichenen Personen die Ausfüllung der Spalten 8 bis 12 und 15, sobald zweifelsfrei feststeht, daß diese Personen nicht beitragspflichtig sind.

4. Wegen der späteren Übertragung einzelner bisher nicht veranlagter Personen in die Zugangsliste wird auf § 12 Bund-A verwiesen. In diesem Falle hat ihre Streichung in der Wehrbeitragsliste zu erfolgen.

Art. 13. Die Veranlagung des Wehrbeitrags ist tunlichst zu beschleunigen. Es wird erwartet, daß auch in den größeren Veranlagungsbezirken der Abschluß der Wehrbeitragslisten bis spätestens Ende April 1914 erfolgt sein wird.

Veranlagungsbescheid und Feststellungsbescheid.

Art. 14. 1. Für den Veranlagungs- und den Feststellungsbescheid sind Formulare nach den Mustern D und E zu verwenden.

2. Bei den Mitteilungen über Abweichungen von der Vermögenserklärung ist es zulässig, auf die bei den Erörterungen über die Vermögenserklärung, Steuererklärung, Vermögensanzeige besonders erörterten Punkte hinzuweisen.

3. Die Bescheide sind zweckmäßig zugleich mit den Benachrichtigungsschreiben über die Veranlagung zur Staatseinkommensteuer und zur Ergänzungssteuer zuzustellen. Die Zusammenfassung in einem Umschlag ist zulässig.

Sollbuch.

Art. 15. 1. Die Aufstellung des Sollbuchs ist zu beschleunigen, da es nach erfolgter Zustellung der Veranlagungsbescheide nicht nur für die Hebestellen wegen der Buchung der eingezahlten Beiträge, sondern auch für die Ortsbehörden wegen der Überweisung verzogener Beitragspflichtiger unentbehrlich ist.

2. Die Spalte 10 ist in drei Unterspalten (a, b, c) für die Rechnungsjahre 1914, 1915 und 1916 zu zerlegen.

3. Alle Mitteilungen der Veranlagungsbehörde an die Hebestelle über Änderungen des zu erhebenden Wehrbeitrags im Rechtsmittelverfahren, über Berichtigungen von Amts wegen, über Ermäßigungen, Niederschlagungen, Erstattungen usw. sind ebenso wie die Sollbücherauszüge über die zugezogenen Pflichtigen von der Hebestelle als Belege zum Sollbuch (der Restnachweisung) nach Nummern geordnet und geheftet sorgfältig aufzubewahren.

4. Die Bescheinigung über die Blatt- oder Seitenzahl auf dem Sollbuch ist von dem Vorsitzenden der Veranlagungskommission zu erteilen.

Kreisnachweisung.

Art. 16. 1. Nachdem Spalte 4 des Sollbuchs aufgerechnet und abgeschlossen ist, fertigt der Vorsitzende der Veranlagungskommission für jeden Kreiskassenbezirk eine Nachweisung nach dem Muster F und übersendet sie der Kreiskasse. Die Kreiskasse übernimmt den in Spalte 3 aufgeführten Betrag nachrichtlich in die Spalte 1 des Manuals über den Wehrbeitrag. Die Nachweisung ist bei der Kreiskasse aufzubewahren und hat später in der im Artikel 22 Abs. 2 vorgeschriebenen Weise Verwendung zu finden.

2. Gleichzeitig mit Absendung der Kreisnachweisung ist der Regierung die Summe des in jedem Kreiskassenbezirke festgesetzten Wehrbeitrags (Sp. 4 des Sollbuchs) in einer Summe anzuzeigen.

Sollnachweisung.

Art. 17. 1. Mit der Anzeige über den Jahresbetrag der veranlagten Einkommensteuer und Ergänzungssteuer (Artikel 64 Nr. 5 der Eink.-Anw.) hat die Regierung dem Finanzminister anzuzeigen, welcher Betrag an Wehrbeitrag (Sp. 4 des Sollbuchs) im Bezirke veranlagt worden ist.

2. Die Nachweisung über das Soll an Wehrbeiträgen (§ 85 Bund-A) ist von dem Vorsitzenden der Veranlagungskommission nach dem Muster 12 Bund-A am 31. August 1914 aufzustellen und schleunigst der Regierung (Steuerdirektion) vorzulegen, welche ihrerseits eine Bezirksnachweisung aufstellt, die mit der Einnahmeübersicht für den Monat August 1914 — also bis zum 7. September 1914 — der Geheimen Kalkulatur II des Finanzministeriums einzureichen ist. Die Regierungen haben Vorkehrung zu treffen, daß die pünktliche Vorlage dieser Nachweisung bestimmt gewährleistet ist. Soweit bei der Kürze der zu Gebote stehenden Zeit die bei den Hebestellen beruhenden Sollbücher zu ihrer Aufstellung nicht benutzt werden können, hat die Ausfüllung der Spalten 3, 4, 5, 7 nach Möglichkeit auf Grund sonstiger den Veranlagungsbehörden zu Gebote stehender Unterlagen zu erfolgen.

Rechtsmittel.

Art. 18. 1. Gegen das Ergebnis der Veranlagung steht dem Beitragspflichtigen, nicht aber dem Vorsitzenden der Veranlagungskommission, die Berufung an die Berufungskommission und gegen deren Entscheidung die Beschwerde an das Oberverwaltungsgericht zu.

2. Die Vorschriften über das Verfahren bei der Bearbeitung der Berufungen in Einkommensteuer- und Ergänzungssteuersachen finden sinngemäße Anwendung. Beschwerden gegen die Entscheidung der Berufungskommission sind mit allen Verhandlungen dem Oberverwaltungsgerichte vorzulegen.

3. Die Bearbeitung der Berufung gegen die Veranlagung zum Wehrbeitrage kann mit der vom Beitragspflichtigen gleichzeitig angebrachten Berufung gegen die Veranlagung

den. Muß zunächst hinsichtlich der Staatssteuern im Einspruchsverfahren eine Entscheidung der Veranlagungskommission ergehen, so ist diese alsbald herbeizuführen. Jede Verzögerung in der Erörterung und Entscheidung der Berufungen im Wehrbeitragsverfahren ist zu vermeiden.

4. Die Ausfertigung der Entscheidung darf nicht mit den auf andere Steuerarten Bezug habenden Entscheidungen verbunden werden. Der gleichzeitigen Zustellung verschiedener Entscheidungen steht dagegen nichts im Wege.

5. Wird der veranlagte Wehrbeitrag im Rechtsmittelverfahren ermäßigt, so veranlaßt der Vorsitzende der Veranlagungskommission unverzüglich die Zustellung der Entscheidung an den Beitragspflichtigen und versieht sofort die Hebestelle mit Nachricht wegen der Erstattung zuviel erhobener Beitragsteile und etwa zu vergütender Zinsen. Gleichzeitig hat der Vorsitzende hinsichtlich der gestundeten Beträge und wegen der erforderlich werdenden Freigabe geleisteter Sicherheiten das Erforderliche zu veranlassen.

6. Die erstatteten Beiträge und Zinsen weist der Vorsitzende auf Grund einer von der Hebestelle einzureichenden Berechnung in der Abgangsliste nach. Der Beitrag ist in die Spalte 6, die Zinsen sind in die Spalte 9 der Abgangsliste aufzunehmen. Die Berechnung ist der Hebestelle nach Festsetzung zurückzugeben. Sie dient als Beleg zum Sollbuch.

7. Die vorstehenden Vorschriften finden sinngemäße Anwendung, wenn die Veranlagung eines Beitragspflichtigen zur Einkommensteuer im Rechtsmittelverfahren abgeändert wird. Nach § 45 Abs. 3 Bund-A bewirkt der Vorsitzende der Veranlagungskommission alsdann die Berichtigung des veranlagten Wehrbeitrags.

8. Die Verwendung von Formularen für die Benachrichtigung der Hebestelle (oben zu 5) und für die Berechnung des Abgangsbetrags seit ns der Hebestelle (oben zu 6) ist statthaft.

Erhebung des Wehrbeitrags, Ablieferung der erhobenen Beträge, Führung der Kassenbücher.

Art. 19. 1. Sobald im Rechnungsjahr 1913 freiwillige Beiträge (§ 63 Bund=A) oder Vorauszahlungen angeboten werden, ist von der Hebestelle ein Einnahmebuch (§ 62 Bund=A) anzulegen. Für die folgenden Jahre ist das Einnahmebuch rechtzeitig vor Beginn des Rechnungsjahrs einzurichten.

Das Einnahmebuch darf mit anderen Einnahmebüchern (Journalen) der Hebestelle nicht verbunden werden. Es ist nach Abschluß des Sollbuchs zusammen mit diesem an die Veranlagungsbehörde abzuliefern.

In einer hinter Spalte 7 einzufügenden Unterspalte kann ein Hinweis auf die erfolgte Übertragung der Tagessumme aus dem Einnahmebuch in das Haupteinnahmebuch (Journal) der Hebestelle aufgenommen werden.

2. Die Bescheinigung über die Blatt= oder Seitenzahl ist vom Gemeinde(Guts)vorstande zu erteilen. Nimmt dieser selbst die Geschäfte des Erhebers wahr, so hat der gesetzliche Vertreter die Bescheinigung zu erteilen.

3. Jede Einzahlung ist sofort, und zwar noch in Gegenwart des Einzahlenden, in das Einnahmebuch einzutragen.

4. Die Quittungsleistung der Hebestelle kann auf dem Steuerzettel oder dem Veranlagungsbescheid erfolgen.

5. Gehen bei einer Hebestelle, die nur von einem Beamten verwaltet wird, freiwillige Beiträge oder Vorauszahlungen (§§ 63, 64 Bund=A) ein, so ist dem Einzahler eine vorläufige Bescheinigung zu erteilen und der Betrag alsbald an die Kreiskasse abzuliefern. Der Rentmeister der Kreiskasse erteilt sodann unter Gegenzeichnung des Kassenrevisors die vorgeschriebene Quittung und übersendet sie portofrei dem Einzahler.

Art. 20. 1. Das erste Drittel des Wehrbeitrags wird mit der Zustellung des Veranlagungsbescheids fällig und ist binnen drei Monaten zu entrichten. Das zweite Drittel ist bis zum 15. Februar 1915, das letzte Drittel bis zum 15. Februar 1916 zu entrichten.

Der Vorsitzende der Veranlagungskommission setzt die Hebestelle rechtzeitig davon in Kenntnis, wann die Zustellung der Veranlagungsbescheide in der Hauptsache beendigt ist.

Die Hebestelle hat für den rechtzeitigen Eingang der ihr durch das Sollbuch oder im Wege der Zugangstellung zur Einziehung überwiesenen Beiträge Sorge zu tragen.

Ist die Frist zur Entrichtung eines Wehrbeitragsteils abgelaufen, ohne daß Zahlung erfolgt ist, so hat die Hebestelle den Beitragspflichtigen mit dreitägiger Frist zu mahnen. Nach fruchtlosem Ablauf der Mahnfrist ist zur Zwangsvollstreckung nach den Bestimmungen der Verordnung vom 15. November 1899 und der dazu ergangenen Ausführungsvorschriften zu schreiten (vgl. Art. 90 Nr. 3 der Eink.-Anw.).

2. Die eingezahlten Beträge sind täglich aus dem Einnahmebuch in das Sollbuch zu übertragen. Die im Rechnungsjahr 1913 vorausgezahlten und auf den festgestellten Wehrbeitrag anzurechnenden Beträge sind in Spalte 10a (für das Rechnungsjahr 1914) einzutragen. Um demnächst die Übereinstimmung der Summe in Spalte 10a des Sollbuchs mit der Summe des Einnahmebuchs für 1914 zu erreichen, sind diese Beträge im Einnahmebuche für 1913 vor dem Abschluß in einer Summe abzusetzen und in demjenigen für 1914 ebenso vorzutragen.

3. Am Schlusse der Rechnungsjahre 1914, 1915 und 1916 prüft der Gemeindevorstand, ob Sollbuch und Einnahmebuch übereinstimmen, und bescheinigt nach Beseitigung etwaiger Anstände diese Übereinstimmung unter dem Abschlusse des Einnahmebuchs. In gleicher Weise hat in den späteren Jahren die Vergleichung der Restnachweisung (§ 75 Abs. 2 Bund-A) mit dem Einnahmebuch zu erfolgen. Auch in diesem Falle ist die Übereinstimmung von dem Gemeindevorstande zu bescheinigen.

4. Die vorausgezahlten und die zur Erhebung gekommenen festgestellten Beträge hat der Erheber allmonatlich zu den von der Regierung anzuordnenden Terminen mit einem Lieferzettel nach Muster G in doppelter Ausfertigung an die Kreiskasse abzuliefern. Die Ablieferungstermine sind so anzuberaumen, daß die eingegangenen Beträge möglichst noch im gleichen Monat von der Kreiskasse zur Ablieferung an die Regierungshauptkasse gebracht werden können.

Art. 21. 1. Die Ablieferungen an die Kreiskasse sind von der Hebestelle am Schlusse des Einnahmebuchs unter einem besonderen Abschnitt nachzuweisen und mit den von der Kreiskasse quittierten Lieferzetteln zu belegen.

2. Sind auf Grund der Vorschriften im § 64 Abs. 2 Bund-A vorausgezahlte Beiträge zu erstatten, so ist der verausgabte Betrag ebenfalls hier nachzuweisen. Die Quittung des Empfangsberechtigten ist als Beleg zum Einnahmebuch aufzubewahren. Bei der nächsten Ablieferung an die Kreiskasse ist der erstattete Betrag von der abzuliefernden Einnahme zu kürzen und im Lieferzettel zu erläutern.

3. Sonstige Erstattungen sind, solange Sollbuch oder Restnachweisung nicht abgeschlossen sind, im Sollbuch in Spalte 10, in der Restnachweisung in Spalte 7, im Einnahmebuch in Spalte 5 mit roter Tinte abzusetzen und durch die Anweisung der die Erstattung anordnenden Behörde sowie durch die Quittung des Empfangsberechtigten zu belegen. Kann die Hebestelle die erstatteten Beträge nicht oder nur teilweise aus eingegangenen Beiträgen decken, so beantragt sie unter Vorlage entsprechend ausgefüllter Lieferzettel die Rückvergütung der verauslagten Beträge.

4. Sind Sollbuch und Restnachweisung bereits abgeschlossen (Art. 25), so ist die Erstattung durch die Kreiskasse zu bewirken.

5. Der Vorsitzende der Veranlagungskommission weist die erstatteten Beträge in der Abgangsliste nach (vgl. auch Art. 18 Abs. 5 ff.).

Art. 22. 1. Die Kreiskasse bucht die eingehenden Beträge in einer besonderen Spalte ihres Einnahmejournals, führt darüber ein besonderes Manual nach Muster H und liefert sie mit der Monatsabrechnung unter Anschluß einer Übersicht nach Muster 10 bzw. 11 Bund-A an die Regierungshauptkasse ab.

2. Am Schlusse der Monate August 1914, April 1915 und April 1916 zeigt die Kreiskasse dem Vorsitzenden der Veranlagungskommission unter Benutzung der entsprechend vorgerichteten Nachweisung des zu erhebenden Wehrbeitrags (Muster F) an, welche Beträge von den Hebestellen zur Ablieferung gekommen sind.

3. Der Vorsitzende der Veranlagungskommission prüft auf Grund einer über die bewilligten Stundungen zu führenden Kontrolle und der Listen über die vorgekommenen Zu- und Abgänge, ob die Höhe der verbliebenen Reste zu Bedenken Anlaß gibt, zieht erforderlichenfalls von den Hebestellen Nachweisungen und Unterlagen über die einzelnen Restbeträge ein und veranlaßt wegen der Einziehung der nicht gerechtfertigten Reste das Weitere.

4. Die Ablieferung an die Reichshauptkasse erfolgt nach Maßgabe der §§ 81 und 82 Bund-A durch die Regierungshauptkassen bzw. für den Stadtbezirk Berlin durch die Königliche Steuerkasse daselbst.

5. Die Anweisungen über die an die Reichshauptkasse abzuführenden Beträge (§ 82 Bund-A) erteilen die Königlichen Regierungen bzw. für Berlin die Königliche Direktion für die Verwaltung der direkten Steuern. Die von diesen Behörden auf Grund der von den Kreiskassen eingegangenen Unterlagen aufzustellenden Monats- und Vierteljahrsübersichten sind sofort nach Erteilung der Anweisungen an die Regierungshauptkassen (Steuerkasse Berlin) der Geheimen Kalkulatur II des Finanzministeriums einzusenden, von welcher die Hauptübersicht (§ 83 Abs. 4 Bund-A) aufgestellt wird.

6. Die Monatsübersichten müssen spätestens am 7., die Vierteljahrsübersichten spätestens am 9. der betreffenden Monate, die schließliche Einnahmeübersicht (§ 83 Abs. 3 Bund-A) bis zum 1. Oktober bei der Geheimen Kalkulatur II eingehen. Durch die Aufklärung von Unstimmigkeiten in einzelnen Übersichten darf die Einsendung der Monats- und Vierteljahrsübersichten nicht aufgehalten werden. Zweifelhafte Beträge sind zunächst wegzulassen und in die Nachweisung für den folgenden Monat aufzunehmen.

7. In Spalte 5 der Übersichten sind nur solche Beträge aufzunehmen, welche anläßlich der im § 80 Bund-A (Art. 26) angeordneten Prüfung nacherhoben werden müssen, in Spalte 6 nur solche Erstattungen, die wegen des Abschlusses der Soll- und Einnahmebücher (Art. 25) in diesen nicht mehr abgesetzt werden konnten.

Überweisung bei Verlegung des Wohnsitzes.

Art. 23. I. Verlegt ein Beitragspflichtiger seinen Wohnsitz in den Veranlagungsbezirk eines anderen Bundesstaats, so erfolgt die Überweisung des noch nicht gezahlten Wehrbeitrags nach Anleitung des § 68 Bund-A.

Die den Auszügen aus der Wehrbeitragsliste und dem Sollbuch beizufügenden Verhandlungen (Akten) sollen nur solche Schriftstücke enthalten, die auf die Veranlagung zum Wehrbeitrag Bezug haben. In besonderen Fällen, so z. B. im Falle des § 19 Abs. 4 Bund-A, sind Auszüge aus den zurückbleibenden Schriftstücken mitzuteilen.

II. Bei Umzügen innerhalb Preußens tritt folgendes Verfahren ein:

1. Die Behörde des Abzugsorts fügt der dem Gemeinde-(Guts)vorstande des neuen Wohnorts wegen der Übernahme der Staatssteuern zu übersendenden Mitteilung (Muster XXVa zu Art. 83 Eink.-Anw.) einen Auszug aus dem Sollbuch in zweifacher Ausfertigung nach Muster J bei. Die Behörde des neuen Wohn-

orts übernimmt daraufhin den Beitragspflichtigen in die dritte Abteilung ihres Sollbuchs, bescheinigt auf der einen Ausfertigung unter Angabe der Nummer des Sollbuchs die Übernahme und sendet sie zugleich mit dem Abgangsbeleg über die Staatssteuer der Behörde des Abzugsorts zurück. Letztere legt den so bescheinigten Auszug zugleich mit der Staatssteuer-Abgangsliste dem Vorsitzenden der Veranlagungskommission vor, welcher den Abgang in seine nach Muster K zu führende Abgangsliste aufnimmt, ihn in der Wehrbeitrags- oder Zugangsliste vermerkt und dem Vorsitzenden der Veranlagungskommission des neuen Wohnorts unter Übersendung eines Auszugs aus der Wehrbeitragsliste A (Zugangsliste) und der den Beitragspflichtigen betreffenden Verhandlungen sowie unter Angabe der Nummer des Sollbuchs der neuen Hebestelle den noch nicht erhobenen Teil des Wehrbeitrags überweist. Der bescheinigte Auszug aus dem Sollbuch ist nach erfolgter Überweisung der Hebestelle des Abzugsorts zurückzugeben, bei der er als Beleg zum Sollbuch aufzubewahren ist.

2. Die Behörde des neuen Wohnorts legt gleichzeitig mit der Staatssteuer-Zugangsliste dem Vorsitzenden der Veranlagungskommission die zweite Ausfertigung aus dem Sollbuch des Abzugsorts vor. Der Vorsitzende nimmt den Zugang in seine Zugangsliste auf, versieht den Auszug aus dem Sollbuche mit der Nummer der Zugangsliste und gibt ihn der Hebestelle zurück, welche ihn als Beleg zu ihrem Sollbuch aufzubewahren hat.

3. Auf Grund der ihm zugehenden Auszüge aus der Wehrbeitragsliste hat der Vorsitzende der Veranlagungskommission die Zugangstellung der Wehrbeiträge zu überwachen. Bei der Prüfung der Staatssteuer-Zu- und Abgangslisten hat er ferner sein

Augenmerk darauf zu richten, daß die Zugänge und Abgänge an Wehrbeitrag gewahrt sind, und gegebenenfalls dieserhalb sofort das Notwendige zu veranlassen.

Hinsichtlich der neu in die Staatssteuerpflicht eintretenden Personen hat sich die Prüfung auch darauf zu erstrecken, ob eine Nachveranlagung zum Wehrbeitrage stattzufinden hat.

4. Sofern es die örtlichen Verhältnisse bedingen, kann die Regierung anordnen, daß die bescheinigten Auszüge aus dem Sollbuch dem Vorsitzenden der Veranlagungskommission nicht einzeln, sondern mit einer möglichst einfach zu gestaltenden Zusammenstellung vorgelegt werden.

Zu- und Abgangslisten.

Art. 24. 1. Alle nach der Aufrechnung der Wehrbeitragsliste und des Sollbuchs (§ 60 Abs. 2 Bund-A) vorkommenden Zu- oder Abgänge sind in besonderen Zu- und Abgangslisten nachzuweisen, die gemeindeweise anzulegen sind.

2. Die Zugangsliste ist nach dem Muster der Wehrbeitragsliste A unter Weglassung der im Art. 5 vorgeschriebenen Spalten 3 bis 7 zu führen. Sie erhält an Stelle der Spalten 18 ff. des Musters 1 Bund-A die nachfolgenden Spalten:

Sp. 18. Ursache des Zuganges.

Sp. 19. Der Beitrag ist der Hebestelle zur Einziehung überwiesen bzw. von dieser als Zugang nachgewiesen am:

Sp. 20. Nummer der dritten Abteilung des Sollbuchs.

Sp. 21. Datum der Mitteilung von der Übernahme des Zuganges an die Veranlagungsbehörde des anderen Bundesstaats.

Sp. 22. Nummer des Belegs (Auszug aus der Wehrbeitragsliste usw.).

Sp. 23. Bemerkungen.

3. Erfolgt die Aufnahme in die Zugangsliste auf Grund der Vorschrift im § 54 Satz 1 des Gesetzes, so ist von dem

Beitragspflichtigen zunächst eine Vermögenserklärung zu erfordern und im übrigen nach Anleitung der Art. 9 ff. zu verfahren.

4. Bei Zugängen schon veranlagter Beitragspflichtiger bedarf es der Ausfüllung der Spalten 3 bis 16 nicht. Der die betreffenden Angaben enthaltende Auszug aus der Wehrbeitragsliste des Abzugsorts wird Beleg zu der Zugangsliste.

5. Ist ein Teil des Wehrbeitrags bereits entrichtet, so ist in Spalte 17 nur der Betrag nachzuweisen, den der Pflichtige noch zu entrichten hat. In Spalte „Bemerkungen" ist die Höhe des bereits entrichteten Beitrags nachrichtlich zu vermerken.

6. Die Abgangsliste ist nach dem Muster K zu führen.

7. Soweit sich die Aufnahme weiterer Spalten in die Zu- und Abgangslisten notwendig erweist, kann solches von der Regierung angeordnet werden.

8. Die Belege zu den Zu- und Abgangslisten (überwiesene Auszüge aus Wehrbeitragslisten anderer Bezirke, Mitteilungen von der erfolgten Übernahme des Wehrbeitrags, Verfügungen der Regierung wegen Erstattung, Niederschlagung, Nacherhebung, Verhandlungen über die Unbeitreiblichkeit von Beiträgen usw.) sind, nach der Nummer geordnet, geheftet bei den Zu- und Abgangslisten aufzubewahren.

9. Die Zu- und Abgangslisten sind vierteljährlich abzuschließen. Auf Grund des Abschlusses der Abgangslisten ist die Absetzung des in Abgang gekommenen Betrags in Spalte 17 der Wehrbeitragsliste in einer Summe vorzunehmen (§ 68 Abs. 1 Bund-A). Nach dem Abschlusse der Listen ist der Regierung der Betrag der für das betreffende Vierteljahr festgesetzten Zugänge und der Abgänge, nach Kreiskassenbezirken getrennt, in je einer Summe anzuzeigen.

10. Am Schluß des Rechnungsjahrs 1916 sind die Zu- und Abgangslisten vollständig abzuschließen. Wegen der dann noch vorkommenden Zugänge und der durch die Restnachweisung zu verfolgenden Beträge sind Rest-Zu- und Ab-

gangslisten zu führen. Da eine Überweisung der in die Restnachweisung übernommenen Beträge nicht mehr stattfindet, sind in den Restabgangslisten nur noch die im Rechtsmittel-, Niederschlagungs-, Erstattungs- oder Ermäßigungsverfahren festgesetzten Beträge nachzuweisen.

Restnachweisung.

Art. 25. 1. Im allgemeinen kann erwartet werden, daß die Einziehung des Wehrbeitrags bis zum 31. März 1917 beendet ist. An diesem Tage hat die Hebestelle das Sollbuch abzuschließen und erforderlichenfalls eine Restnachweisung aufzustellen.

2. Spätestens am 15. April 1917 sind das Sollbuch, die zugehörigen ordnungsmäßig gehefteten Belege und die bis dahin geführten Einnahmebücher mit der Restnachweisung dem Vorsitzenden der Veranlagungskommission vorzulegen, welcher nach Prüfung den Abschluß im Sollbuch gemäß § 60 Abs. 5 Bund-A bescheinigt, auch die vorgeschriebene Bescheinigung auf der Restnachweisung erteilt und letztere alsbald der Hebestelle zurückgibt.

3. Der Vorsitzende der Veranlagungskommission teilt sodann der Kreiskasse eine Nachweisung der in die Restnachweisungen der einzelnen Hebestellen übernommenen Beiträge unter Anwendung eines Formulars nach Muster F mit und läßt sich in angemessenen Zwischenräumen bis zur gänzlichen Abwickelung der Reste die von den Gemeinden abgelieferten Beträge nachweisen.

4. Sobald sämtliche in der Restnachweisung verzeichneten Wehrbeiträge zur Einziehung gelangt sind, ist sie abzuschließen und nebst den zugehörigen Belegen und Einnahmebüchern dem Vorsitzenden der Veranlagungskommission einzureichen.

Prüfung des Veranlagungs- und Einziehungsverfahrens.

Art. 26. 1. Der Vorsitzende der Berufungskommission hat bei der ihm obliegenden Überwachung der Amtstätigkeit der Vorsitzenden der Einkommensteuer-Veranlagungskommissionen auf dem Gebiete der Staatssteuerveranlagung sich auch der Prüfung der Veranlagungen zum Wehrbeitrage zu unterziehen und gegebenenfalls für die Nachveranlagung solcher Wehrbeiträge Sorge zu tragen, deren Veranlagung zu Unrecht unterblieben ist (§ 76 Bund-A).

2. Nach Ablauf des Rechnungsjahres 1916 und sobald die Wehrbeitragslisten für die Besitzsteuerveranlagung entbehrt werden können, fordert die Regierung die von den Veranlagungsbehörden und den Hebestellen geführten Bücher, Listen und Nachweisungen nebst allen Belegen ein und unterwirft sie einer Nachprüfung. Über die auf Grund dieser Prüfung anzuordnenden Nacherhebungen hat sie eine besondere Kontrolle zu führen und den Eingang sowie die Ablieferung der festgesetzten Beträge durch die Übersichten über die Einnahme an Wehrbeitrag nach Muster 10 und 11 Bund-A zu überwachen.

3. Die Rest-Zu- und Abgangslisten, die Restnachweisungen und zugehörigen Einnahmebücher sowie alle dazugehörigen Belege sind der Regierung zum Zwecke der Nachprüfung einzureichen, sobald für eine einzelne Hebestelle die Reste abgewickelt sind.

4. Die Wehrbeitragslisten und die Zugangslisten sind nach stattgehabter Prüfung dem Vorsitzenden der Veranlagungskommission zurückzugeben und bei diesem aufzubewahren.

Verwaltungsstrafverfahren.

Art. 27. 1. Im Verwaltungsstrafverfahren, welches nach den Vorschriften des Gesetzes, betreffend das Verwaltungsstrafverfahren bei Zuwiderhandlungen gegen die Zollgesetze, vom 26. Juli 1897 (Gesetzsamml. S. 237) zu handhaben ist, entscheiden in den Fällen der § 38 Abs. 1, § 40 Abs. 2, § 42 Abs. 4 des Wehrbeitraggesetzes an Stelle der Hauptzollämter die Vorsitzenden der Einkommensteuer-Veranlagungskommissionen und im Beschwerdeverfahren die Vorsitzenden der Berufungskommissionen, in allen übrigen Fällen die Königlichen Regierungen.

2. Die Erhebung, Kontrolle und Verrechnung der festzusetzenden Strafen und Kosten hat nach Anleitung der Anweisung vom 16. März 1895 und der Verfügung vom 2. April 1904 — II. 59 — (bei Titel 8 des Etats von der Verwaltung der direkten Steuern) zu erfolgen. Den Regierungen bleibt es überlassen, ihrerseits zu bestimmen, inwieweit die Mitteilung der von dem Vorsitzenden der Veranlagungskommission festgesetzten Strafen an die Kreiskasse und die Anzeigen an die Regierung (§§ 4, 7 der Anweisung vom 16. März 1895) in jedem einzelnen Falle oder in periodischen Nachweisungen zu erfolgen hat. Im letzteren Falle bedarf es der Aufnahme der Strafverfügungen in die Kontrolle der Regierung (§ 4 letzter Satz a. a. O.) vor der Absendung an den Bestraften nicht.

Kosten, Formulare.

Art. 28. 1. Soweit die Kosten im Ermittelungs- und Rechtsmittelverfahren der Staatskasse zur Last fallen, sind sie bei Titel 26 des Etats von der Verwaltung der direkten Steuern zu verausgaben und unter einem besonderen Abschnitt (Nr. 6) zu verrechnen.

2. Die Formulare für die von den Vorsitzenden der Veranlagungskommissionen aufzustellenden Listen und Nachweisungen, für die öffentliche Bekanntmachung, die Aufforderungen und Bescheide, für die Zu- und Abgangslisten und die Auszüge aus den Wehrbeitragslisten (§ 68 Bund-A) sind auf Kosten der Staatskasse zu beschaffen, ebenso die Formulare für das bei der Kreiskasse zu führende Manual Muster H. Soweit einzelne Formulare von einer bestimmten Druckerei zu beziehen sind, ergehen dieserhalb besondere Vorschriften.

Die Kosten für Beschaffung der Formulare sind bei Titel 19

des Etats von der Verwaltung der direkten Steuern unter einem besonderen Abschnitt (Nr. 3) zu verrechnen.

3. Die Kosten für die anläßlich der Erhebung und Ablieferung des Wehrbeitrags einschl. des Überweisungs- und Beitreibungsverfahrens von den Hebestellen benötigten Formulare fallen den Gemeinden (Gutsbezirken) zur Last.

Berlin, den 8. November 1913.

Der Finanzminister.
Lentze.

Kolibri 360 GmbH
Ferdinand-Jühlke-Straße 7
99095 Erfurt, Deutschland
produktsicherheit@kolibri360.de